KB105263

탈현대 기초논리학 입문

배 선 복 지음

탈현대 기초논리학 입문

배 선 복 지음

철학과 현실사

머 리 말

현대논리학을 기초적으로 학습한다는 것은 말의 논리적 구조를 잘 아는 것이다. 한글뿐만 아니라 다른 외국어로 써진 논리학에도 거기에는 논리구조가 있다. 어떤 한 논리구조에서 논리적 말하기는 문법적 의미에서의 말과 구분된다. 전자는 유의미한 말의 표현과 표현 사이의 논리적 관계와 일정한 방향의 추론의 타당성, 올바름, 건전성에 관심이 있다. 후자는 그 자체로 문장의 문법과 언어의 외면적 형식들의 이해에 더 관심을 기울인다. 현대논리학의 뛰어난 이론가들은 표현의 질료, 곧 내용보다는 형식에 더 높은 관심을 기울였다. 논리학을 창시한 아리스토텔레스도 논리적 분석이란 참된 전제로부터의 참된 결론을 추론이 언어분석이고, 분석에는 언어의 질료적 내용보다는 형식이 우선한다고 여겼다. 현대논리학이 방법론적으로 기호를 중요시 여기는 것도 엄밀한 방식으로 진리조건의 정식화를 위한 논리학의 특성상 그러하다.

통상적으로 현대논리학의 탐구분야는 의미론과 구문론 및 화용론의 방향으로 나누어진다. 그러나 교육으로나 혹은 연구목적으로서의 논리는 궁극적으로 언어 사용자의 몫이며 나아가 권리로서 이의시되지 않는 한에서 추론의 타당성과 결론의 옳고 그름의 관심이다. 특히 대학에서 언어사용의 도구로서 참과 거짓의 판단을 위하여서는 기초적으로 명제논리학과 술어논리학이 구분된다. 여타의 부분은 어느 한 쪽으로 집어넣어도 무방하다. 그 점에서 이 책은 크게, 제 1 장「논리학 입문」, 제 2 장「명제논리학」, 제 3 장「술어논리학」, 그리고 술어논리학의 발전된 형태로서 제 4 장「기계와 마음」, 그리고 제 5 장「에필로그」로 나누어 취급하였다.

　제 1 장「논리학 입문」에서는 논의도식과 추론, 의미구성의 이론 및 그룹이론이 중요한 학습내용이다. 스토아 의미론과 중세의 미론에서의 의미 분류 체계의 역사적인 조망도 간략하게 소개하였다. 제 2 장의「명제논리학」에서는 대상언어와 메타언어의 구분에 의한 일상언어를 기호화하는 절차와 방법과 이론적 배경에 대하여 다루었다. 특히 문장연결어의 진리테이블과 명제논리의 공리적 구성에 대한 의미론의 한글구문의 의미는 미묘한 재미를 느낄 법도 하다. 명제논리학의 공리이론은 가장 완전한 형태의 언어이론을 제시한다. 그래서 명제기호논리의 이론을 한글 자모의 체계에 적용시켜 보았다. 제 3 장「술어논리학」에서는 아리스토텔레스의 양화이론에서 그리고 ∧와 혹은 ∨의 차이를 미묘하게 음미하였다.

이러한 미묘한 양자의 차이는 둘도 아니고 하나도 아닌 불일이불이다. 술어논리의 양화이론은 일종의 술래잡기 놀이의 차원에서 일어난다. 제4장 「기계와 마음」은 명제논리와 술어논리의 추론이론을 기계적 방식으로 적용하는 데 이바지한 자연적 추론과 결정이론을 다루었다. 컴퓨터 언어의 조직은 의외로 불교언어의 세계를 드러내는 데 적합하였다. 무심코 지나치던 불교사찰의 벽화에 그려진 메시지도 논리학의 역사의 일부라는 사실을 알게 된 것은 최근의 일이었다.

　이 책은 그런 대로 탈현대논리학의 입문이다. 원래는 철학과현실사에서 「라이프니츠의 이진법과 역의 상징체계」에 관한 집필을 계약하였으나, 정작의 작업의 최소한의 예비작업으로 『탈현대 기초논리학』이라는 이름의 책이 나오게 되었다. 다행히 학진 지원사업으로 한국정신문화연구원의 연구교수로 2년째 청계산 자락의 연구실을 가질 수 있기 때문에 책의 집필이 가능하였다. 이곳에와서 불교이론 전문가 이종철 교수와의 토론은 필자로 하여금 불교논리와 한국의 원효의 논리이론의 관심을 지펴나갈 수 있게 하였다. 교육학자 이계학 교수는 평소에도 이 책의 출간을 위한 좋은 권면과 관심을 표명하였고, 경제학자 전택수 교수는 불교의 양화이론과 중세 오캄의 양화이론이 일치한다는 사실에 깊은 관심을 표명하였다. 논리학의 초보자는 미묘한 논리학의 문제와 고수들 앞에서 언제나 겸손해진다. 한국논리학회의 회원들, 이병덕 박사, 정인교 교수, 박창균 교수, 안건훈 교수, 그밖에 논리학의 전문가들은 필자의 반면교사들이었다. 그리고 저자는 닐의 『서양논리학사』의 공동번역 작업을 하면서 논리학에 관한 토론의 장을 유지해 나가고 있는 과기원의 박우석 교수, 아주대의 송학석 교수, 그리고 행자부 고시과의 최원배 박사의 끈끈한 동료애를 감사하게 생각한다. 여러 차례 원고를 손수 맡아주신 철학과현실사에게 감사를 드린다.

2004년 4월
한국정신문화연구원 문형관 110호에서

배 선 복

차 례

제 1 장

논리학 입문

1. 들어가는 말

"그 뒤에 깔린 논리가 무엇이냐?" "아하, 그거야!" "그쪽 입장은 무엇이냐?" "이건 개똥철학이다." 대부분의 이와 같이 진행되는 담론은 여러 차례 논의과정을 거치고 난 뒤에 그 결말을 알고 나거나, 혹은 결론이 어떻게 나는가에 대한 호기심이나 그렇고 그렇게 될 것이라는 추론의 자명성에 대한 수긍이 담겨 있다. 또는 어째서 그런 일이 일어났는가에 대한 배경을 캐기 위한 질문에도 어떤 논리가 있느냐고 질문할 수도 있다. 중요한 이슈에 대한 세인의 담론은 이렇게 진행되고 또 묻혀간다. 그런데 대부분의 사람들에게는 명백해지거나 혹은 명백하게 되는 이러한 논리에 대한 배후에 언어가 일종의 계산이라는 점은 잘 주목하지 못하고 있다. 논리가 따분하고 차가운 것이니 이럴 때 필요하고 중요한 것은 포근하고 풍성한 내용을 놓치지 말아야 한다는 주장도 일어난다. 대부분의 사람들은 일상의 이러한 논리를 학문적으로 접근하는 데에는 인색하고, 컴퓨터 한번 켜놓고 인터넷으로 문제를 해결하면 되는데 논리학까지 따질 필요가 있느냐고 생각한다. 논리란 기껏해야 오류를 피하는 방법만 잘 알고 있으면 되는 것이다, 논리학이란 그저 삼단논법이나 귀납법 혹은 연역법 정도가 전부가 아닌가, 라고 짐작한다.

논리학은 아리스토텔레스가 처음으로 창시한 이래로 시대를 거쳐서 발전하였다. 논리학의 창시자는 논리학을 별도의 학문으로 취급하면서도 다른 학문과 밀접한 연관을 맺는 도구로 생각하였다. 곧 논리학은 윤리학과 형이상학의 중간에 위치하고 있다. 인류의 역사가 진행되면서 논리학은 시대를 주도하는 다른 학문과의 연관성을 맺으며 꽃을 피우게 되었다. 로마시대 논리학은 스토아 학파에 의하여 현실적 문제를 논증하는 변증법과 수사학과 더불어 발전하였다. 신 중심시대에 논리학은 신학과 밀접하게 내통하면서 기능을 다하였다. 중세철학이 신학의 시녀 내지 어용이라는 표현은 오히려 논리가 어떻게 작동하였는가를 염두에 두고 나온 것이다.

근대학문은 과학이 으뜸으로 사물과 세계에 대하여 탐구하고 언명하는 지식체계이다. 그러므로 논리학도 이들 과학들이 다루는 대상과 주제에 따라 접근하기 시작하였다. 논리학은 이들 과학들의 탐구대상에 영역에 대하여 직접적으로 관계하지 않고, 간접적으로 관계한다. 이들 과학에서의 실천과 이성에서 적용되는 말의 실질적 내용에 관계하는 것이 아니라, 단지 형식적 말에 대하여 메타언어적으로 접근한다. 때문에, 논리학은 단지 말을 소재로 하고 말로서 끝난다. 말에서 시작하고 말에서 끝난다는 것은 말에는 '맞다', '아니다'라는 술어를 사용하여 처음과 끝을 맺기 때문이다. 이러한 진리술어는 대상의 사태를 정확하게 긍정 또는 부정하는 힘이 있다. 그래서 논리학은 엄청난 분량의 말에 대하여 전념하는 탐구는 각별한 증명부담을 가질 필요가 없다. 오히려 논리학의 관심은 "오늘 비가 왔느냐?" "우산을 쓰고 가느냐?" "별일 없느냐?" 이러한 진술에 대한 분석이다.

논리학이 과학 자체나 과학의 현상에 대해서라기보다 일상적인 언어분석에 관심을 기울이면서 발전하게 된 것은 지난 세기 초에 시작된다. 과학에서 그렇게 수많은 진리들이 있는데, 왜 하필이면 진리를 탐구하는 논리학이 어째서 일상언어에 관심을 기울이는가? 그것은 논리학의 목표도, 과학에서와 같이 진리를 찾아내는 것이지만, 논리학의 일거리는 오히려 어떻게 하면 진리가 진술될 수 있는가 하는 진리표현조건에 있기 때문이다. 이것은 매우 타당한 시사로 보인다. 실험과 이론에서 과학자가 하는 일은 지식의 정도에 따라 참과 거짓을 확정해 나가는 것이고, 판사가 하는 일은 재판기록을 분석하고 검토하고 판단하여 판결을 내리는 것이다. 그러나 이러한 일차적 진리의 개진 절차는, 누구나 타당하거나 언제라도 적용되는 일반적 진리에 대하여서는 말해 주지 않는다. 진리의 보편타당성을 일상생활의 진리표현조건에 맞추자면 누구라도 '맞다', '아니다'라는 동의절차를 간략히 만들어 보이면 되는 것이다. 그런데 이러한 절차의 타당성을 호소하는 길은 더 이상 되물을 필요가 없는 그런 이해의 대상을 상정하는 것이다. 현대과학은 흔히들 그러한 자신의 과학의 성립 배경에 대하여서는 수학적 추상을 든다. 현대논리학은 그러한 자신의 학문의 성립근거를 기호로 내세운다. 수학과 기호가 밀접하게 결합되면서 근대학문이 혁신적으로 태동하였다.

현대논리학의 원조 라이프니츠는 아리스토텔레스와는 달리 처음으로 우리들이 '맞다', '그렇다', 또는 '아니다'에 대하여 체계적이고 범과학적 수리기초를 세우는 일에 착수하였다. 우리말의 '이다'에 해당되는 표현을 수학에서 '='와 같은 방식으로 계산하려는 생각을 품었다. 그리고 덧셈과 뺄셈, 곱셈과 나눗셈에 의하여 우리들이 표현하는 언어를 계산하였다. 구체적으로 아리스토텔레스의 삼단논법을 순전히 사칙연산으로 바꾸어 놓는 일을 하였다. 필요한 것은 이러한 산술적 표현들에 적절한 기호의 조작만으로 요구되는 결론의 도출을 하게 하는 것이다. 오늘날 교통수단, 전자제품, 통신수단 등의 조작이 실제로 버튼이나 터치로 운용되는 것이 이 예이다. 실제로 만든 보편적 기호의 화신은 컴퓨터였다. 현대논리학의 창시자가 해놓은 작업은 19세기 말에 불에 의하여 재생되었고, 다시 그의 기호에 의한 추론이론은 프레게에 의하여 전승되었다.

20세기 초의 현대논리학은 학문으로서 독립적 지위를 갖고 발전하기 시작한다. 이러한 시각은 몇몇 소수의 창조적인 이론가에 의하여 주도되었고, 현대논리학이 상징을 사용함으로써이다. 논리학이 진정으로 수학적 논리학이 되어 감은 과거의 아리스토텔레스 추론방식을 따르는 전통의 논리학과의 결별을 의미한다. 현대논리학을 다른 말로는 수학적 논리학 혹은 상징적 논리학이라고 부르는 이유는 논리언어를 계산언어로 보기 때문이다.

현대논리학에서의 추론을 기계적으로 개선하려는 시도는 컴퓨터 제작이 이루어지고 공학의 발달이 수반되면서 본격화되었다. 논리학의 전체 분야는 다양하지만 우리에게 기본적으로 중요한 부분은 명제논리학과 술어논리학의 일반적 성격과 특징을 구조적으로 이해하고 이들의 실제의 추론에 적용하는 것이다.

§0 이 책의 목표

시중에 철학관을 차린 관상쟁이나 점쟁이는 나름대로 경험과학적 혹은 어떤 주어진 도식의 원칙에 따라 진술을 전달해 주는 소위 말로 먹고사는 직업이다. 그들이 행하는 직업상의 논리는 어떤 숙명적 이야기를 전달하는 것이다. 새해에 토정비결을 보고 덕담을 이야기하는 것도 있다.

　대부분의 이러한 이야기의 배경에 우리는 두 가지 관심의 초점을 집중시킨다. 한편으로는 어떻게 점쟁이들은 미래 일을 알아보는가 하는 것이며, 다른 한편으로는 그들이 한 말이 과연 맞는가 하는 것이다. 전자는 인식론의 문제로서, 잘 맞추면 용하다고 하고 맞추지 못하면 돌팔이 취급을 한다. 후자는 과학적 관심에 부합하는 것으로서, 이는 점쟁이 말이 맞으면 맞고, 틀리면 그 틀림을 말해 주는 일 대 일의 대응 여부이다. 하루가 지나가고 다음날이 오면서 사실에 드러나고 밝혀진다면, 이러한 질문과 답변은 다시 세워질 것이다. 우리가 살아가는 언어공동체의 이러한 이야기도 논리적으로 그리고 과학적으로 접근되며 취급할 수 있다. 전자는 여러 분야의 지식과 관련된 질문이지만 후자는 전적으로 논리학의 배척적 관심의 대상이기 때문이다.

　고대 그리스에도 논리로 먹고사는 사람들이 있었다. 이들의 논리는 상업적 목적에서 이용되었지만 또한 앞뒤가 맞지 않는 궤변이기 쉬웠다. 그래서 객관적이고 일반 타당한 원칙에서 논리학을 세우려는 철학이 생겨났다. 그러므로 궤변론자들과 논리학자 사이에는 전적으로 논리학을 보는 입장에 차이가 있다. 오늘날 대학이나 고등학교 단과반의 논리학 교수나 강사들도 논리에 대한 기본적인 입장에는 이러한 갈등이 있다. 대통령과 국회, 각 행정부처 사이의 대화, 기업주와 노동자의 노사간에서나, 대학의 교수나 교회의 목사들이나, 그밖에 의사, 변호사, 판사, 점쟁이 등의 직업 군에서도 논리를 객관적이고 일반 타당한 원칙에서 접근하려는 데에는 관점의 차이에 변함이 없을 것이다. 논리학의 관심에 의하면 시중의 철학관의 이야기를 모으고 분류하여 적절한 신탁의 답변을 주는 일이 그다지 중요한 것이 아니라, 과연 진술이 참인가 아닌가 하는 것이다.

이 책을 쓰게 된 동기도 논리학이 계산으로서 자리잡는 데 일조하기 위해서이다. 논리학은 특정한 믿음의 대상과 기도의 결과에 대한 행위와 의식에 관계하는 신학의 작업과도 다르다. 신학도 논리학을 토대로 시작하고, 다른 모든 학문도 로고스를 배경으로 발전된다. 그런 한에서 모든 학문은 논리학을 기초로 함에는 틀림없다. 그럼에도 불구하고 논리학은 구체적으로 이러저러한 논리를 사용하는 자의 논리학이다. 다시 말하면 논리학은 여러 다양한 논리들에 대하여 가장 일반적이고 보편적인 논리의 형식과 규칙 및 추론에 대한 체계적 지식을 제공하는 데 그 역할이 있다.

이 책은 먼저 19세기 말 20세기 초 이래로 명제논리학과 술어논리학의 두 분야를 토대로 발전되어 간 현대논리학의 기초영역에 한국말의 전망을 제공하고자 한다. 이 양자의 논리학은 각각 의미론과 구문론 및 실용이론으로 전개된다. 이 양자의 논리학은 기초적이고도 근본적인 지식과 이해로 한국말로 만들어나갈 수 있다.

명제는 명령이나 의문 또는 감탄이나 감격 등을 나타내는 표현이 아니라 진위를 가려낼 수 있는 진술로서 우리의 주위에 무수히 많다. 술어는 명제처럼 진위를 가려줄 수 있는 진술이지만 본질적으로 진술하는 주어의 내용과 진술되는 대상의 속성과 관계한다. 명제논리나 술어논리 모두 계산으로서의 논리학의 관심에 충실하자면, '이다'라는 판단을 가져오는 기능을 포함하는 논리적 구문을 중요시하여야 한다. 논리계산은 '이다'가 만들어간다.

우리말이나 유럽어족이나 여타의 어족의 언어도 공통으로 그러한 구문논리를 갖고 있다. 곧 세계언어에서 서로 의사소통과정에 계산으로 일어나는 것은 '이다'라는 논리를 공통의 도구로 사용되기 때문이다. 이런 공통의 언어는 인류에게 이상적일 뿐 아니라 실제로도 이상언어를 수단으로 작동되고 의사소통이 일어나고 있다. 그렇지 않다면 세계 도처의 인류는 서로가 서로를 절대적으로 모르는 상태에 접어들지 않았겠는가? 우리말 자연어를 토대로 명제논리학의 체계를 구성하려는 시도는 '이다'의 분석을 공공연하게 하는 것이다. '이다'라는 단어는 대부분의 우리말 문장표현의 뒷부분에 붙어 있다. 이 '이다'는 '있다'와 매우 밀접하게 붙어 있다. 논리적 분석을 위하여서는 언제라도 불러내어 분석과 피분석의 등식으로 가져와야 한다. '이다'와 '있다'가 이렇게 찰떡궁합으로 붙어 있기 때문에, 우리는 이를 붙이고 떼는 논리분석을 위하여 '도깨비'를 불러들이려고 한다.

형식논리학의 역사가 그러하듯 논리학에서는 항상 '존재하는 것'에 대한 취급이 가장 큰 테마이다. '존재'가 없으면 아예 존재론이 성립하지 않을 것이다. 존재론과 논리학의 접경 지대의 문제는 오늘날 물리학이나 생물학에서도 첨예한 갈등으로 남는다. 특히 요즘 전개되는, 지금 있지는 않지만 있을 가능성이 있는 것에 대한 형이상학의 논의는 이러한 논점에서 출발한다.

쓰여지는 글인 한에서, 현실에 존재하지 않는 순전히 머리 속에서만 가능한 가상의 존재자로서 도깨비가 있다면, '도깨비가 없다'이거나 혹은 '도깨비가 있다'이거나이다. 이런 요구는 논리적으로 제안할 수 있다. 그런데 검증의 원리에 따라서, 실제로 도깨비를 보지 못하였으면, " '도깨비가 없다'가 있다(이다)"가 맞는 말이다. 때문에, '도깨비가 있다'는 말은 그의 존재의 사실이 현실에 어떤 지배력이나 구속을 갖지 않는다. 현실이 복잡하고 어려우면 "'도깨비가 없다'가 있다"는 문장의 생성처럼 현실과 가상의 문제를 도깨비의 위력을 통하여 풀어나갈 수 있는 것으로 생각할 수 있다. 도깨비는 어려운 문제가 발생하면 그의 방망이로 문제를 가볍고 쉽게 처리한다. 그러나 그는 쉽고 간단한 문제라도 현안의 중요성에 따라 그의 방망이로 머릿속의 문제를 더 어렵고 무겁게 만들기도 한다. 이 도깨비 논리학은 존재양화와 실재 문제에 전가의 보도이다. 이 책에서는 이러한 도깨비의 위력을 요즘 유행하는 '짱'에 빗대었다. 도깨비가 나타나서 문제를 해결하면 이것은 '짱'이다. '짱' 이론의 도움으로 모든 사람에게 양화 문제에 다가가게 취급하였다. 모든 양화문장은 적재적소에 도깨비 방망이가 출현하여 활약한다. 의미론적으로 일각수와 비슷한 능력으로 이 도깨비는 머리 속에 생각으로만 등장하고, 발화 작용으로 어떤 구속력을 갖는 유의미한 언명을 만들어간다. 문제를 갖는 자에게서 혹을 떼기도 하고 혹을 붙이기도 한다. 그것은 머리 속의 생각이고 그러한 생각의 짐의 교환은 도깨비 방망이로 이루어진다.

이 도깨비 방망이의 논리학은 명제논리학의 영역, 그리고 술어논리학의 영역에서 상이한 언어의 체계를 싹둑 떼기도 하고 붙이기도 한다. '그리고'와 '혹은'의 차이 문제, '하나'라는 표현과 '어느'라는 표현을 둘러싼 문제의 해결을 풀기도 한다. 술어논리학의 영역에서는 주로 아리스토텔레스의 계급의 논리학에서 여러 문제를 해결한다. 전칭 양화문장에서 존재문제를 해결하고, 거짓말쟁이의 문제에서도 거짓말쟁이를 혼내주기도 하고 새로운 문제 해결로 이끌기도 한다.

2. 의미와 대상

§1 말

말은 의미하고 생각하는 바를 타인과 교통하고 나타내고 표현하는 합리적인 사회적 수단이다. 그래서 말은 인간사회의 가장 합리적이고 표준적인 의사소통 수단으로서 사회적 약속이다. 말의 작용을 통하여 믿음이 나타난다. 말이란 이렇게 혹은 저렇게 사용된다. 말하기의 사회화의 과정은 말 받기와 말하기의 규칙을 따라 전개된다. 말이 전달되고 지켜지고 사용되는 과정이 사회적 약속의 기호인 것이다. 말한 것의 의미가 무엇이며 그 쓰임이 어떠한가는 경험적으로 관찰할 수 있다.

화자는 직접적으로 말하기 과정에서 스스로를 자명하게 표출함으로써 청자의 이해 정도와 말의 용도의 의사소통 과정에 참여한다. 우리가 사용하는 말은 근본적으로 상호이해를 전제로 일정한 질서와 규칙에 따라 의미가 작동되고 이해와 소통이 생겨난다. 말을 배우고 뜻을 알고 의미 있는 행위를 한다는 것은 일정한 삶의 형식에 담겨 있는 명백한 삶의 원리에 의한 것이다. 말을 선택하는 지식의 방향은 원래부터가 주어져 있다. 올바른 단어사용 방법과 그리고 일정한 문장 형식은 우리가 경험적으로 보고 듣기 이전에 존재하는 선험적 메시지와 같다. 성경이나 불경에 전승되는 이야기도 우리가 보고 듣고 경험하기 이전에 존재한 것과도 같다.

이에 우리가 주관적 내는 '말'은 목구멍으로부터 나오는 공기를 쳐서 표현하고자 하는 바를 파동이나 입자의 속성을 띠는 물리적 음성으로 분절시키는 행위이다. 말은 표현하고 전달함으로써 상대

방과의 의사소통과정의 객관성에 도달하고자 노력하는 총체적 인지행위이다. 그래서 알고 있거나 알고 싶은 것을 말하거나 전달하거나 등등의 행위는 하나의 인지과정에 있다. 말은 남에게 잘 전달되어야 하고 충분히 상호간의 의사소통이 잘 되게 사용되어야 한다. 따라서 말은 또 실천적 의미에서 어떤 행위의 요구를 동반한다. 가장 간단한 요구, 명령, 사실표현, 희망, 지시 등 대부분 내가 사용하고자 하는 말은 듣는 자에게 어떤 일반적 요구를 관철하기 위한 것이다. 말하는 자가 언급하고 있는 상황과 듣는 자가 거기에 대하여 반응하는 것은 일종의 물리주의에 가까운 것이다. 물리적 세계의 속성에 대하여 만들어지는 진술로서 모국어는 가장 자연스럽게 통용되는 빠른 의사소통의 길이다. 한국어를 모국어로 갖는 대부분 사람들에게는 한국어가 가장 일차적으로 직통으로 통하는 자연어이다.

인간은 말로 사고하고 행위한다. 이것은 형이상학과 더불어 특별히 논리학의 분과에 속한다. 그러나 말로 사고한다고 할 때에는 반드시 어떤 일정한 논리적 법칙에 의거한다. 무슨 말을 하고 무슨 말이 오고 가는 진행상황에서 인간 사고는 정신 외부에 명시적이다. 말에는 현실에 필요한 요구조건으로서 열거와 언표 가능한 것들로서 존재하는 것들과의 대응이 있다. 생각하고 의도하고 의미하고 뜻한 대상들과 말이 일치하고 대응하는 관계에서 언어는 세계에 대한 함의를 이끌어간다. 이러한 대상범위에 대한 담론의 함의는 더 이상 소급될 수 없는 기본적이고 본질적인 외부세계존재의 전체 존재성에 대한 전제를 갖는다.

세상에 있는 유의미한 말은 허공에 떠다니진 않는다. 현대에서는 이러한 언어적 요구를 논리적 원자론에서 실현하려고 하였다.

논리적 원자론이란 세계가 최소한의 언어적 단위에 상응하는 인자를 갖고 있다고 보며, 이러한 기초로 세계를 설명하려는 입장이다. 거기에는 직접 지식과 기술의 성립이 최소한의 현실에 놓인 데이터의 원자론적 구성을 인정하는 태도가 전제되어 있다. 고대 그리스에는 탐구의 기초로서 아직 승인되지 않은 가정을 세워나가는 요청으로서 이러한 담론을 공준이라 불렀다. 이런 요청은 대화의 상대자에게 받아들일 수 있는 담론의 주제로서 자명한 명제에 동의를 구함이다. 근대인들은 이러한 관념을 사물에 대한 인식을 가능하게 하는 조건으로서 공통관념이라 하였다.

이러한 공통관점을 전제한다면 우리가 모든 사람과 함께 생각하고 말하기에는 근본적으로 두 가지 입장으로 대립된다. 먼저 외적인 대상에 대하여 오르지 단어들을 통하여서만 생각하고 저울질하고 말하는 태도이다. 이 태도를 보통은 유명론이라고 부른다. 이런 유명론의 입장은 사물들을 대리하고 대표하는 것은 단어들뿐이며 진리라는 것은 아예 단어들만에 있다고 한다. 진리는 단어에 있다는 주장이다. 이 유명론은 실증적 자연과학의 운동에 그 급진성의 뿌리를 두고 있다. 이와는 대립되는 실재론은 생각하는 외부세계 사물의 대상들은 우리의 사고와 독립적으로 실재한다고 보는 입장이다. 진리는 사물의 자체의 본질에 있다. 언어를 통하여 사물로부터 주어지고 밝혀 가는 곳에 사고작용이 참여한다. 그곳은 자의적으로 접근될 수 없다. 실재론에서 경험하고 보는 뜻한 바 생각하는 현상의 세계의 진리란 그 자체의 감각경험을 뛰어넘는 어떤 본체의 세계에 기인한다. 그러나 실재론이던 유명론이든 말에 대하여서는 말이 일단 그 언표된 내용이 밖으로 나와서 공표되는 한에서 일정한 의미에서 세계에서의 사회적 함의라는 공통논의를 갖는다. 물소리, 새소리 혹은 각종 자연의 소리라 할지라도, 말소리는 어떤 의미를 수반하고 부단한 의사소통과정에 있으므로 일정한 의미론적 함의를 갖는다. 그러므로 말하고 말되는 이해과정에 있는 의미론적 함의를 갖는다. 나아가 말하기는 근본적으로 말의 의미의 문제를 떠날 수 없다. 말하고 생각하고 그리고 행하기의 분야는 세 가지 분야에서 상호 발전한다.

첫째로 의미론(semantics)이다. 의미론은 도대체 단어의 의미가 무엇이냐 하는 질문의 답변에 관계한다. 어떠한 때 단어의 의미가 참으로 판명되는가가 중요한 물음이다. 옛날에 "하늘이 무너졌다"고 땅 위에 사는 모든 동물들이 이 말을 들었을 때 모두 두렵고 떨려서 도망하여 달리기 시작하였다. 그러나 영리한 한 짐승은 도무지 그것이 왜 두렵고 무서운 일인가에 대하여 생각하고 따지고 들었다. 그 때문에 그는 모든 다른 동물들과 차별이 되었다. 그는 쓸데없는 걱정이나 근심이라는 단어의 의미를 다른 이성적인 존재자들에게 알릴 수 있게 되었다. 17세기의 갈릴레오가 "지구는 돈다"라는 말을 처음 했을 때에도 마찬가지이다. 이 말의 진실성에 대한 사회적 의미의 파장이 소위 패러다임의 이동을 가져온 사건이 되었다. 이 말의 의미가 무엇을 지칭하고 있는가 하는 것은, 많은 점에서 단어의 의미가 던지는 파장효과 때문이다. 인간이 사고하고 말하고 살아가는 곳에는 이러한 의미론의 그물망이 쳐 있다. 사물의 유의미한 이성적 의미의 그물망에서 주어진 언어적 표현이 어떻게 사물의 사태에 정확하고 면밀하게 일치 내지 합치하고 있는가의 여부가 말하고자 하는 의미론의 준거를 이룬다. 다른 표현으로는 언어적 표출이 참이냐 혹은 아니냐 하는 것이다. 의미론의 최종근거는 참과 거짓의 명료화이다.

둘째는 구문론(syntax)이다. 의미론이 문장표현의 참과 거짓에 관심이 있다면, 구문론은 표현된 언어적 문장들이 일정한 형식에 의하여 조직되어 가는 구문에 관심을 갖는다. 구문론은 의미론을 토대로 쌓아진 문장집합에 대하여 일정한 구문 규칙에 따라 새로운 문장을 만들어 간다. 말이 말을 낳고 말이 말을 쌓아가고, 그리고 굴러가게 하는 것이다. 언어 표현의 발생, 언어 현실의 의미전달은 거의 이러한 구문론에 의거하여 조작된다. 이해하고 말하고 설명하고 판단하는 단계를 넘어 말은 일정한 구문론의 조직에 들어간다. 넓은 의미에서 사용하는 생각의 현실을 구성하기 위한 구문론은 엄밀한 공리의 체계에 따른다. 그 공리체계 안에서 모든 의미들은 지속적으로 건전성을 유지할 수 있다. 하나의 의미체계에서 어떠한 문장의 의미가 유의미하게 굳건히 유지되려면 구문론의 진리보증이 있어야 한다. 예를 들자면 어떤 하나의 유의미한 진술의 명제는 반드시 어떤 조건 하에 어떤 언어에서 참이 되어야 한다면, 그 다음은 만약 그리고 오직 만약 어떤 하나의 명제가 그러하다면, 그렇지 않은 명제는 거짓임을 확정하는 것이다. 구문론적으로 하나의 그러한 명제의 참이 확정되면 그의 부정 역시 미리 확정될 수 있기 때문이다. 이런 구문을 통하여 형성되는 문장집합의 가장 기초적인 도구로는 정의, 동치, 대치 등이 사용된다.

세 번째는 실용이론(pragmatics)이다. 실용이론이란 널려져 있는 문장집합의 단어들이 어떻게 쓰이느냐에 따라서 그 단어의 효용의 등급을 정하고 지배하는 규칙을 다룬다. 따라서 문장들이 나타나는 혹은 언어의 표현들이 나타나는 곳은 오직 연관된 콘텍스트에서 그 진원지를 갖는다. 문장집합의 단어 사용과 이해는 모든 사회적 영역에 펼쳐 있다. 사적인 언어는 규제되고 단어 사용의 공공성이 강조된다. 그러므로 언어의 실용이론은 말하기의 규칙과 그 규칙 따르기가 말의 경로를 이해하는 데 도움이 된다. 하나의 서술되는 종결된 언명의 행위는 주변 연관관계의 콘텍스트에서 일어난다. 사과 두 개를 구하기 위하여 식료품 가게에 갔다 하자. 가령 이러한 의도를 관철하기 위하여 사과를 그림으로 그려서 지시되는 대상의 갖고자 하는 의도를 판매자에게 전달할 수 있다면, 일단 언어의 실용성의 측면에서 지시목적을 달성할 수 있을 것이다.

그런데 우리는 항상 세계를 보고 항상 세계와 함께 있으면서 항상 말이 있는 것같이 살아가고 있다. 세계는 항상 열려 있기 때문이다. 이런 세계의 사실에 의미 있는 대상을 만들기 위해서는 느끼고 의욕하고 지각하고 상상하고 깨닫는 등 복합적인 사고가 중요한 몫을 한다. 말없이 주위를 돌아보라. 사고는 다양한 의미의 그림으로 나타나며 세계의 사실로 다가가는 대상은 현실의 삶의 일부로 남아 있다. 존재자의 사유의 흔적이 바로 세계와 그림에 스며들어 행동하고 살아왔던 것이기 때문이다.

오래된 전통에 의하면 북극성같이 하늘의 고정성이 있으면 그 주위로 많은 별들이 북극성을 중심으로 돌고 있다는 것이다. 사유도 그러한 자연의 운행모델을 따른다고 여겼던 것이다. 별들의 운행은 시간과 관련을 맺으며, 지구의 자전은 태양 둘레를 공전하는 관계에서 그 지위가 주어진다. 달이 지구를 중심으로 돌고 있다는 사실도 그와 같이 밀접한 관련을 가지고 있다는 것이다. 이러한 사유의 모델을 따라서 우리의 사유도 그렇게 흉내낸다. 아주 미시적인 뇌의 움직임이 그러한 외적인 자연현상에 대하여 반향하고 있다. 자연계에서 모든 동식물은 일정한 자연의 법칙을 따라서 생

30

장 소멸한다.

　대부분의 사람들은 물리법칙을 모르고도 이 세계에 함께 살아가고 있다. 정작 올바로 생각하고, 혹은 사고하고 표현한다는 것은 얼마나 사물의 대상에 가깝고 적합한 지식으로 근접할 수 있는가 하는 능력과 관련한다. 사고는 말, 즉 표현을 통하여 외부세계에 드러나게 되어야 한다. 기호이론가들에 따르면 매개물로서 기호나 상징 내지는 아주 간단한 그림도 그러한 역할을 담당할 수 있다.

　현대기호논리학을 창시한 20세기 초의 타르스키는 두 가지 종류의 언어를 구분함으로써, 말이 있고 그리고 말이 없이도 간단한 일상언어의 표준화된 정식화로 진리개념에 도달할 수 있음을 보여주었다. 그림은 오늘날 신문이나 인터넷 화면처럼 전통적으로 지시나 예시 내지 어떠한 사고의 회화적인 내용을 담은 것이다. 가까운 실용적 의미에서의 그림과 이에 상응하는 물리적 기호의 구성물로는 화장실 표시, 신호등 표시, 도로 표시 등이 있다. 사고의 회화적 내용물은 현실에서 적당한 등급의 객관적 내용으로 정초하기 위하여서는 과학과 기술의 발전과 함께한다. 사고의 기본 작용은 이러한 주변 여건과 더불어 진행되어 나간다.

　사고 즉 생각은 자유다. 생각이 자유로움은 사고의 원칙을 이루고, 이 원칙을 지켜나가는 한에서 논리학은 발전한다. 이 경우 생각은 말 곧 논리의 원칙을 거치면서 살아간다. 생각은 사람이 사는 마을의 막다른 골목처럼 그곳에 당도하면 부딪치기도 하지만 돌아가거나 빠져나갈 길이 있으면 이어져나간다. 생각의 재료는 말이기 때문에 생각의 길은 끊어진 곳에도 이어져나간다.

§2 의미와 지시

자연과 세계에 대한 사고작용을 담는 의미의 그릇은 일정한 형식을 갖추고 있다. 처음으로 아름다운 자연경관을 접한 자가 눈앞에 펼쳐진 산을 보고 표현하는 언어형식에서 구분하여야 하는 것은 말하는 자와 말 되어진 자연을 구분하는 문법으로서 곧 주어와 술어이다. 멀리서 점찍은 듯이 보이는 산 산 산(山 山 山). 보는 자신은 자신이 표현한 그림 속으로 들어갈 수 있는 현실은 없다. 산을 보는 자신이 산일 수 없고 보이는 산이 자신일 수 없다. 엄격하게 주관과 객관은 구분된다. 동양의 산수화라도 자연의 모든 것을 담고 그 중에 한 점은 가령 여백으로 남겨둔다 하더라도, 그 여백을 떠받드는 화가의 의식은 거기에 반영되지 않겠는가. 설령 그렇지 않아 주객일체가 되더라도 세상에 어디엔가는 이런 일체를 기술하는 언어가 있을 것이다.

궁극적인 이 존재자의 차이는 언어형식에서 드러나는 표현을 담는 의미의 그릇에서 찾아볼 수 있다. 이 의미의 그릇이란 샘물을 뜨는 바가지에 비유할 수 있다. 비유로 주어(Subject)는 표현하는 의미를 퍼 올리는 바가지에 담긴 내용인 물이고, 그 물을 퍼내고 다시 물을 푸기 위해 바가지를 샘터로 내려보내는 그 외부의 그릇은 곧 술어(Predicate)라 할 수 있다. 하나의 바가지에 들어 있는 내용물을 빼면 술어는 비어 있게 되고, 다시 담으면 채워진다. 하나의 사고의 형식 또한 이와 같은 것이다. 의미의 내용물로서 바가지 안에는 의미된 물이라는 지시체가 들어 있다. 물은 생각하고 상상하고 그리고 이해할 수 있는 구체적이고 개별적 대상으로 존재한다. 구체적으로 지칭 가능한 대상들은 보통명사이다. 그러나 이러한 보통명사만을 가지고는 무엇이든 시작될 수는 없다. 물을 푸고 마시고 다시 그릇을 비울 때에도 머리 속에 남아 있는 추상적인 것으로서의 언어형식은 내용과는 분리된 순수한 것이다. 등산객이 목이 말라서 물을 마시고 싶다면, 이 욕구는 말을 마시겠다는 의미의 표현으로 나타난다. 그 다음 샘터에서 떠올린 바가지에 들어 있는 물은 순전히 목마른 목을 축이는 데 사용된 언어의 표현의 의미의 대상이다. 목을 다 축인 다음에 비어 있는 바가지는 언제라도 술어로서의 역할을 감당해 낼 수 있다. 술어로서의 바가지는 언제라도 물이라는 의미의 지시체를 대상으로서 진리보존하는 역할을 하고 있어야 한다. 말하는 자와 말 된 대상 사이에 생기는 긴장은 순수한 문법 언어형식으로서, 주어와 술어의 관계에서 물은 하나의 보통명사에 불과하다.

'진리는 이름이다'(veritas est nomina)라고 하였을 때 이 말의 의미는, 바로 진리가 이런 보통명사들에 있다는 뜻에서 받아들여진다. 이 경우 이 보통명사들의 대상들을 구체적으로 획득하고 인식하고 가까이할 수 있으면 이런 입장은 유명론의 입장에 가깝다. 진리는 '노미나'(nomina)이기 때문이다. 반면에 이 보통명사에 대하여 이들의 대상이 이 세계에 실재하는 것으로 보는 자들은 실재론자이다. 이 유명론과 실재론의 중간지대를 형성하는 입장이 개념론이다. 개념론자의 관점은 필요로 하는 구체적 대상을 머리에 떠올릴 때 곧장 현실에도 존재하는 것이라고 본다. 진리는 '노미네'(in nomine)에 있기 때문이다. 개념론에서 이 두 입장을 조율하면 유명론이나 실재론은 별 차이가 없다. 많은 무수한 사람들에게서도 한결같은 유명론이나 혹은 실재론의 입장의 조율을 본다. 유명론이니 실재론이니 등등으로 논쟁을 벌일 필요가 없는 것은, 세상일이 물 흐르듯이 개념론적으로 서로서로 절충하며 살아가기 때문이다.

의미 지시체는 그 자체와는 다른 어떤 것으로 '알려지게 되는' 모든 것으로 이해된다. 의미 지시체는 말하는 자에 가까이 있는 개념에 관련된 하나의 굴절된 소리에만 관계한다. 이 말하는 자가 표현하여 나타내고자 하는 '지시한다'는 독자나 혹은 청자에 이해의 하나의 지적인 작용으로서 하나의 개념을 생기게 하고 그리고 설정하게 한다. 의미 있는 소리들의 가능한 수단은 지성의 교환을 만든다. 그러므로 소리의 의미와 그의 지성의 일치는 진리의 한 기준을 포함하는 것이었다.

중세 논리학자 아벨라드에 따르면 말의 의미와 지성의 일치는 '정함'(positum)에 의한 것이라 하였다. 그에 따르면 하나의 명사는 지성이 구성하여 정하는 대로 엄밀하게 형성된다. 바가지는 박에서 나온 것으로 샘터의 물 떠먹는 그릇으로 적합하다. 쪽박은 지성이 구성하여 정한 개념에 불과하다. 그와 같이 의미 지시는 사물들에 대한 것이거나 혹은 지성들에 대하여 성립하고 있는 것이다. 사물의 본질을 고찰함으로써 한 명사의 형성과정이 생겨나고 거기서 단어 발견의 동기가 부여된다. 다른 하나는 지성에 의하여 설정되므로 사물에 명사를 부과하는 것이다. 그러므로 사물과 소리와 그리고 지성의 관계는 말하기의 발전과 관련하여, 굴절되는 소리에 의하여 선택되어 지성을 일깨울 때 진지한 의미를 갖게 된다. 즉 현대논리학에서 독립적인 발전을 이루어나간 의미론, 구문론 그리고 화용이론으로 일컬어지는 실용이론은 이러한 소리, 사물, 그리고 지성이라는 트리플(triple)에서 그 유래를 맺고 있다. 보편적으로 존재하는 것은, 결국 굴절된 소리가 인간에 의하여 선택되어 지성을 일깨워 생기게 하는 경우에 가능하다.

이때 소리나는 '말'의 의미는 특히 외국어를 학습하는 경우에 어려움을 많이 겪을 수 있다. 소리나는 말의 의미를 파악하기 위하여 다양한 문제 상황이 일어날 수 있다. 어학연수를 떠나는 대부분의 직장인이나 학생들이 겪는 어려움도 마찬가지일 것이다. 고대 그리스인들이 문화적으로 자랑할 것이 많았던 자신들의 교양 있는 언어를 이해하지 못하는 자들을 '바로바로이'(barobaroi)라고 부른 것도 이런 맥락이다. 그 당시 그리스의 문명세계를 찾아온 수많은 외국인들은 교양 있는 그리스어를 사용하지 못했기 때문에 그랬을 것이다. 그리스 세계는 아리스토텔레스의 제자 알렉산더가 등장하면서 알렉산드리아로 문명의 중심이 바뀌었다. 알렉산드리아를 중심으로 세계문명이 재편되면서 언어이론이 발전하게 되었다. 고대 문명세계에서 듣기와 이해하기의 연관에는 본래적으로 '말'이 갖는 외연의 의미와 그 의미의 내포의 문제를 두고 협약주의(conventionalism) 대(vs.) 자연주의(naturalism)라는 관점이 서로 대립되고 있다. 자연주의는 한 단어의 소리의 의미는 그의 소리에 내재하고 있다는 이론이다. 반면에 협약주의는 한 단어의 소리의 의미는 협약에 의하여 정해진다고 하는 이론이다. 산골짜기에 흐르는 물소리를 듣거나 한적한 시골 마을의 아침에 닭 우는 소리를 듣는다고 하자.

(1) 물이 졸졸졸 흐른다.

이들 표현에 의하여 지칭이 되는 자연적인 소리의 대상에 단어의 의미가 있다. 그러면 외국어 학습에 어려움이 있을 수 없다. 여기서 '졸졸졸'은 소리나는 대로 들어 듣는 대로 이해하면 된다. 그럼에도 동일하게 들리는 소리가 있어도 다른 방식으로 기술되는 단어가 생긴다.

(2) 닭이 꼬끼오 운다.
(3) 새가 지지배배 운다.

닭이 우는 소리는 불어에서는 '꼬꼬리꼬'(cocorico)라고 표시하고, 영어에서는 '콕커두들두'(cock-a-doodle-do), 우리말에서는 '꼬끼오(요)'라고 한다. 이 경우 단어의 소리에 대한 의미부여에 있어서 자연주의와 협약주의 논쟁이 발생한다. 청자에게는 적어도 외부세계의 소리가 적어도 협약적으로 정해진 것이든 자연적인 것이든, 그 의미의 전달이 있어야 될 것이다. 똑같이 운다는 것이지만 꼬끼오 혹은 지지배배 하고 지칭되는 소리의 대상의 의미 정하기는 일의적으로 풀이하기 어렵다. 자연주의와 협약주의 논쟁의 역사적 기원은 페르가몬과 알렉산드리아 학파의 흐름으로 거슬러 올라간다. 먼저 이 양대 학파의 잘 알려진 문법적 전통은 철학에 큰 영향을 받았다. 알렉산드리아 학파는 아리스토텔레스의 깃발 아래 번창한 이래 언어는 협약체계라는 학파의 확신을 갖고 있었다. 반면에 페르가몬 학파는 스토아의 영향 하에 본질적으로 언어의 비규칙성을 강조하였다. 이 중에 첫 번째 문법학자는 알렉산드리아 학파 내에서 발전된 디오니시우스 트락스(Dionysius Thrax, ca. 100 B.C.)이다. 아리스토텔레스 분류 원칙을 적용하여서 트락스는 언어를 명사, 동사, 분사, 관사, 대명사, 전치사, 부사, 그리고 연언으로 분류하였다. 그에 따르면 문법 연구에는 문헌적 텍스트의 정

36

확한 소리내어 읽기, 주어진 형태와 주제에 대한 설명, 문법적 규칙성의 전망, 그리고 문헌의 나은 이해가 중요하다.

우리는 이 부분을 빨래방망이 이론으로 접근하여 보자. '뚝 딱 뚝 딱 뚝 딱 뚝 딱 뚝 딱'은 옷가지를 쌓아 빨래판에 두드리면서 나오는 파동과 입자의 분자 성분의 구성을 갖는 소리다. 그런데 소리의 그 지시하는 바는 한 가지임에도 불구하고 그 소리의 의미는 여러 가지 방식으로 말 되고 있다. 이것은 원자적 성분으로 다시 세분되어 나갈 것이다. 음표로 이들의 비트를 나타낸다면 곧 음가로서 정해질 것이다. 빨래방망이 두드리는 소리나 응원박수로서 '짝 짝 짝 짝 짝' 등은 결국 '이것'을 넘어서 '무엇이다'라는 지칭의 대상으로 나아가는 언어적으로 원초적 지시 가능한 의미세계의 일부를 이룬다. 이러한 소리 언어와는 달리 주어진 상황에 대한 원자적인 표현 언어로서는 '눈은 희다'나 '풀은 푸르다'와 같은 것이 있다. 과연 이러한 원자적 표현들에 대한 참과 거짓의 의미를 부여하기에는 주어진 조건과 상황에 따른 모델의 해석에 따를 수밖에 없다.

3. 사과와 사실

§3 사고형식

인간은 대개 가만히 앉아서 묵상하고 생각한다. 백제의 반가사유상도 앉아서 사유하는 인간의 모습을 그린 것이다. 현대에는 로댕의 유명한 조각 가운데 생각하는 모습을 나타낸 것이 있다. 문명의 발달과 더불어 책상과 의자에 앉아서 생각하고 정리하고 판단하는 것이다. 그렇다고 책상과 의자가 사고형식을 제공하는 것은 아니다. 오늘날은 기본적으로 책상과 의자, 컴퓨터, 전화, 팩스, 복사기, 금전등록기 등으로 이와 같은 사고형식을 대리하기에 충분한 사무실의 설비를 제공한다. 이와 같은 설비는 일정한 사고절차를 간략히 하고 의사결정을 원활하게 수행하기 위한 충분한 조건임에는 틀림없다.

근대사유의 참된 시작은 유명한 데카르트의 "나는 생각한다. 고로 나는 존재한다"에서 비롯된다. 그러나 본격적인 사유운동은 뉴턴의 사과에서 시작된다. 뉴턴은 정원 벤치에 앉아 있다가 떨어지는 사과를 머리에 맞고 중력법칙을 알아냈다는 사실로 유명하다. 볼테르는 뉴턴의 머리에 떨어진 사과가 24살짜리 청년으로 하여금 일반중력에 대한 생각을 일깨웠다고 기록하고 있다. 물론 볼테르는 이 이야기를 뉴턴의 조카 캐서린 바턴에게서 들었다고 하니, 실제로 사과에 머리를 맞았는지는 의심스러운 점이 많다. 곧 기술문명의 발달과 비례하여, 뉴턴에 의하면 중력과 같은 인간에게는 변치 않는 사고형식이 있기 때문에, 일정한 사고를 위해서는 앉아 있고 서 있거나 뛰어다녀도 마찬가지이다. 다만 뛰어다니거나 서 있거나 왔다갔다하면 생각하고 있는 내용이 방해가 되고 흔들어 놓는다고 여겨온 것이 보통이다. 무작정 앉아서 생각만 한다고 문제가 풀리는 것은 아니며 막 뛰어다닌다고 일이 추진되는 것이 아니다.

석공이 무작위로 돌을 자르고 쪼개는 것이 아니라 일정한 형식을 머리 속에 그려가듯이, 목수가 쓰고자 하는 그의 재목에 따라 나무를 자르듯이, 일반적으로 주어진 어떤 대상이나 상황에 대하

여 서술하거나 판단하거나 궁리하는 행위를 사고라고 한다. 사고
는 전통적으로 사물의 세계의 비례 혹은 우주에서의 이성의 작용
으로 질서 있게 절제되고 정돈된 것으로 규정한다. 빛과 그림자,
균형과 절제에 의한 조화와 무질서, 음양의 조화 등은 사고의 본
질적 특성을 잘 지적해 주는 개념이다.

　이러한 사고에 가장 먼저 접근하는 통로는 언어이다. 넓은 의미
에서 이러한 사고과정을 담는 그릇이 '생각하다' 내지 '사고하다'라
는 술어이다. 사고는 명사이지만 동사형으로 '생각하다' 내지 '사고
하다'라는 술어는 하나의 작용을 동반한다. 가령 빈 바가지를 바라
보며 하는 생각은 껌 씹기와 같은 경우와는 약간의 차이가 있다.
전자는 멍하니 있어도 생각나면 마셔도 좋고 반면 후자는 질겅질
겅 씹으며 궁리한다. 그러나 의미를 담는 그릇으로서 바가지는 비
어 있어야 하고 껌은 씹어야 되는 과정에서 일정한 사고형식을 가
져야 한다. 잘 정돈된 사고의 형식을 위하여서는 사고의 대상에
대하여 하나, 둘, 셋, … 하고 자연스럽게 세어나가며 정리하면 된
다. 퐁당퐁당 호수에 돌을 던지기에서 시작하면 대상에 따라 무수
하게 많은 세기가 있다. 이 자연수의 세기 흐름은 처음에서 마지
막까지 밀도에서 세기를 완결하면 기수가 있고, 그 강도에서 완결
하는 서수의 세기가 있다. 뿐만 아니라 사고에는 그 결과로서 사
고작용이 첨가된다. 그렇다고 사고작용에 어떤 질료적인 내용이
첨가되어 사고형식에 무게를 주어서는 안 된다. '이것은 아니다'라
고 생각하는 경우가 그것이다. 거기서는 세기가 중지된다. 그러나
다시 정상적으로 세기 위하여 샘터의 빈 바가지처럼 사고형식은
지금까지 마시고 간 뭇 바가지의 물 떠먹은 행위에도 불구하고 물
떠먹기를 제공하는 빈 바가지의 역할을 보여주어야 한다. 뭇 사람

들의 물 떠먹기 행적에서 유추하듯 일정한 사고의 형식을 거쳐서 수행되어 간 사고의 작용에는 사고의 흔적이 남아 있다고 간주한다.

　사고는 일정한 문장과 판단형식을 통하여 표현하고자 하는 언명으로 나타내어진다. 그러므로 사고형식은 자연히 언명의 서술 내지 판단 형식을 닮는다. 가장 낮은 존재자에서부터 최고의 존재의 위계에 이르기까지 무엇에 대한 사고의 대상은 언어라는 수단으로 그 의미의 목표에 도달한다. 철학적으로 동서양의 인류를 막론한 인간의 일정한 사고형식은 순수하게 주어진 것이라는 견해가 많다. 그렇지만 사고형식은 언어로 표출되어 나가기 때문에 마땅히 일정한 사고의 틀을 거치게 된다. 이러한 틀은 이미 언급한 셈이나 각종 집합개념의 수학에서뿐만 아니라 다양한 지식의 영역에서 실천적 응용을 목적으로 매일 매일의 생활 가운데에서 찾아볼 수 있다. 직접 보거나 가보지 않아도 생각하고 계획하거나 혹은 약속한 장소를 찾아가는 것은 사고하는 능력에 의거한 것이다. 이런 사고능력은 이 집합의 개념을 사용하여 나름대로 조직을 만들고 질서를 만들어 아울러 설계해 나가기 때문이다. 유한집합에서 열거하라는 것은 주어진 집합의 대상들의 성질들을 하나하나 세어 나가는 것이다. 그러나 심리적 요소들이나 명시적으로 구분이 되지 않은 원소들을 갖는 것들은 열거의 대상에서 제외된다. 기술하는 것 역시 센다는 기본적인 범위를 벗어나지 않는다. 보고 듣고 말하는 모든 행위도 하나의 사고에서 출발하는 것이라면, 이러한 사고태도란 일종의 영혼의 관습이다.

　생각한 것을 말하는 것은 전적으로 주어진 사물을 나타내는 표현의 힘에 의한다. 이러한 표현에 의한 말은 사물과의 일정한 거리의 정합성과 논증 내지 증명을 갖추어야 한다. 언어를 통한 진리에 대한 한 신념의 그룹에서 그들에 대한 참에의 요구는 모든 부분에서 두루두루 통용될 수 있도록 보여주어야 한다. 진리의 정합성과 논증의 문제는 귀납적인 절차를 통하여 진행될 뿐만 아니라 참이 여러 다양한 의미의 체계의 내적 연관에 의하여 설명된다. 이러한 뜻에서 논리학의 역사를 보면 아리스토텔레스는 삼단논법이라는 하나의 추론형식을 발전시켰고 범주라는 사고의 틀을 창안하였다. 범주라는 것은 사물의 본래의 대상을 언어의 표현으로 나르기 위한 사고의 도구 내지 사고형식이다. 사물에 대한 사고형식으로서 스토아 시대의 논리학에서는 사자의 소리를 비유로 주어진 언어적 사태에 대한 정확한 의미를 지적하기도 하였다. 칸트는 사물을 이해하고 파악하는 지성의 사고형식을 순수 오성 개념이라 하였다. 현대의 상징논리, 기호논리 혹은 수학적 논리라는 명칭을 갖는 논리학은 이와 같은 언어적 표현을 일정한 기호로 바꾸어 진리개념에 어떤 정합성의 체계를 주는 일에 주력한다. 기호 만들기란 사고형식을 끝까지 밀고 나가서 얻고자 하는 결론에 도달하여 일정한 사고의 단위에 종지부를 찍으려 하는 지성의 조작이며 지성의 간이화이다.

그래서 생각한 것이 표현된 언어적 사태는 기호로 대응된다. 기호 만들기란 언어로서 대표된 존재사태에 논의형식을 주는 것이다. 두 존재자가 처한 사태를 하나의 의미로 묶는 기호는 사물과 언어 사이를 연결하는 직통 길이다. 이런 기호 만들기란 붕어빵 만드는 기계를 통하여 밀가루와 팥을 집어넣어 붕어빵을 만들어내는 작업과도 같다. 붕어빵과 붕어빵 기계와의 관계에서 붕어빵은 의미이고, 기계는 일종의 구문으로서 사고형식과 같다. 밀가루와

설탕, 버터 등의 재료가 실용의 의미를 가져서 일단 붕어빵을 찍어내기 시작하면, 붕어빵 만들어지는 것은 구문론이 문장을 생성하는 것과 같다.

§4 IT

언어사용의 첫 출발은 어떠한 주어진 사물을 IT로 지시하는 것이다. 그러기 위하여서는 지시하고자 하는 대상에 대한 명백한 지칭이 가능하여야 한다. 일정한 문장집합에서 단언적으로 그것이 이러저러하다고 하는 것은 서술화이다. 그것, 이것, 저것 등에 의하여 처음 주어가 관련하는 것은 사물의 외적인 대상이다. 이 대상이 구체적이든 혹은 추상적이든 언급하고자 하는 대상에 대하여 서술하는 역할을 하는 것은 술어이다. 주어는 언급하고자 하는 대상에 관계하고, 술어는 주어에 대하여 서술한다. 이때 '것이다'라고 하는 진술의 역할은 이와 같이 주어진 문장집합에서 사물과 언어 사이를 직접적으로 연결한다. '것'을 통하여 '것'을 지칭할 수 있다면, 가장 기본적으로 외부세계의 사물과 사유하는 주어와 직접연결이 가능하다. '것' '이다'를 통하여 하나의 지시 가능한 대상으로서의 명명이 가능한 문장은 의미 있는 문장으로 등장한다.

(1) 새벽 별은 새벽 별이다.

이 문장표현의 경우는 원초적으로 지시되는 이것의 도움 없이, 주어로서 하나의 명사를 사용하여 아침에 가장 밝게 빛나는 별을 새벽 별과 더불어 '이다'를 통하여 주어의 대상이 술어의 지시대상과 동일한 관계임을 지칭하는 데 성공하고 있다. 이 문장은 의미론적으로 참이다.

(2) 새벽 별은 저녁 별이다.

이 문장표현의 경우는 새벽에 가장 밝게 빛나는 별이 과연 저녁이 올 무렵 가장 밝게 빛나는 그 별인지 어떤지, 천문학적 사실로서 확인되기 전까지는 선뜻 참으로 받아들여지지 않는다. 경험적으로 저녁에 본 별이 새벽에 본 별로 밝혀지기 이전, 확정된 사실 이전까지는 알 수 없는 것이다.

(1)에서 동일한 천문학적 대상으로서 비너스에 대하여서 주어의 용어와 술어의 용어가 같은 뜻을 갖는 의미의 단어로 진술하였을 때에는 '이다'가 딱 들어맞는 역할을 다하고 있다. 그러나 (2)에서 비록 주어의 용어와 술어의 용어가 동일한 대상을 지칭하고 있을지라도, 뜻이 다른 의미를 갖는 단어로 진술하였을 때에는 '이다'의 기능이 미지수로 남을 수도 있다. '이다'가 '아니다'로 판명될 수도 있는 문법적 상황과 애매한 개연성이 나타날 수 있다. 이런 위험을 피하기 위하여, 논리적으로 엄밀하게 '이다'를 사용하고 올바로 적용하여야 한다. 이를 대수형식으로 나타내자면 ① $a = a$이고, 그리고 ② $a = b$이다. '것이다'의 부정을 표현하는 단어가 '아니다'이다. "'아니다'이다"는 부정에 대한 긍정이다. '것이다'가 것에 대한 긍정적 판단을 서술하고 있다면 '것이 아니다'는 것에 대한 부정적 판단을 내리고 있다. 이 두 가지의 차이에 대하여서는 다음 장에서 좀더 자세히 다루고자 한다.

§5 사실과 인식

사실에 관한 문장과 사실에 대한 인식의 문장과는 근본적으로 차이가 있다. 하나의 주어진 사실이 참인지 혹은 거짓인지의 여부가 밝혀진 다음에 그 사실에 대한 인식이 성립한다면 이러한 인식은 자연스럽게 정당화된다. 그러나 여기에도 한계는 있다. 원자적 사실에 관한 진술은 그 사실 자체에 대한 진위가 인식론적으로 알려질 수 없는 경우가 일반적이라고 할 수 있을 것이다. 사실에 대한 인식의 관계는, 독립적인 사실에 대하여 안다, 본다, 느낀다 등의 지각동사를 사용하는 인식문장이 성립할 때 생긴다. 많은 경우에서 인식과 사실은 가볍게 결합되고 쉽게 분리되지만, 그러나 쉽게 분리된다고 가볍게 결합되는 것도 쉬운 것은 아니다. 꾀돌이가 차돌이에게 몰래 다가가서 귀여운 꿀밤을 줄 수도 있지만, 일단 꿀밤 사건 이후에 차돌이 마음이 어떻게 변할지 모르기 때문이다.

일반적으로 참으로 받아들여진 하나의 과학적 사실도 경험과 관찰에 의하여 자꾸 수정되고 그 가치도 변화하고 있다. 하지만 일반적으로 상식이 통용되고 건전한 양식이 통하는 사회라면 이성적 설명과 판단이 사태의 문제해결에 우위를 줄 수 있다. 가령 고통사고나 사소한 법률생활에서 사실과 사실판단에 관한 진술이 그러할 것이다.

이때 사실과 사실판단에 관한 진술은 증거를 확보하기 위하여 증인을 요구하고 증거나 판단자료로 사용하기 위하여 사실에 관한 과학적 입증을 요구하기도 한다. 단순한 심증이나 인식태도만으로 사실의 진위에 대한 가치변화를 줄 수 없다. 그러나 사실로 밝혀지거나 공개적으로 해명이 된 사실은 인식태도에 변화를 제공할

수 있는 것이다. 인식의 정당화는 철저히 사실의존적이다. 다음과
같은 교통사고 경우의 법정 진술을 보자.

[보기 1]

증인 1. A 자동차가 B 자동차를 박았다. ····················· **사실**
증인 2. 나는 A 자동차가 B 자동차를 박는 것을 보았다. ··· **인식**

지금 A와 B 자동차의 주인은 누구인지 알 필요가 없는 상황이
다. 법정에 제시된 증인 두 명이 진술한 [보기 1]의 기록은 다음과
같이 정리할 수 있다.

(1) 1이 참말이면, 2도 참말이다.
(2) 2가 참말이더라도, 1이 참말일 수는 없다.
(3) 2가 거짓말이면, 1도 거짓말이다.
(4) 1이 거짓말이면, 2도 거짓말일 이유는 없다.

증인 1이 거짓말하면, 증인 2도 거짓말일 가능성이 높지만, 참
말일 수도 있다. 그렇기 때문에, (4) 항의 사실에 대한 인식의 증
언은 자유롭다. 여기서 (1), (2), (3), (4)의 언명은 증인 1과 증인 2
의 각각의 진술로부터 어떻게 전건으로부터 후건이 귀결되는가 여
부를 가린 진술이며 모두가 올바른 귀결을 내린 것이고 또한 그
추론이 타당하다. 대부분 주어진 전제로부터 이끌어내는 결론이
타당한지 아닌지 여부의 문제는 이와 같이 사실과 인식에 관한 추
론의 뒤섞음에 의하여 발생한다. 다음의 경우는 삼단논법 형식에
서 사실과 인식에 관한 추론의 뒤섞음을 지시구에 의하여 보여주

는 문장형식이다.

(5) 그 짓을 저지른 건달들은 무기를 지니고 있다.
존은 그 짓을 저지른 건달들이다.

———————————————————————

고로, 존은 무기를 지니고 있다.

첫 번째 전제가 참이고 그리고 두 번째 전제가 참이라면 이 삼단논법의 결론은 타당하다.

(6) 그 짓을 저지른 건달들은 무기를 지니고 있었다는 사실을 영희는 안다.
존은 그 짓을 저지른 건달들이다.

———————————————————————

고로, 존이 무기를 지니고 있었다는 것을 영희는 안다.

이 논변은 타당하지 않다. 영희가 알고 있는 그 지시구의 대상이 두 번째 전제의 시비와 동일한지 여부는 결론에서 확인할 도리가 없다. 여기서는 '그 짓'의 동일성과 개연성의 차이 때문에 정확한 답을 내릴 수 없다.

하나의 동일한 사물에 대한 관념에 대하여 Si가 갖는 한 관념을 a, Sj가 갖는 한 관념을 b라고 하였을 때는, a의 관념과 b의 관념은 같지 않다. 즉 $a \neq b$이다. 여기서 $a = b$와 $a \neq b$의 차이를 주목하여 보자.

① 나는 푸른 잎사귀 사이로 딸기를 본다. …………… 차원 1
② 나는 딸기를 땄다.

③ 나는 딸기를 손에 집어넣어 붙잡고 있다.
④ 내 친구는 그것을 본다. ································· 차원 2

내 친구는 길을 가다가 ①의 사실을 모르다가 내가 딸기를 따는 것을 본다. 그리고 딸기를 손에 집어넣어 붙잡은 것도 본다. 내 친구가 보는 것은 ②와 ③의 사실이다. 거기서 나와 내 친구는 하나의 동일한 사물을 보고 있다. 그러나, ①의 내가 갖는 딸기의 관념과 ④의 내 친구가 갖는 딸기의 관념은 다르다. 즉, a와 b는 다르다. 누구라도 나의 고통이 나의 동반자의 고통이 아니다. 어느 누군가는 나의 고통에 연민을 갖고 함께 동참할 수는 있다. 그렇다고 그가 나의 고통을 갖는 것도 아니고, 나도 그의 연민을 갖고 있다는 것은 아니다. 이것이 a ≠ b이다. 결국 나와 내 친구는 같은 길을 가고 있으면서도 동일한 아픔을 나누어 갖지 못한다. 같은 이름에서 나온 대상이 나중에 다른 내용의 관념으로 달라지고 있는 인식론적 상황을 어떻게 설명할 수 있는가? a가 b가 다르면서도 어떻게 같은 것이었다는 점을 나타낼 수 있는가? 이것을 다음과 같은 라인으로 묶어서 예시하기로 하겠다.

a  b

이제 a가 처한 의식과 b가 처한 의식은 하나의 라인으로 연결되어 있으나 서로가 다르다.

상황인식론으로 돌아와서 a가 b와 같아지는 경우는, 만약 그리고 오직 만약, 서로 다른 부분에서 동일한 의식을 소유하면 같아질 것이다. 이론적으로 이렇게 같아지는 경우는 세 가지 정도로 요약할 수 있다.

㉠ a와 b가 관계하는 대상에 대한 상황기술이 동일하면 a와 b가 같다.
㉡ a와 b가 관계하는 대상이 동일한 그림으로 지시되면 a와 b는 같다.
㉢ a와 b가 관계하는 대상이 서로가 온라인으로 소용돌이치면 같다.

a --------------------------- ⇆ --------------------------- b

4. 논의도식과 추론

§6 논의도식

과학의 추론은 논의들로 이루어져 있다. 논의를 구성하고 논의를 형성하는 과학의 분야는 다양하다. 그럼에도 이들 개별과학에서의 논의는 타당한 추론을 통하여 일정한 결론에 도달하는 형식의 틀을 갖추어야 그 정당성을 확립할 수 있다. 논의도식이란 하나의 개별과학의 발전과 성과가 의존하는 일반적으로 타당한 형식의 틀이다. 마치 붕어빵 굽는 기계와 붕어빵의 관계처럼 모든 과학의 추론에는 일정한 논의도식이 있다. 논의도식은 일정한 표준적·형식적 절차에 따라 논의추론을 진행시켜 나갈 수 있게 만든틀이다. 특별히 언어사용의 등급에 따라 논의도식은 처음부터 끝까지 폐쇄된 범위에서 논의 값이 주어지는 경우가 있는 가하면 처음부터 열린 범위에서 논의의 값이 주어지는 경우로 나누어볼 수있다.

'원효대사는 요석공주를 사랑하였다.' 이 표현을 다시 적으면 '…는 …를 사랑하였다.' '…는 …를 사랑하였다'는 문맥에서는 어느 누가 누구를 사랑하였는지를 알 수 없다. 누가 누구를 사랑하게 하기 위한 부대 진리조건을 만족시키기 위하여서는, 원효대사와 요석공주가 이 빈칸을 채워야 한다. 샘터는 물을 마실 자를 위하여 빈 바가지를 놓아두듯, 논의도식이란 빈 바가지처럼 비어 있다. 우리는 이와 같이 빈자리 '…'에 들어가는 용어를 '논의'라고 부른다. 그리고 '…' 빈자리를 만들어 논의가 들어갈 수 있게 하는 틀을 '논의도식'이라 부른다.

논의도식을 만드는 절차를 펼쳐 보이기 위하여 다음의 논의도식을 살펴보자.

(1) 만약 오늘이 토요일이면, 그러면 내일은 일요일이다.
    오늘은 토요일이다.
    _____
    그러므로 내일은 일요일이다.

(2) 철수가 파티에 갈 것이거나 혹은 순이가 파티에 갈 것이다.
    철수는 파티에 가지 않을 것이다.
    _____
    순이는 파티에 갈 것이다.

(3) 철수가 파티에 갈 것이거나 혹은 순이가 파티에 갈 것이다.
    만약 민주가 철수를 만나주지 않는다면, 그러면 그는 파티에 가지 않을 것이다.
    민주는 철수를 만나주지 않는다.
    _____
    순이는 파티에 갈 것이다.

(4) 만약 순이가 파티에 가면, 그러면 철수는 파티에 갈 것이다.
순이는 파티에 가지 않을 것이다.

철수는 파티에 가지 않을 것이다.

(1) 문장은 형식적으로 첫 문장과 두 번째 문장에서의 논의를 구성하고 마지막 세 번째 문장에서는 결론을 내리고 있다. 첫 번째와 두 번째 문장은 대전제와 소전제를 이루며, 세 번째 문장은 결론이다. 여기서 전제들로부터 결론을 이끌어가는 추론형식이 있다. 그것이 은연중에 도입이 되고 있는 순수한 형식적인 언어표현인 '만약 …이면, 그러면 …이다', '…이다', 그리고 '그러므로, …이다'이다. 이런 문장표현들은 제거한 문장이 '토요일이다'와 '일요일이다'와 같은 정언문장이다. 이런 정언명제조차도 더 분석하면 여기에는 '…이다'가 들어 있음을 발견한다. 이러한 과정을 기호를 통하여 좀더 간략히 하자면, 다음과 같이 만들 수 있다.

(5) 만약 A이면, 그러면 B이다.
A이다.

그러므로, B이다.

이와 같은 방식으로 올바르게 추론된 문장표현들을 기호를 통하여 간략하게 정리하는 형식적 모습을 곧 논의도식이라고 부른다. 그리고 정언문장의 표현은 모두 기호 A, B로 각각 바꾸어 대치하여 적혀 있다. 따라서 (2) 문장표현도 다시 다음과 같은 논의도식으로 정리할 수 있다.

(6) A이거나 혹은 B이다.
   A가 아니다.
   _____
   그러므로, B이다.

(2) 문장표현에 대한 (6)의 논의도식에도 '…이다'가 들어 있다. (2)와 (6)의 문장표현에는 지금까지 보지 못한 '… 아니다'가 들어 있다. '아니다'는 곧 '이다'의 부정으로서 "'이다'가 아니다"이다. '아니다'의 출처는 '이다'에서 오고 있다. (5)나 (6)의 논의도식에는 각각 A와 B라는 기호가 도입되어 있다. 이 기호들은 논의도식 성립 이전에는 각각 정언문장의 표현으로서 '토요일이다', '일요일이다', '철수' 그리고 '순이'라는 명사를 대표하고 있었다. 그러나 일단 논의도식에서 기호로 대치가 된 이후에는 이들의 원래 문장표현으로 다시 돌아가서 종전에 사용되어 각각의 개별 항을 이루고 있던 논의들인 옛 이름 대신 전혀 다른 새로운 이름인 '푼수'니 '변수'니 하는 논의로 대치하여도 이들의 나중에 세운 논의도식의 진리값은 의미변화를 일으키지 않는다. 이 대치는 논의도식이 보여주는 형식의 힘에 의거한다. (3) 문장은 다소 복잡해 보이는데 이 역시 다음의 논의도식으로 정리될 수 있다.

(7) A이거나 혹은 B이다.
   만약 C가 아니면, 그러면 A가 아니다.
   C가 아니다.
   _____
   그러므로, B이다.

다만 (7)의 경우의 결론에는 첫 번째 전제와 두 번째 전제로부터 하나의 부차적 결론이 생략되고 있다. 즉, 'A가 아니다'라는 결론이 생략이 되어 있다. 반면에 (4)의 경우는 전형적인 그릇된 추론 형식의 대표적 예이다. 이 추론형식은 '만약 친구가 강남 가면, 그러면 나도 강남 간다. 친구가 강남 가지 않는다. 그러므로 나도 강남 가지 않는다'와 같은 추론구조를 갖고 있기 때문이다. 이러한 논의도식은 남이 어쩌고저쩌고 하지 않는다고 나도 덩달아 어쩌고저쩌고 하지 않는다면, 매우 불건전한 게으른 추론형식이다.

§7 추론종류

추론의 종류는 귀납추론과 연역추론이 있다. 전통적으로 유럽의 대륙과 영국의 섬나라 사람들이 발전시켰다고 일컬어지는 추론형식으로 전자는 경험에 호소하고 후자는 이성에 호소한다. 중세 대학에서부터 근대, 근대에서 오늘날 현대에 이르기까지 무엇을 경험이라고 부르고 무엇을 이성이라고 규정하는 것은 사실 진부한 주제이다.

오늘날까지 영국인들이 학문적 토론과 주장을 하기 위하여 필요로 하는 지식의 형식은 경험을 중요시한다는 것이다. 그렇다고 대륙의 합리론이 경험을 무시한다는 것은 아니다. 합리론은 경험의 구조에 이성의 역할을 더 밝게 조명하려고 한다. 가령 '모든 인간은 죽는다'는 대전제에는 경험적 요소가 없다. 논리학을 창시한 그리스인들은 이러한 명제의 연역적 관념을 발전시켰다. 이러한 연역적 관념은 논증될 필요가 없이 보편적으로 타당한 전제이었다. 다만 구체적으로 어떠한 개별적인 인간에게 케이스가 발생하는가는 경험적 확증의 문제이다. 논증방식이 경험이냐 혹은 이성에 호소하느냐는 편리한 용도에 따라 사용할 수 있다. 그러나 실제로 영국 사람과 대륙의 사람들이 서로 논의할 때 이해에 도달하는 방식은 차이가 난다. 다음의 보기는 경험에 두거나 혹은 이성에 두거나 하면서 전개되는 추론형식이다.

(1) 만약 눈이 오면, 그러면 춥다.
　　눈이 온다.
　　───────────────
　　춥다.

(2) 만약 눈이 오면, 그러면 춥다.
　　눈이 온다.
　　───────────────
　　춥다.

(1)은 대전제의 '만약 눈이 오면'이라는 조건이 '그러면 눈이 온다'는 소전제에서 벌어지는 상황에 생겨나는 연역추론의 한 형태이다. 반면에 (2)는 '눈이 온다'는 조건이 어느 한 개별적 케이스에 귀납적으로 적용함으로 발생하는 귀납추론의 한 형태이다. (1)에서 전제의 '만약'은 영어의 'if'가, (2)는 'when'이 사용됨으로써 구분된다.

다음의 추론형식은 특별한 목적을 위하여 설정된 추론형식이다.

(3) 모든 사물에는 하나의 작용원인이 있다.
　　아무 것도 스스로 작용하지 않는다.
　　───────────────────────
　　그러므로 하나의 무한 작용원인의 소급은 불가능하다.

여기에 두 개의 전제로부터 얻어내는 결론은 그 자체로의 자명성이 아니라 불가능성에로의 호소이다.

추론에는 타당한 추론이 있는가 하면 부당한 추론이 있다. 이러한 것은 추론과정에서 잘못된 오류를 범하여 발생한다. 오류의 종류는 무수하게 많으나 여기서는 크게 취급하지 않는다. 왜냐하면 추론은 오류를 범하기 위하여 하는 것이 아니기 때문이다. 논리학은 이런 오류추론을 즐거이 지적함으로써 소임을 다하려 한다. 그러나 더 중요한 것은 참된 전제에서 참된 결론을 이끌어내는 것이다.

(4) 모든 네 친구는 내 친구이다.
　　모든 내 친구들은 좋다.
　　―――――――――――――
　　그러므로 어떤 네 친구는 좋다.　　　　　**타당한 추론**

(5) 푼수의 어떤 친구도 내 친구들은 아니다.
　　푼수의 어떤 친구도 좋지 않다.
　　―――――――――――――
　　그러므로 어떤 내 친구도 좋지 않다.　　**부당한 추론**

다음은 추론 사용 목적에 따라 논의의 전제로부터 결론이 이끌어졌다. 단언적 언명으로 된 것이 아니라 당위적 표현으로 이루어진 만큼 여기서는 편의상 추론을 다음과 같이 분류해 보고자 한다. 이는 추론의 의도와 내용에 따른 것으로 추론의 질료에 따른 분류이다.

(6) **명령적 추론**
소송을 제기하려면, 소장과 인세를 첨부하여 법원에 제출하여야 한다.

그러므로 푼수는 소장과 인세를 첨부하여 법원에 제출한다.

(7) 투기적 추론
y 주가가 상승하고 있고 그리고 상승하면 나는 y 주식을 팔아야 한다.
y 주가가 상승하고 있다.
그러므로 나는 y 주식을 팔아야 한다.

(8) 의무론적 추론
우리는 살아 계신 부모님을 공경해야 한다. 우리 부모님은 살아 계신다.
그러므로 우리는 부모님을 공경해야 한다.

(9) 실천적 추론
나는 돈 벌고 싶다. 그리고 돈 벌기 위하여, 나는 일해야 한다.
그러므로 나는 일해야 한다.

실천적 추론은 행위의 과정이 한 목적을 위한 욕구에 기초한다.
행위가 목적을 실현하는 수단이라는 신념에 충실한 추론이다.

§8 추론형식

'이다' 논의도식은 주어진 전제로부터 일정한 결론을 이끌어내기 위하여 거의 공짜로 사용되는 형식이다. 여기서 우리는 '이다'의 부정을 나타내는 기호를 '¬'로 사용한다. 그리고 나중에 명제논리학에서 좀더 자세히 논의되겠지만 '이다'에 '만약 무엇무엇이면, 그러면 무엇무엇이다'라는 함축을 담는 추론식을 '→'로 사용하겠다. '또는', '그리고'의 문장연결의 기호는 '∨'과 '∧'으로 약정하여 사용한다.

'이다'에 의한 추론형식은 공리적 이론체계에 의존한다. 논리학의 창시자인 아리스토텔레스는 삼단논법이라는 추론형식을 창안하여 계급논리학의 기초를 세웠다. 아리스토텔레스는 추론을 용이하게 하기 위하여 계급(class)을 도입하였다. 계급은 일정한 사물의 속성을 갖는 부류를 계층에 따라 분류하기 위하여 광범위하게 도입되는 용어이다. 사회과학에서는 노동자 계급 혹은 사용자 계급 등으로 사회계층을 형성하는 대상을 지목하기 위하여 이런 계급이라는 단어를 사용한다. 대부분 정치가들이나 사회운동가들은 이와 같은 계급의 논리학을 그들의 실제 지식의 영역에 적용하고 있다.

계급 안에서 적용되는 구체적으로 명시적이고 지시적인 수단은 대상언어이다. 계급에서 형성되고 사용되는 이런 대상언어는 학교의 학급이나 학과, 회사나 국가 공무원 조직 등에서 대부분 그들의 계급논리학의 언명에 봉사한다. 특정한 정치집단이나 당 또는 특정 학교나 군대조직 등을 중심으로 이러한 계급언어가 존재하고 있다. 이때 계급의 논리학은 그들의 사유의 대상에 대하여 일정한 계급을 중심으로 추론의 정합성과 건전성을 유지하여 나간다. 서양철학에서 이 아리스토텔레스 계급의 논리학은 사회와 역사 현상을 설명하는 가장 큰 도구였다.

정작 아리스토텔레스 자신에 있어서, 계급을 통하여 표현되는 사유의 대상의 공식이 단어들의 귀결들인지 정신의 객관적 구조를 나타내고 있는지 어떤지는 분명하지 않다. 오늘날은 이러한 계급이라는 표현 대신에 수학적인 개념에 기초하는 집합개념을 널리 사용한다. 아리스토텔레스의 사후에 발전하기 시작한 메가라-스토아 논리학은 삼단논법의 계급의 형식을 떠나 명사와 명사에 대한 관계를 표시하는 명제논리학을 발전시켰다. 스토아인들은 **추론의 규칙**들을 정식화하였고, 이를 위하여 메타 논리적 언어를 사용하였다. 이들은 세련된 의의론을 정교하게 만들어 의미들($\lambda \varepsilon \kappa \tau \alpha$)의 영역에 속한 어떤 것들을 항상 의미하게 하여야 하는 방식으로 그들의 논리적인 정리들을 진술하였다. 또한 그들은 추론을 위하여 새로운 용어들을 사용하였다. 이들의 메타 추론 이론은 추론을 먼저 전통적 아리스토텔레스 삼단논법형식에 가탁(假託)하여 발전하였다.

메타 추론 이론이란 대상언어의 표현에 나타나는 추론을 기술하는 이론이다. 누구나 마시고 싶은 우물에서 물을 퍼 올릴 때, 항상 비어 있는 두레야말로 목마른 자의 한 모금을 위한 순수한 형식일 것이다. 따라서 이 이론은 계급으로 나타내어진 표현 자체의 내용의 전개나 주장에 관심이 있는 것이 아니라 오히려 순수한 표현형식에 관심을 갖는다.

(1) 전통적 아리스토텔레스 삼단논법형식

모든 M은 P이다.
모든 S는 M이다.
───────────
고로, 모든 S는 P이다.

논의도식이라고 부르는 문자를 통하여 간략히 나타낸 일정한 형식에 다시 임의의 언어적 표현을 대치한다면 다음과 같이 적을 수 있다.

(2) 모든 인간은 죽는다.

　　모든 흑인은 인간이다.
　　―――――――――
　　고로, 모든 흑인은 죽는다.

　　(1)의 'M'은 (2)에서 '인간'으로, (1)의 'S'는 (2)에서 '흑인'으로
대치시킨 것이다. 이와 같은 형식을 약간 변형하면 다음과 같은
문자를 포함하는 식을 나타낼 수 있다.

　　(3) 약간 변형한 삼단논법

　　　만약 모든 M은 P이고,
　　　그리고 모든 S는 M이면,
　　　―――――――――――
　　　그러면 모든 S는 P이다.

　　여기에는 '만약 …', '그리고', '그러면 …'이라는 조건문이 있다.
여기에는 전건과 후건이 있다. 이것은 순전히 형식적인 표현들로
서 어떤 정해진 의미를 나르고 있지 않다. 이에 반해 스토아인들
은 다음과 같은 방식으로 이러한 형식적 표현들을 세련되게 나타
내었다.

　　(4) 스토아의 삼단논법

　　　만약 p, 그러면 q.
　　　지금 p.
　　　―――――――
　　　　　고로, q.

위의 정식은 한 추론도식이다. 여기서 나타난 '만약 p, q' 그리고 'p', 그러면 'q'에서 처음부터 끝까지 적용되고 있는 규칙이 있는데, 이를 통상적으로 '분리규칙'이라고 부른다. 자명한 논의도식이라고 불렀던 대부분의 식은 이 분리규칙에 의하여 그 추론과정의 정당성이 보증된다.

(5) 만약 오늘 토요일이면, 내일은 일요일이다.
　　지금 오늘은 토요일이다.
　　―――――――――――――――――――――
　　고로 내일은 일요일이다.

그런데 분리규칙과는 아주 유사한 추론형식이 있는데 그것은 상기 분리규칙의 문장표현에 단지 '만약'을 하나 더 첨가한 경우가 이 조건문이 된다.

(6) 만약, 만약 'p, 그러면 q'이고 그리고 p이면, 그러면 q.

이것이 조건문의 정리이다. 즉, 조건문은 분리규칙에 의하여 주어진 일정한 문장표현은 만약 '만약'에 의하여 그 전건과 후건을 묶으면 조건문이 된다. 즉 논리적 추론이라는 것은 이와 같은 삼단논법의 형식을 갖추어서 일정한 결론을 이끌어내는 정신활동을 뜻한다.

추론능력이란 곧 주어진 전제들에 대하여 일정한 추론도식에 따라 올바른 절차를 거쳐 결론을 이끌어내는 힘을 말한다. 이들은 순수한 사유형식에 닮아 있기 때문에 경험적으로 검증되는 것은 물론 아니다. 그러한 고로 스토아인들은 그들의 논리학에 주로 사용되었던 추론에 다섯 가지 증명할 수 없는 추론형식이 있다는 것을 알고 있었다. 특히 이들의 근본적으로 증명할 수 없는 다섯 가지의 추론형식은 일상적인 실질적 추론에 사용하였다. 그것에 대하여 알아보자.

첫 번째 유형

1.

만약 낮이면, 그러면 빛이 있다.	조건
낮이다.	조건의 전건 확언
그러므로, 빛이 있다.	결론

1-1.

만약 첫 번째이면, 그러면 두 번째이다.	A → B
첫 번째이다.	B
그러므로, 두 번째이다.	B

필로포누스는 다음의 보기를 든다 :
만약 다가오는 무엇이 인간이면. 그것은 한 동물이다.
그러나 그것은 한 인간이다.

고로, 그것은 한 동물이다.

익명의 스콜라인은 다음의 보기를 든다 :
만약 인간이면, 그러면 동물이다.
그러나 A.

그러므로 B.

섹스투스는 다음과 같이 주석하였다. "하나의 논의는 두 개의 전제들을 가진다. 하나는 조건이고 다른 하나는 조건의 전건이다. 그리고 결론으로서 동일한 조건의 귀결을 가진다. 그러한 것이 증명될 수 없는 논의의 첫 번째 유형이다."

두 번째 유형

2.

만약 낮이면, 빛이 있다.	조건
빛이 없다.	후건의 모순

그러므로, 낮이 아니다.　　　　　　　　전건의 모순

2-1.

만약 첫 번째이면, 그러면 두 번째이다.	A → B
두 번째는 아니다.	¬B

그러므로, 첫 번째는 아니다.　　　　　¬A

필로포누스의 보기 :
　　만약 인간, 그러면 동물.
　　동물이 아니면, 그러면 인간이 아니야.

철학을 의학에 적용하는 경우가 다음과 같이 갈랭에 의하여 주어졌다:
　　만약 인간이 하나였으면, 그러면 그는 고통을 가지지 않을 것이다.
　　그는 고통을 가진다.

　　그러므로 그는 하나가 아니다.

세 번째 유형

3.
낮이고 그리고 빛이 있다의 둘 다는 아니다.
낮이다.

그러므로, 빛이 없다.

3-1.
첫 번째와 그리고 두 번째는 아니다.
첫 번째이다.

그러므로, 두 번째는 아니다.

디오게네스에 의하여 주어진 보기는 다음과 같다 :
플라톤이 죽고 그리고 살아 있다는 것은 둘 다 경우가 아니다.
$$\neg(A \wedge B)$$
플라톤이 죽었다. $\qquad\qquad$ A

그러므로, 플라톤이 살아 있다는 것이 아니다. $\qquad$ $\neg B$

치체로의 보기는 다음과 같다 :
이것도 저것도 둘 다 아니다.
이것이다.

그러므로 저것이 아니다.

필로포누스의 보기는 다음과 같다 :
접근하는 것은 한 마리 말도 그리고 한 인간도 아니다.
그러나 그것은 한 인간이다.

그러므로 그것은 한 마리 말이 아니다.

갈랭의 보기(정확한 보기는 아니다) :

    디온이 아테네와 이스트무스 두 곳 모두에 있지 않다.

    그는 아테네에 있다.

    _____

    그러므로 그는 이스트무스에 있지 않다.

네 번째 유형

4.

낮이거나 혹은 빛이 있거나이다.

낮이다.

_____

그러므로, 빛이 없다.

4-1.

첫 번째이거나 혹은 두 번째이다. $A \lor B$

첫 번째이다. A

_____

그러므로, 두 번째는 아니다. $\neg B$

다섯 번째 유형

5.

낮이거나 혹은 밤이거나이다.

밤이 아니다.

_____

그러므로, 낮이다.

5-1.

첫 번째나 혹은 두 번째이다. $A \lor B$

첫 번째가 아니다. $\neg A$

_____

그러므로, 두 번째이다. B

5. 의미구성의 원리

§9 의미구성 원리

논의를 구성하는 문장표현들은 의미와 지시대상을 갖는다. 이들 문장표현의 의미가 참이어야 한다면, 이들은 어떤 실재의 존재자들과 일치하고 있어야 할 것이다. 김소월처럼 "허공 중에 헤어진 이름이여 부르다 내가 죽을 이름이여"라고 하여도 거기에 어떤 존재하는 것들이 있을 때 의미를 줄 수 있다. 그렇지 않으면 이 문장표현의 의미는 공허하고 무의미하다.

존재자들에서 문장의 의미를 이루고 있는 것들은 존재의 나부랭이(entity)를 갖는 것으로서 하나의 단순한 더 이상 나누어질 수 없는 문장원소들에서 시작하고 있다. 이러한 가장 단순한 요소의 문장들을 원자명제라고 부른다. 이러한 원자명제는 주변에 가장 단순하고 원천적으로 기술 가능한 원소로 주어진다. 그러한 원자명제는 사진촬영 금지지역같이 기술되는 언어의 경계에서도 발견된다. 혹은 달에서 촬영한 지구의 모습이나 인공위성에 의한 지상 60㎝ 물체의 사진일지라도, 이들은 다시 어떤 분자형태의 문장소로 발전되며 이들은 다시 복합적 의미구성을 이루는 복합문으로 발전하고 있다.

아무리 복잡한 문장의 구성에서의 의미라도 거기에는 가장 단순하고도 원천적인 의미들로부터 연결이 되어 있다. 복합 부분들의 의미 또한 단순한 문장의 의미들에 의존하고 있다. 이를 위하여 어떤 종류의 존재자들이 문장의 의미들이며, 그리고 복합문의 의미들은 어떻게 단순한 부분들의 의미에 의존하는가를 말하여야 한다. 논리학에서 말하기란 이러한 전제들을 포함하거나 전제하고 시작된다.

하나의 복합적 표현의 의미는 그들의 복합적 부분들로부터 의미가 건설된다. 이들은 다시 단순한 부분들의 원자적 의미에 의존하고 있다. 이렇게 의미를 구성하는 원칙을 프레게에 따라서 의미 합성의 원리라고 부른다. 이러한 의미의 의존관계를 보여주기 위하여 다음의 보기를 살펴보자.

(1)　　1. 푼수와 그리고 정 박사는 지하철을 탄다.
　　　　2. 푼수는 지하철을 탄다.
(2)　　1. 모든 자는 모든 자를 사랑한다.
　　　　2. 모든 남자는 모든 여자를 사랑한다.

(1)에서 1의 문장은 복합적인 문장으로 구성되어 있다. 이 복합문의 의미는 다시 그의 부분적인 문장인 2의 의미에 의존하고 있다. 그래서 1의 문장이 참이라면, 2의 문장이 참이라는 점이 도출된다. 그러나 2의 문장이 참이라고 1의 문장이 참이 되리라는 보장은 없다. 그러므로, 2에서 1에로의 역 도출은 일어나지 않는다. (2)의 문장표현도 마찬가지로 1의 문장표현과 동일한 관계가 성립하고 있다. 즉 각 1의 문장으로부터 2로의 문장 도출에는 1의 문장의 의미의 지시적 성격 때문이다. '이다'가 '아니다'로 되지 않는 것은, 하나의 도출로부터의 참의 보존을 가능하게 하기 위한 것이다.

프레게의 의미론은 의미의 지시적 성격을 통하여 체계적 의미구성을 가능하게 한다. 이런 체계적 의미구성을 가능하게 하는 것은 의미의 지시체뿐만이 아니라, 아주 형식적인 언어의 도움으로 이루어지고 있다. 그것이 양화의 문제를 처리할 수 있기 위하여 만들어진 단순한 논의도식을 넘어선 형식언어이다.

일정한 논의도식이 담고 있는 문장의 요소들의 하나가 소위 논리 상항이다. 논리 상항은 하나의 굳건한 논리체계의 각종 표현에서, 위의 문장표현에서 보았듯이, '그리고', '혹은', '만약 그러면', '만약 그리고 오직 만약', '아니' 등 표현의 자명성에 관계한다. 이와 같이 하나의 논리학의 체계에 고정적으로 작용하는 표현들은 논리 상항이라고 부르고, 이들의 의미는 체계 내에서 완전히 고정되어 있다. 올바른 의미구성이 이루기 위하여 추론이 과연 자명한 것이었는가를 알아보아야 할 것이다. 이런 추론의 자명성은 논리 상항의 형식에 의존한다.

(3) <u>만약</u> 그가 말하면, <u>그러면</u> 그는 천천히 말한다.
그가 말한다.
_____
그는 천천히 말한다.

(3)의 삼단논법 추론의 자명성은 전적으로 '만약, 그러면'에 의존한다.

(4) <u>모든</u> 논리학자는 게임이론에 관심이 있다.
<u>어떤</u> 인간은 논리학자가 아니다.
_____
<u>그러므로</u> 어떤 인간은 게임이론에 관심이 없다.

반면에 (4)의 삼단논법 추론의 자명성은 '어떤'과 '모든'과 같은

표현들에 등장하는 양을 올바로 분배함에 의존한다. 그러나 그 진술된 문장 자체만으로는 진위를 판단할 수 없다.

또한 그 추론이 보통의 정상적인 방법에 의하여서는 밝혀지지 않는 문장이 있다.

(5) '5'는 거짓이다.

이러한 (5) 문장유형을 발견한 논리학자는 기원전 4세기의 에우불리데스(Eubulideus)이다. 그는 거짓말쟁이 패러독스의 원조로서 이러한 유형의 문장을 문제로서 정식화하였다. (5)가 참이라면, '5'는 거짓이다. '5'가 거짓이라면, (5)는 참이다. 현대에 이르러서도 이러한 패러독스를 토론하기 위하여, 타르스키는 대상언어와 그리고 메타언어를 구분하였다. 우리는 이 두 가지 차원에서의 말하기를 구분함으로써 하나의 동일한 문장표현에 대하여 패러독스를 파악할 수 있다. 이러한 패러독스를 제거하는 문제의 관건은 지금까지는 이러한 표현들에서 위계를 인정하는 것이다.

(6) 서울은 대한민국의 수도이다.

이 (6)에서 서울이라는 용어는 대한민국 수도를 위하여 순전히 형식적으로 서 있는 단어 의미의 쓰임이라는 점에서 그 의미가 세워진다.

(7) 서울은 두 글씨로 이루어졌다.

(7)은 '서울'이라는 주어용어의 순전한 질료적 뜻을 풀이한다. 순수하게 주어용어의 의미의 쓰임과 언급에 서술하는 것은 인문사회과학의 연구방법론에서 중요하다. 자연과학의 연구에서 선도적인 이론을 이끌어 가는 곳에는 언제나 주어용어의 의미 분배가 전달과 해석에 중요한 의미를 갖는다.

영어에서 각 사람이 주어용어로 등장할 때의 경우를 보자. '각 사람이 달린다'는 경우를 가지고 주어용어의 양을 부정하면 '각 사람이 달리지 않는다'이다. 그러나 '각 사람이 달리지 않는다'는 주어의 양이 동사에 가까이 붙어서 부정되는 경우와, 대상에 가까이 붙어서 부정되는 두 가지 경우가 있다. '각 사람이 달리지 않는다.' '각 사람이 안 달린다.' 이 차이점을 논리이론의 관점에서 비교하자면 다음과 같다.

(8) 소크라테스가 달린다.
(8)-1 파리가 난다.

먼저 등장하는 명사의 대상에 대하여 서술하는 기능은 술어가 담당한다. 토론되는 문제의 테마는 다시 정리에 의하여 이루어지고, 증명이 이루어진다. 이 문장의 반대는,

(9) 소크라테스가 달리지 않는다. 혹은
(9)-1 파리가 날지 않는다.

그러나 이 소크라테스의 단항을 각 전칭 양화하면 다음의 문장이 된다.

(10) 각 사람이 달린다. 혹은

(10)-1 각 파리가 난다.

(11) 각 사람이 날지 않는다(Every man is not flying).

(12) 각 사람이 안 난다(Not every man is flying).

(8)의 부정은 (9)이다. 그러나, (10)의 부정은 (11)이 아니라 (12)이다. 지시하고자 하는 대상에 대한 단어의 의미의 분배의 관점에서, 비록 각 사람 혹은 모든 사람이 지상의 거리를 안 활보하고 다녀도, 어떤 걸어다니는 사람의 존재는 충분히 인정할 수 있다.

모든 전칭 양화의 문장 '모든 A는 B이다'라는 문장에서 용어 A는 분배시킬 수 있으나 반면에 용어 B는 분배가 되지 않는다. 각(Every) 전칭 양화의 문장과 모든(All) 전칭 양화의 문장과의 차이는 그다지 무거운 것은 아니지만, 후자의 경우에 전칭 부정과 특칭 부정을 구분해 낼 수 있는 방안이 나올 수 있다. 즉, '모든 A는 B가 아니다'와 '모든 A는 B가 아니다'이다. 전자는 전칭 부정이지만 후자는 바로 12의 형식처럼 의미 분배 방식에 따라 특칭 부정이다. 여기에는 어떤 특칭 부정이 있다고 보는 것이다. 이 문제는 다음과 같은 보기를 통하여 좀더 가까이 살펴볼 수 있다.

(13) 모든 인간은 한 동물이다.

이를 '모든 A는 B이다'라고 해보자. A 용어는 전체 주어개념을 B에 분배하고 있다. 그러나 용어 B는 분배되지 않는다. 그러나 그들 가운데 A로부터만 분배되는 것과 혹은 그렇지 않은 어떤 것이 있다. 13세기의 쉬어스우드는 이에 대해 다음과 같이 토론하였다.

(14) 모든 사람에 의하여 보여진 어떤 사람이 있다.
(15) 모든 사람은 어떤 사람을 본다.

여기서 (14)의 논의에서 (15)의 논의의 추론이행은 자명하다. (14)의 논의에서의 논리적 주어는 '어떤' 대상을 충분하고도 분명하게 지정하고 있다. 논리적 주어의 양은 모든 사람에 의하여 결정된 이미 존재하는 어떤 사람이다. 그러나 이렇게 지정되어 있는 경우에 (15)에서 모든 사람이 그를 보고 있을 때, 그렇게 지정되어 있는 어떤 사람은 모든 사람에 대하여 일종의 혼동으로 서 있다. (15)에서 어떤 존재의 추론은 불가능하다. 이것이 (15)에서 (14)로의 역 추론을 자명하지 못하게 만든다. 대부분의 중세의 논리학자들은 그들의 형이상학의 목적을 위하여 이와 같은 추론을 사용하였다. 중세논리학에서 '모든 사물들의 원인인 하나의 원인이 있다'는 논의에서 '모든 사물들은 하나의 원인을 갖는다'는 결론의 도출은 형이상학의 영역에 특별한 목적을 적용하기에 기막힌 방법이었다. 그러나 이들의 추론은 모든 전칭의 양화 문제에서 존재론과의 대결을 위하여 필요하였다. 현대논리학은 이와 같은 모든 전칭의 양화 문제를 포함하는 문장에 대해서는 1879년 프레게의 『개념서』(*Begriffsschrift*)의 출간까지 만족한 설명을 주지 못했다. 프레게는 전통적인 주어와 술어의 논리학의 형식에서 주어를 함수, 술어를 논의의 개념으로 대치하여 새로운 논의형식의 순수한 개념언어를 발전시켰다.

(16) a는 P이다.

속성 P는 한 존재자 a에 대하여 서술된다. 대상으로서는 a가 P 속성에 들어갈 수 있도록 샘물과 바가지 그릇의 틀을 만들어놓은 것이다. 이와 같이 서술된 개별 존재자는 스스로 다시 다른 존재자와 구분되기 위하여 어떤 관계에 들어간다.

(17) a_1 R a_2

a_1는 a_2와 어떤 관계가 있다. 가령 우리는 '철수는 영희를 속인다'라든지 혹은 '2는 3보다 크다'와 같은 문장형식으로 이러한 식을 만족시키는 논의를 제공할 수 있다. 그러나 관계문장에서는 어떤 것이 다른 것보다 우위를 갖거나 특권을 갖는 것이 아니다. 거기서 하나의 유일한 주어를 끄집어낼 필요가 없다. 프레게는 이런 번거로운 주어의 문법적 관념을 하나의 논리형식을 통하여 그것이 이전 논리학에서 점하였던 중심적 자리로부터 제거하였다.

(18) 푼수는 푠스를 때렸다.
(19) 푠스는 푼수로부터 맞았다.

(18)은 문법적으로 주어인 푼수에 대한 설명이다. (19)에서 주어들을 선택한다면, 푼수가 주어이다. 문법적 의미에서의 푼수와 푠스는 이 문장들 가운데 어떤 구성요소들이다. 그리고 관계이론상 이 양자는 동일한 레벨에 처하고 있다. 현대논리학은 적어도 이들 사이의 구분에 커다란 의미를 두지 않는다. (18)과 (19)에는 더 근본적 차이가 있긴 있지만, 그것은 논리학에 속한 것은 아니다.

6. 그룹이론

§10 틈 사이 이론

한 그룹에 있는 친구들에서 그들이 둘 이상의 관계를 나타내면 사이 이론으로 발전된다. 틈은 멀리 벌어지기도 하지만 가까이 붙어가기도 한다. 틈은 심리적으로도 벌어졌다 가까워졌다고 말하기도 하고, 물리적 공간의 의미에서 벌어졌다 붙었다 하기도 한다. 흔히 R로 사용하는 이 '사이'라는 표현은 주로 틈새라는 뜻으로, 벌어진 이 양자에 대하여 타당하다. 누구와 누구 사이가 좋다, 깨졌다, 붙었다 등등, 이 '사이'를 두고 다양한 표현으로 둘 이상의 속성에 대하여 나타내어 준다.

논리학은 어떤 모순에서 우왕좌왕하지 않는 한에서 틈으로 생각이 이어지고 발전되므로 틈 사이 이론을 깊이 연구하는 것이 필요하다. 전통적 관계의 규범의 윤리학은 곧 틈 사이의 진술을 취급한 당위의 이론체계이다. 일단 이러한 사이를 나타내는 $x R y$를 우리는 모든 하나의 구조에서 x는 y와 동등하다고 말한다. 이러한 구조를 설명하는 것은 '야' 집합의 언어를 통하여서이다. 이 '야 언어'를 통하여 둘 이상의 관계는 R는 $R^{야}$ 표기로서 그 구조를 나타낸다. 관계를 나타내는 공리이론은 다음과 같다.

공리 (1) 모든 x에 대하여 $x R x$이다.
공리 (2) 모든 x와 y에 대하여, 만약 $x R y$이면, 그러면 $y R x$이다.
공리 (3) 모든 x, y, z에 대하여, 만약 $x R y$이고 그리고 $y R z$이면, 그러면 $x R z$이다.

앞선 공리 (1)은 그 스스로 재귀적인 관계이고, 공리 (2)는 하나의 대칭적인 관계이며, 공리 (3)은 하나의 대표적인 전이관계이다.

공리 (1)은 사진이나 거울에서 보는 자신의 얼굴을 두고 말할 수 있다. '아이 신기하기도 해라. 내가 얼굴을 들어 이 투명체를 보니 거기에 내 얼굴이 비치는구나.' 그런 경우는 재귀적 관계이다.

공리 (2)는 대칭적인 것으로 여기에는 반드시 서로 상응하는 면이 있다. 거울에 비친 자기 얼굴은 자기의 반사이지만, 거울에 비친 남은 거기에 누군가 있지 않으면 불가능하게 비쳐질 것이다. 그렇기 때문에 이 대칭관계는 일종의 둘 사이의 앙상블이다.

공리 (3)은 전형적인 전이관계이다. 이 전이관계는 그 자신에 머무르지 않고 전달되어 나간다. 이 전이관계는 전통적으로 아리스토텔레스의 삼단논법에서 전형적인 추론방식으로 사용하였다. 그러면 다음의 명제를 살펴보자.

x와 y는 공통으로 각각 동등한 하나의 원소이다. x와 y는 모든 다른 동일한 원소에 대하여 동등하다. 모든 x와 y에 대하여, 만약 하나의 u가 끼여들었다면, 그러면 x R u,　y R u가 있다. 이것을 x 사이 u,　y 사이 u라고 적는다. 그렇다면 모든 z에 대하여서도 x R z는, 만약 그리고 오직 만약 그러하다면, y R z도 타당하다. 이 관계이론은 동일한 구조를 나타낼 것이다. x와 y는 임의적으로 앞서 주어졌다고 하자. 그러면 둘 사이에 대하여 야 언어에서 하나의 적합하고도 타당한 u가 있음을 증명해 보자.

u가 끼여들 경우의 증명 :

① x R u 그리고 y R u이다.

x 사이 u 그리고 y 사이 u, 혹은 x R u ∧ y R u

그러면, 공리 (2)로부터

② u R x와 그리고 u R y를 얻는다. u R x ∧ u R y

공리 (3)과 더불어 x R u와 그리고 u R y로부터 생겨나는 것은,

③ x R y이다.

공리 (3)과 더불어 생겨나는 공식은 y R u와 그리고 u R x이다. 곧,

④ y R x이다.

z가 끼여들 경우의 증명 :

여기서 z가 임의적으로 선택된다. 그러면,

⑤ x R z이다.

그래서 ④와 ⑤로부터 공리 (3)을 적용하면 y R z를 얻는다. 그래서
타당한 것이 곧,

⑥ y R z이다.

③과 ⑥에 공리 (3)을 적용하면, x R z를 얻는다. 그럼으로 모든 z에
대한 주장은 증명되었다. **증명 끝 □**.

§11 그룹이론

논리적 표현의 의미의 분절의 효과는 최소한의 틈을 만들어야
한다. 이것은 하지만 일정한 의사소통의 가능한 그룹의 영역에서
가능하다. 이에 관련된 공공 표현들과 증명의 장을 그룹이라고 정
하기로 한다. 조직에는 이러한 그룹이 있다. 그룹을 만들고 구성하
여 나가는 방법은 두 가지이다. 하나는 그룹의 최소단위가 하나
존재하고, 그리고 이 최소 단위로서의 그룹에서 더 많은 멤버의

확장을 위한 합성의 원리가 있다.

최소 단위인 그룹의 멤버로서 개별멤버의 규정은 상징 기호 ○를 도입한다. 구성원이 되고 새로운 구성원을 만들어나가는 어떤 멤버구성의 최소 원칙은 ○이다. 이 ○ 상징으로 거기서 그룹이 있고, 그룹이 시작될 수 있다. 이러한 그룹의 멤버를 합성하여 나가는 원리는 ★이다. 따라서 ★ 사인이 들어오면 새로운 멤버를 합성하라는 오더이다. 서로간의 그룹의 멤버를 그냥 갑, 을, 병이라고 하자. 이들 갑, 을, 병을 지배하는 그룹원리란 다음의 세 가지 구성 공리이다.

공리 (1) 모든 갑, 을, 병에 대하여, 갑★을★병 = 갑★(을★병)
공리 (2) 모든 갑에 대하여, 갑★○ = 갑
공리 (3) 모든 갑에 대하여 하나의 을이 있으면, 갑★을 = ○이다.

(G, ★, ○)은 하나의 그룹은 만족시키는 트리플이다. G는 group의 대문자를 따서 그룹으로 간주한다. 그룹의 멤버들은 ○과 ★만 있으면 항상 그룹을 만들어 나간다. 공리 (1)은 하나의 그룹을 이루기 위하여서는 멤버 갑, 을 그리고 병에 각각 ★ 사인을 준다. 그러면 이들은 어디에 떨어져 있든지 하나의 동일한 그룹을 이룬다. 공리 (1)의 좌항의 셋의 그룹 멤버는 우항에 이르러서도 그룹 멤버로 바꾸어졌다. 공리 (2)에 따르면 모든 그룹의 멤버는 각각 ★ 사인을 통하여 ○을 곱하여도 개별멤버의 구성단위인 자신으로 남는다. 모든 갑이 어디를 돌아다녀도 결국 그는 멤버들에서 그 자신이다. 공리 (3)에 따르면 모든 갑이 ★ 사인으로 어느 하나의 을을 그룹의 멤버로 곱하여 틈을 이루어도 자신은 타자의

개별 멤버의 단위인 ○을 양도한다.

그러면 모든 갑에 대하여서는 하나의 을은, 을★갑 = ○임을 증명해 보자.

증명 :

공리 (3) 때문에 모든 갑에 대한 하나의 적합한 을에 대하여서는,

① 갑★을 = ○은 타당하다.

공리 (3)에 따르면 이 을에 대하여서는 하나의 병이 있다.

② 을★병 = ○이다. 증명하고자 하는 것은 1)의 역으로 을에서 갑으로 가는 그룹합성이다.

③ 을★갑 = (을★갑)★○   공리 (2)에 따라

       = (을★갑)★(을★병)   ②에 따라

       = (을★(갑★(을★병)))   공리 (1)에 따라

       = (을★((갑★을)★병))   공리 (1)에 따라

       = (을★(○★병))   ①에 따라

       = (을★○)★병   공리 (1)에 따라

       = 을★병   공리 (2)에 따라

       = ○   ②에 따라

갑이 임의적이기 때문에, 모든 갑에 대하여서 하나의 을은, 을★갑 = ○이다. 곧 증명 끝 □.

그룹 G는 외부로부터 이끌리지 않는 원소들의 조작의 반복으로 그 자체로 닫혀 있다. 이들 공리는 판명한 가치를 수용하고 하나의 부분집합 G＊를 갖는다. 그룹 G와 그의 부분집합 G＊는 다음과 같은 논리적 특성을 갖는다. 먼저 기본적인 판명한 가치로서 참과 거짓, 부정, 빼기, 곱하기를 가진다. 이들에 대한 대수적인 표현은 0, 1, −, × 그리고 기호논리 표현은 ㄱ, ∨, ⊃, = 이다.

G = {참과 거짓}, G＊ = {참}은 G = {0, 1}, G＊ = {0}이다. ∨은 ×, ㄱ은 마이너스 -로 나타낸다. 그러면 갑∨을 = 갑×을, ㄱ갑은 1 - 갑으로 ㄱ갑 = 1 - 갑이다.

다음은 말굽편자 ⊃을 합성원리로서 그리고 등식 = 을 이용하여 다음 그룹이론을 대수적으로 설명할 수 있다.

㉠ (갑∨갑)⊃갑 = ㄱ(갑∨갑)∨갑 …………… 만약 갑 = 0일 경우,
ㄱ(0∨0)∨0 = [1 - (0×0)]×0 = 0.
㉡ (갑∨갑)⊃갑 = ㄱ(갑∨갑)∨갑 …………… 만약 갑 = 1일 경우,
ㄱ(1∨1)∨1 = [1 - (1×1)]×1 = 0.

여기서 ㉠과 ㉡의 경우에서 보듯 (갑∨갑)⊃갑이면, 대수값을 0으로 하든 혹은 1로 하든 모두가 동일한 대수값 0을 산출하고 있다. 갑과 갑에서 을을 합성하는 원리에도 그룹이론이 적용된다. 그룹이론에서 갑과 ㄱ갑∨을이 동일한 값을 갖는다면, 그룹의 공리공식도 동일한 값을 가져야 한다.

㉢ 0 = ㄱ갑∨을 = (1 - 0)×을 = 을.

하나의 체계에서 다른 하나의 체계로 올바로 지속적으로 이어지기 위하여서는 그룹형성 규칙에 적용되는 그룹체계의 독립성과 그들에 대한 적절한 해석이 필요하다. 기하학의 체계에서 이 그룹의 공식에 대한 추론은 전적으로 다른 후속추론으로서 산술체계에서 자기모순이 없는 상정 하에서 지속적이다.

§12 짱-의미합성

'a는 P이다'에서 주어는 대상에 관계하고 술어는 주어에 대하여
진술한다. 이 경우 a는 고정된 상항의 의미를 갖는다. 관련된 어떤
한 사물에 대하여 알려져 있는 않은 미지의 변항은 x가 차지한다.
이러한 상항과 변항은 속성이 이러저러하다는 서술을 담당한다.
그러나 이들의 a나 x는 일정한 방식으로 그들의 값을 일정한 양의
값 y를 산출하여 나타낸다.

우리는 여기서 하나의 ax + b = y와 같은 양을 갖는 문장의 표현
의 한 직선을 생각한다. 그러나 존재론적으로는 이 명제가 구성하
고 있는 여러 가지 구성요소들에는 존재하는 것들의 위계가 있다.
즉, 존재하는 어떤 것들이란 이러한 지시체들과의 자유롭거나 혹
은 구속적인 연관을 맺고 있다. 하찮은 존재하는 것들이라도 술어
의 위계에 들어오면, 우리는 일차적으로 논의와 함수의 차원에서
이해하고 다룬다. y = ax + b라는 직선을 얼마만큼 길게 만들 것인
지 혹은 줄일 것인지는 이 x의 범위를 어떻게 주느냐에 달린 것이
고, 또 이 직선의 기울기를 어떻게 혹은 절편을 어떻게 정하는가
는 바로 이 a, b의 값에 따라서 결정된다.

그래서, 우리가 어떤 하나의 속성의 의미를 들어올린다는 것은,
산길을 헤매다 샘물을 발견하고 거기에 물바가지에 샘물을 담아
목을 축이는 것과 같이, 그 명제의 함수의 값을 찾아나가겠다는
노력과도 같다. 그래서 우리는 여기서 특별하게 a와 관계하는 속
성을 '짱'이라고 부르고자 한다. 짱이 술어로서 관계하는 명사의
속성을 열거하자면, 그의 양화의 영역으로서 하나는 전칭이고 다
른 하나는 존재를 나타내는 특칭 내지 개별 칭이 그것이다. 전칭

이란 모두에게 해당되는 양화이고, 특칭 내지 개별 칭은 몇몇 어느 대상 '어떤 것이 있다'를 지칭하기 때문에 존재양화라고 한다. 전통적으로 '모든', '어떤'이라는 양을 갖는 아리스토텔레스의 문장 형식을 통하여 나타내어지는 것은 '주어', '술어' 그리고 '이다'의 합성에 의한 구성이다.

전통논리학의 사유의 형식에 따르면, 이러한 쌍의 양을 갖는 명제들은 ① 보편긍정명제, ② 보편부정명제, ③ 개별긍정명제, 그리고 ④ 개별부정명제의 유형들이 있다. 그러나 이 네 가지 명제 유형은 서로 간의 진리값이 상호의존적이다. 현대논리학에서는 이러한 아리스토텔레스의 문장유형은 전혀 의미합성의 구성원리를 갖는 문장의 진리값 결정이론에 어떤 영향을 주지 않는다. 그럼에도 아리스토텔레스의 이 네 명제유형이 어떤 하나 사물의 쌍의 속성을 나타내는 데 특별한 존재론의 의미로 부활된다. '어떤 인간도 돌은 아니다' 같은 문장은 보편부정명제이다. 그러나 이 문장명제가 거짓이라면, '어떤 인간은 돌이다'가 참인 문장이다. 그러나 '어떤 인간이 돌이다'는 문장은 '어떤 인간은 돌이 아니다'같이 참일 수도 있고 그리고 거짓일 수도 있을 뿐이다. '어떤 인간이 돌이 아니다'가 참이라면, '모든 인간이 돌이다'는 거짓이다.

현실적인 언어사용에서 우리는 지성 외부의 어떤 대상의 속성에 대하여 쌍'이다'나 '아니다'라고 하는 표현을 사용한다. 어떤 현안이 되는 속성이 '그러하다' 혹은 '그러하지 않다'라는 서술어 역할로서 '쌍'이라는 것이다. 이러한 '쌍'에 대하여 문법학자가 문법적으로 '쌍이다'가 하는 일을 분류하고 설명하려고 한다면 그 범위가 엄청나게 넓다. 논리학자도 '쌍이다'라는 서술어로서, 명사의 성질 내지 속성, 명사와 명사 사이의 관계, 사물의 대상의 범위 등에서 이 대상을 다룰 것이다. 앞으로 보게 될 것이지만, 짱의 의미 합성은 대립적인 의미상황에서 어떤 유의미한 문장을 만들어가는 원리가 될 것이다.

7. 의미론의 역사

§13 의미론의 발전

논리학이 창시된 이래로 의미론의 발전은 언어 내지 문장표현의 의미를 묻는 일에서 시작되었다. 논리학의 창시의 초기단계에 활발한 토론은 동음동의, 동음이의, 언사와 사물 사이에서 일어났다. 삼단논법의 체계가 전적으로 연역적으로 이루어졌기 때문에 논리학의 역할은 단지 순수한 사유의 형식을 담는 추론이론을 제공하는 것이었다. 그러나 하나의 언어적 표현의 의미의 미래양상을 묻는 질문에서는 논란을 불러일으켰다. 왜냐하면 하나의 표현의 미래적 의미가 현재에 확정될 수 없는 것이면 논리학의 법칙을 어기는 것이고, 지금 확정되어 있으면, 도무지 지금의 어떠한 표현을 갖는 진위를 갖는 언명에서부터 미래에 일어나야 할 언명까지 많은 기적적인 의미론은 아예 없게 된다.

스토아 학파에 이르러서는 아리스토텔레스의 계급의 논리학을 명제논리학으로 변형하여 발전시켰다. 하나의 명사 내지 개념의 의미는 일정한 구문에서 드러난다. 하나의 외적인 대상에서의 소리는 그 지칭하고 있는 바가 있으며, 그 지칭된 사물에 대한 호칭이 있다. 천둥소리가 나면, 그 천둥을 지칭하는 사물의 현상 내지 현실이 있고, 그러한 지칭된 사물에 대하여 '천둥'이라는 이름을 부여하게 된다는 것이다. 이러한 삼위일체의 의미론은 차츰 명제 논리학의 발전에 따라 일종의 완벽에 가까운 의미이론의 체계를 구축하게 되었다. 오늘날 논리학사에 명제계산으로 일컬어지는 그 근본이념이 스토아 논리학에서 완성되었다. 오늘날 실질적 함축이 라는 법칙도 이 시기에 만들어졌다.

중세 논리학은 안젤무스에 의하여 스콜라 철학이 전개되어 간 이래로 12세기 파리 대학의 아벨라드에 의하여 꽃피기 시작하여 르네상스에 이르기까지 융성과 쇠퇴를 해나갔다. 주로 토론이 대 학과 사원을 중심으로 이루어져 나갔다고 하여 불린 이 스콜라 논 리학은 문학부에서 필수적으로 학습하였다. 논리학은 신학이나 법 학 및 의학 공부를 위한 전제였다. 거기서 가장 대표적인 아카데 미에서의 논쟁은 유명론의 진영과 실재론의 진영으로 갈라져서 발 전되어 갔다. 그렇기 때문에 귀로 들리는 이해 가능한 소리에 대 한 해석을 둘러싼 첨예한 의미이론의 대립이 생겨났다.

먼저 소리(Laut)는 귀로 청취될 수 있는 것이라 한 성인 남자의 말소리나 교회의 종소리가 이에 해당된다. 소리에는 음성(Stimme) 이 있고, 음성이 아닌 것이 있다. 음성은 한 동물의 입으로 나온 소리이다. 음성은 발음될 수 있거나 혹은 발음될 수 없는 경우가 있다. 발음될 수 있는 음성은 쓸 수 있고, 발음될 수 없는 음성은 쓸 수 없다. 유의미한 음성은 '인간'이나, 고통을 뜻하는 병자의 신 음소리의 탄식같이 귀에 청취에서 표상될 수 있는 것이다. 무의미 한 음성은 '바', '부'같이 귀의 청취에서 표상될 수 없는 것이다.

유의미한 음성은 자연적인 것이 있고, 협약적인 것이 있다. 자 연적인 음성은 병자의 탄식소리나 개의 부르짖음 같이 모두에게 동일하게 표상될 수 있는 것인 반면에, 협약적인 음성은 사용자의 의지에 따라 표상될 수 있다. 협약적인 음성은 단순하거나 혹은 복합적이거나이다. 이와 같은 소리의 구분은 중세 의의 이론의 발전에 결정적인 의미를 갖는 것으로 과학과 예술의 발전에 중요한 의미를 갖는다. 이러한 소리의 의미론적 분지를 도표로 나타내면 다음과 같다.

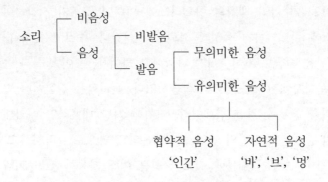

그런데 이런 소리의 의미이론의 발전을 위하여 전제되어야 하는 것으로 개념은 이성적 존재자를 위하여 사용된다는 것이다. 전달되고 이해가능한 소리인 한, 의미는 유지되고 형식에 의한 재창조가 가능해진다. 그래서 중세에는 이들 개념을 하나는 쓰여진 개념이고, 다른 하나는 공언된 개념이고, 그리고 다른 하나는 정신의 개념이라는 삼중주 개념으로 구분하였다. 먼저 쓰여진 개념은 육안으로 보고 보일 수 있는 하나의 물체 위에 쓰여진 언명의 일부이다. 두 번째로 공언된 개념은 몸(肉)의 입(口)으로 공언되고, 그의 본질에 따라 몸(肉)의 귀(耳)로 청취될 수 있는 언명이다. 마지막으로 파악된 개념은 하나의 의표(Intention)와 관련을 갖는다.

즉, 이 개념은 생각된 언명의 일부로, 자연적인 방식으로 의미하고, 함께 의미하고 있는 영혼의 기질(Affektion)을 나타낸다.

그런데 하나의 소리의 의미의 분지에서 볼 수 있듯이, 이들은 모든 외적인 대상과 연관을 갖고, 이들에 관련되는 존재는 중세논리학에서 두 가지 방식에서 의미된다. 하나는 자연적인 존재이고 다른 하나는 인식하여 생각된 존재이다. 자연적 존재는 말 그대로 자연에서 발견되는 종자의 존재들이다. 반면에 우리의 인식에 의존하며 생각되는 것은 합리적 유(ens rationis)이다. 이러한 합리적 유는 자연사물에서 발견될 수 없는 종이다. 이들은 이성을 통하여 고찰된 사물을 이성의 전경으로 나르는 의표로부터 공언된다.

존재와 사고는 언어적 표현과 관계를 갖는다. 먼저 지성의 일차적 대상의 파악은 영혼 외부의 사물들에 있다. 일차적으로 파악된 것은 이성이 우선 영혼 외부의 사물들에 직접 관계한다. 그런데 관계는 이차적으로 파악된 개념이다(secundo intellectibus). 따라서 관계는 영혼 외부의 사물에 있는 것이 아니다. 관계란 오직 오성 안에서만 있다. 마치 종과 류(genus)의 의표 그리고 이차적 실체의 의표와 같은 것이다. '동일한 것'이란 이름으로 지칭되는 관계는, 말하자면 하나의 단순히 생각된 관계에 있다. 그런 관계는 사물의 배열에만 그 존립근거를 갖는다. 그러므로 관계는 가장 약한 존재로 취급되었다.

현대에 들어오면서 근대의 라이프니츠에 의하여 그 근본윤곽이 제시된 수학적 논리학은 프레게에 의하여 그 태동이 시작되었다. 현대의미론의 가장 중요한 진리개념 이론은 잘 정식화된 일상 언어에서 찾아질 수 있다는 폴란드 논리학자 타르스키에 의하여 제시되었다. 매일 접하는 일상생활에서 인정하여 고백하는 척도에서

'참'으로 채워지게 하는 의미에 대한 하나의 추상적 등급에서의 기계적 연산에 의한 정식화를 통하여 새로운 진리개념을 제시하게 되었다. 타르스키는 말하기 차원의 등급을 두 가지로 나눈다. 일차적 말하기는 먼저 대상언어에 관계한다. 여기서 대상언어란 사물과 직접적으로 관련을 갖는 모든 언어적 표현을 뜻한다. 다른 하나의 말하기는 메타언어에 관련한다. 이 메타언어는 대상언어가 관련하는 언어표현에 대하여 의미 이론적으로 대응하는 언어이다. 이 두 가지 차원의 언어는 추상적 등급으로 동일한 진리개념에 대응한다. 대상언어에서의 '참'은 메타언어의 단계에서 차원이 다르다. 이 두 가지 차원의 말하기는, 중세의 일차적 관계와 이차적 관계의 의미론의 유래와 같다.

§14 스토아 렉타(λεκτά)의 분류

스토아 논리학은 고대에 완결된 논리학 체계이론이다. 그러나 19세기 말 현대논리학의 의미체계의 태동에 깊은 영향을 주었다. 스토아 논리학은 사인으로서의 소리와 소리에 의하여 의미된 것, 그 의미된 것의 외적인 대상의 지칭으로서 사태를 구분한다. 근본적으로 이러한 삼원적 구분은 중세에도 소리(vox)와 기호(signum)와 그리고 사물(res)의 트리플의 분지에 의하여 토론되었다.

예를 들어 산에 올라가 눈앞에 펼쳐진 산봉우리를 향하여 소리를 외친다고 하자. '야호'라는 소리는 메아리가 되어서 산을 되돌아 다시 나의 귀에 들린다. 뉴턴 역학이 타당하다면, 달나라에서 외친다 하더라도 별반 다를 것이 없을 것이다. 이를 도식적으로 이해하면 다음과 같다.

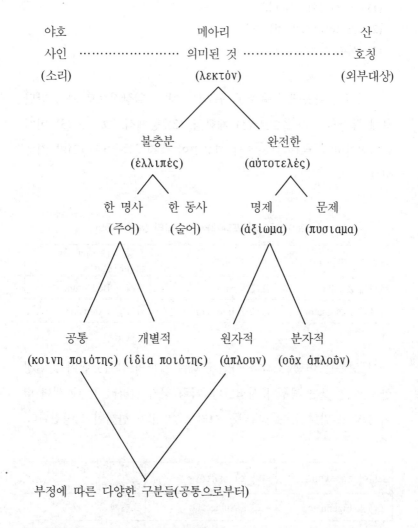

야호   메아리   산
사인 ·················· 의미된 것 ·················· 호칭
(소리)   (λεκτόν)   (외부대상)

불충분   완전한
(ἐλλιπές)   (αὐτοτελές)

한 명사 한 동사   명제   문제
(주어)   (술어)   (ἀξίωμα) (πυσιαμα)

공통   개별적   원자적   분자적
(κοινη ποιότης) (ἰδία ποιότης) (άπλουν) (οὐχ άπλοῦν)

부정에 따른 다양한 구분들(공통으로부터)

(1) 제한적 (2) 중제적 (3) 비제한적
(ὡρισμεένον) (μέσον) (ἀόριστον) (4) 조건 (5) 연언   (6) 선언
                   (συνημμέον) (διεξευνμένον) (συμπεπλευμένον)

(1) '이 사람이 걷는다.'

(2) '소크라테스가 걷는다.'

(3) '어떤 자가 걷는다.'

이러한 일람표에서 유추할 수 있는 것은, 일상적으로 가장 간단하게 등장하는 표현으로 (1) 제한적, (2) 중제적, 그리고 (3) 비제한적이라고 부르는 보기에서 고유명이 등장하는 것은 (2)의 경우이다.

스토아 용어와 프레게와 카르납의 용어 비교

사인 τό σημαίνον	의미 τό λεκτόν	지칭; 외부세계 τά άξίωματα
프레게 Zeichen	프레게 Sinn	프레게 Bedeutung
카르납 Designator	카르납 Intension	카르납 Extension

이 경우는 어떤 소리나 사인에 대해, 그 의미되는 단어는 일정한 지시를 갖는 경우가 성립된다. 가령 저기 일하러 갈 때 새벽 별이 떴다고 말하면, '소리', '뜻' 그리고 '지시'가 한꺼번에 성립된다.

스토아 τό όνομα	의미 τό λεκτόν	지칭; 외부세계 τά άξίωματα
프레게 Eigenname	프레게 Subject	프레게 ?
카르납 Individual Expression	카르납 Individual concept	카르납 Individual

이 경우는 명사가 주어로 성립할 때이다. 가령 '저기 달이 떴다'고 말하면, 이 문장표현에 나타나는 '달'이라는 단어가 지시하는

대상이 실제로 떠 있으면, 그 의미가 분명하다. 물론 이 문장표현을 사용하는 화자의 주어 또한 여기에 함께 속하기도 한다. 그러나 이 문장표현과 관련되는 주어는, 이 말을 듣는 어느 한 사람에게 귀속될 수도 있다. 더군다나 프레게에서 주어는 더욱 별 볼일 없게 되는 경우가 성립하기도 한다.

스토아 η προσηγορια	η κοινη ποιότης	τά άξιωματα
프레게 ?	프레게 Subject	프레게 Gegenstand
카르납 Class name	카르납 Property	카르납 Individual

이 경우는 부르거나 혹은 말을 건 내는 언명이 일정한 대상을 형성하는 과정이다. 이러저러한 말 건네기가 일정한 주어를 통하여 대상을 형성한다. '아이 김씨', '아이 현씨'라고 부르면서 불리어지는 대상이 성립될 수 있다. '아줌마', '아저씨' 등의 표현을 통하여 일정한 대상에 도달하기도 한다. '아줌마 있어요?' 등등. 세종대왕이 훈민정음을 창제한 목적도 백성이 마침내 제 뜻을 펼칠 수 있게 함이라고 한 것처럼, 말 건네기와 말 받기에는 주어와 대상이 있어야 한다.

스토아 τό ρημα	τό κατηγόρημα	τά άξιωματα
프레게 ?	프레게 Praedikat	프레게 Gegenstand
카르납 Predicate	카르납 Proposition	카르납 Classe

여기는 곧 명사가 처음으로 나타난다. 이런 명사는, 곧 의미하는 바가 정언어로 나온다. 즉 카테고리의 한 명사 역시 하나의 집

합이다. '파리가 난다'이면, '파리'는 곧 명사이고, 또한 정언 어이다. '난다'는 이 다음에 나오는 술어에 해당되는 표현이고, 나르는 파리는 이 명제가 증명하려는 정리이다.

스토아 ὁ λόγος	τό ἀξίωμα	τά ἀξιώματα
프레게 Behauptungssatz	프레게 Gedanke	프레게 Wahrheitswert
카르납 Sentence	카르납 ?	카르납 Truth-value

여기서는 결국 말하고자 하는 주장이 나온다. 주장하는 명제는 프레게에서는 곧 사상이다. 그 자체로 참된 것이며, 불변의 진리를 나른다. 그러나 외적인 대상의 영역에서 이러한 주장은 진리값이 된다. 다음은 현대의미론의 한 의미체계의 분배형식이다.

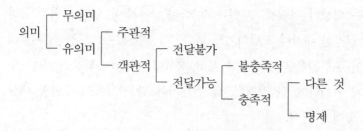

우리가 베토벤의 음악을 들을 때 과연 음과 의미와 어떠한 체계로 묶여 있는가도 현대의미론에서도 특별한 관심의 대상이다. 분석적 마인드를 갖는 언어분석가들에 의하여 음악과 인간의 마음 사이에는 어떤 건강이나 치료와 연관을 지을 수도 있고, 그림과 인간의 심성 사이에도 어떤 의미연관 체계를 가질 수 있다.

제 1 장 연습문제

[문제 1]
다음의 논의를 검토하여 여기에 사용된 추론이 타당한지 혹은 부당한지를 판별하라.

(1) 가. 만약 어떤 것이 제일원인이면, 님이 계신다.
    나. 하나의 제일원인이 있다.
    다. 고로, 님이 계신다.
(2) 가. 네가 죽었다는 것을 네가 안다면, 너는 죽은 것이다.
    나. 네가 죽었다는 것을 네가 안다면, 너는 죽지 않은 것이다.
    다. 고로, 네가 죽었다는 것을 너는 알지 못한다.
(3) 가. 모든 인간은 동물이다.
    나. 소크라테스는 인간을 본다.
    다. 고로, 소크라테스는 동물을 본다.

[문제 2]
다음 빈칸에는 타당한 논변(결론)을 넣어라. 그리고 p, q, r 기호와 'ⵔ'의 기호를 이용한 논의도식(argument scheme)을 작성하라.

(1) 만약 ☎이면 ♩♪♬이다.
    그런데 (   ) 이다.
    고로, (   ) 이다.
(2) 만약 오늘이 (   ) 요일이면 내일은 (목) 요일이다.
    그런데 오늘이 (   ) 요일이다.
    고로, 내일은 (   ) 이다.

[문제 3]
다음의 언어적 표현이 명제이면 0 아니면 X로 판정하라.

(1) 조선사람 최고의 식생활은 쇠고기국에 흰쌀밥 말아먹는 것이다.

(2) 1997년 9월 현재 전세계에 매설되어 있는 대인지뢰는 약 1억 1천 만이다.

(3) 철학자들은 세계를 상이하게만 해석하였다. 이제는 이를 변경하는 것이 중요하다.

(4) 빛의 속도는 특수상대성이론의 근본 상항으로, 299792km/sec.에 달하고, 이를 'c'라고 명명한다. 만일 모든 미립자가 0의 질량을 가지고, 그래서 광자, 중성자, 중력이 빛의 속도로 움직인다고 하자. 만약 물질의 입자의 에너지가 그들의 질량에 포함된 정지 에너지인 mc^2에 상응하게 크다면, 물질의 미립자는 빛의 속도에 근접한다. 그러므로 $E = mc^2$.

(5) 나를 이해하는 누군가가, 나의 명제들을 통하여 ─ 이들 위에서 ─ 이들을 넘어서 올라간다면, 나의 명제들이, 마지막에 가서는 무의미한 것으로 인식한 것을 통하여 해명되어라(그는 말하자면, 그 위로 올라간 다음에는 사닥다리를 버려야 한다).

(6) 컴퓨터를 켜면, 'DOS'로 들어가서 프롬프트 상태에서 'DIR MODE.COM'을 입력한 다음 엔터를 쳐라.

(7) 금요일이 지나면 그 다음날은 반드시 토요일이다.

(8) 시저는 갈리아를 정복하였다.

(9) 김군은 교수가 되었으니 박사학위를 주어야 된다.

(10) 지구는 태양 중심으로 23.5° 기울어 있고, 그래서 태양 에너지를 불균형적으로 흡수하기 때문에, 지구 남쪽 에너지를 북쪽으로 옮기는 시스템의 하나가 '태풍'이다.

(11) 걸레조각 같은 학위증 받았다.

(12) 혼자만 잘살아서 미안하다.

(13) 자연토양의 빗물흡수력은 190-272mm/h이다.

(14) 성적 평가 제도를 개선하여야 한다.

(15) 428mm/h 집중호우에 동두천 시내 주요 도로는 방금 마친 치열한 싸움터 같았다.

(16) 모세는 가나안 땅에 들어가지 못했다.

(17) 인간은 한 이성적 동물이다.

제 2 장

명제 논리학

명제란 전통적으로 참과 거짓으로 구분될 수 있는 유의미한 표현을 갖는 문장들이다. 유의미한 표현을 갖는 문장들은 일정한 조건에 따라서 참이거나 거짓이다. 많은 점에서 이러한 조건에 속한 그룹의 유의미한 언명의 표현들은 생겨나기도 하고 없어지기도 한다. 현대 명제논리학은 명제의 가장 기본적이고 원초적인 단위로서 원자명제를 전제한다. 물리학이 이러한 원자의 실재를 규명하는 데 가장 앞장선다. 그러나 명제논리학은 물리학이 사용하는 언명에 법칙을 준다. 원자명제들이 모여서 분자명제로 구성된다고 할 때, 반드시 이 양자가 의존적인 것일 필요는 없다. 그렇지만 명제의 생성과 구성은 더 이상 나누어질 수 없는 구성요소들의 내적인 연관관계로 이루어진 것은 분명하다.

학문적으로 논리학을 취급할 때에는, 명제들의 이용과 표시 그리고 표현들 사이의 구분은 개념이 명확하게 해준다. 개념에 따라 쓰여지거나 공언된 명제가 보고되고, 인용되고, 그리고 일의적으로 특성화된다. 개념은 일정한 표명과 관계없이 그에게 한 이름을 주고 나타낼 수 있다. 그래서 한 명제는 언제나 한 언어의 명제이고, 한 개념에서 유래한다. 또 명제는 언제나 한 언어그룹에 속한 언어이다. 한 명제에 대하여 어떤 것이 말되면, 그가 속한 언어 안에서 말되는 것이다. 방법론적 관점에서, 개념에 따른 하나의 진술과 이 진술의 어떤 대상에 대하여 말하는 명제들과는 구분되어야 한다. 논리학자는 이런 목적으로 한 인공언어를 만든다. 그리고 그는 이를 일방적으로 구분한다. 그가 구성하는 언어는 상이하다. 먼저 언어 외적인 것을 말하는 언어는 대상언어라고 말한다. 사물에 곧장 관계하는 이 대상언어는 가장 구체적이고 절실한 생활의 직접적 관련을 갖고 있으며 가장 평범하다. 그러나 이런 대상언어에 대하여 말하는 언어를 메타언어라고 한다. 아울러 대상언어에 대한 메타언어에 대한 메타언어도 있을 수 있다. 불교언어는 배척적으로 대상언어에 전념한다고 한다. 그러나 불교의 대상언어가 지칭되는 사태를 떠나지 않는 한에서는, 대상언어의 아이콘 만들기가 있어야 한다. 가령 대상언어로는 '밖에 비가 온다', '빛이 중력 영역에서 꺾였다'를 들 수 있다. 반면에 "'비가 온다'는 참이다"는 메타언어에 속한다. 그런데 이러한 '"'비가 온다'는 참이다"가 참이다'는 메타언어의 메타언어이다. 논리적 진리와 논리적 귀결이란 상대적으로 일정한 콘텍스트의 언어에서 정의되어야 한다. 왜냐하면 명제들 사이에서만 논리적 귀결관계가 성립하는 명제들만 논리적으로 참일 수 있기 때문이다. 명제들은 항상 일정한 언어의 명제들이다. 논리개념의 일반성을 유지하기 위하여, 이 정의를 위하여, 특정한 언어의 특수한 규칙들이 적용되지 말아야 한다.

1. 명제논리의 이론

§15 논리적 사고

논리적 사고란 일정한 전제로부터 타당한 결론으로 이끌어 가는 분석적 추론활동이다. 좀더 정확하게 정의하자면, 논리적 사고는 언어활동을 통하여 참된 전제로부터 참된 결론을 이끌어내는 모든 지적인 조작이다. 이에 거스르는 추론활동은 순수한 논리적인 사고활동과는 거리가 멀다. 이러한 분석의 기초는 궁극적으로 개별적 사고과정에서 일반적 타당성을 획득하는 방법을 따른다. 주어진 전제들로부터 일정한 결론을 도출해 내는 과정은 전적으로 분석적 방법에 의존한다. 이러한 일련의 지적 활동과정을 추론이라 일컫는다. 한국어는 이러한 추론활동을 하기 위한 언어적 도구이다. 한국어를 추론의 도구라고 일컬음은, 우리가 한국어를 매개로 사고한다고 보기 때문이다.

분석적 방법을 창시한 아리스토텔레스에 따르면, '논리적'이라는 말은 한편으로는 '전제들로부터 귀결되는 것', 혹은 '분석적'이라는 뜻을 가진다. 다른 한편으로는 '변증법적인 것' 혹은 '증명될 수 있는 것'을 의미한다. 전자는 곧 논리학의 방법을, 후자는 과학의 발전이념을 제공하였다. 많은 사람들의 일상담론에서도 논리적인 사고를 한다는 의미는 그 사용하는 말이나 의미가 대체로 분석적 사태와 일치하고, 또 그렇게 증명될 수 있는 뜻으로 새긴다. 쓸데없는 과잉의미나 사태의 늘어진 의미지탱이 없다. 그러자면, 단어 사용자의 의미를 수행하는 능력과 단어들의 나열과는 구분된다.

인지 및 사고 과정에 있어서 인간이 동물과 확연하게 구분되는 것은 이성적 추론이다. 이것은 본능에 의해서가 아니라, 언어의 수단을 통하여 추론을 이끌어 가는 능력이다. 단순한 감각능력에 의해서가 아니라, 추상적인 언어지각 내지 기호사용 능력을 통해서이다. 그러한 모든 언어적 표현들은 일정한 의미를 갖는 문장으로 나타난다. 이들 모든 문장들은 하나의 주어를 갖는다. 그래서 플라톤도 『소피스트』에서 처음으로 언어의 구문에서, 명사들을 '행위들을 지칭하는' 동사들과 구분하였다.

모든 명사들은 서로 결합될 수가 있거나 말거나, 혹은 오직 그들의 몇몇 만으로 있다. 이들의 명사들은 '행위하는 자에 대하여 정하여진 표징들'이다. 반면 사고의 대상은 역사적으로 달나라에 간 최초의 우주인이나 혹은 에베레스트 산을 최초로 오른 인간처럼, 반드시 어떤 대상을 염두에 둔다. 이미 생각된 사유의 대상은 어느 다른 누구에게도 공통으로 전제되어 담론할 수 있는 출발점을 갖는다. 우리는 그것을 '아하, 그것'이라고 말할 수 있다. 이러한 대상의 관념들은 여럿이 함께 어울러 공유하고 나눌 수 있는 것을 담론의 공통양식이다. 그래서 논리적 사고는 개별적으로 어느 누구나로부터 출발한다. 하지만 그의 대상은 어느 누구에게나 타당한 사고의 공통양식이다. 어느 한편으로 치우치지 않고 골고루 돌아갈 수 있는 사유의 공통성을 전제할 수 없다면 엄격하게는 과학적 추론과 합리적 사유의 출발이 성립할 수 없다. 지성적 사유의 대상과의 일치와 발견을 위해서는 사물과 사유 사이에 일정한 공통된 양식을 전제한다.

우리는 어떤 전문적인 과학의 생활이든 혹은 비전문적 내지 일상적 생활에서이든, 우리 자신에게 이미 알려져 있는 사실이나 전제에서 알려져 있지 않은 다양하고도 새로운 전제들을 접한다. 올바른 논리적 사고를 수행하기 위한 방법론으로 어떠한 일정한 추론형식에 따라 합당한 결론을 내리는 과정에 무엇이 공통으로 깔려 있는 전제이며 무엇이 숨어 있는 전제인가를 찾아내는 일에도 관심을 가진다. 다른 한편으로는 논리적 사고가 올바로 가고 있는가를 검증하기 위하여서 우리는 언급하고자 하는 어떤 대상에 대하여 '이것은 이러하다', '저것은 저러하다', '이것은 맞다', '저것은 틀리다' 혹은 '이것은 아니다' 등의 시비와 진위를 가리는 판단의 표현을 사용한다. 이러한 판단형식을 갖는 문장은 참이거나 혹은 거짓이어야 하는 논리학 법칙의 근본규약을 따른다.

이를 떠난 논리적 말하기는 성립하지 않는다. 이것은 우리가 요청하는 하나의 규칙 내지 법칙이다. 이러한 근본적 규칙을 인정하지 않으면 과학적 인식의 출발은 없다. 올바른 과학을 할 수 있기 위해서는, 특별한 의도를 갖고 거짓말을 하지 않는 한에서, 이러한 언명된 명제들은 사회적 협약에 의한 가치에 의거하여야 한다. 과학은 그런 의미에서 어떤 신념의 목적을 지지하기 위한 합리적이고도 보편적인 가치체계와 같다. 아울러 과학은 배척적 언어사용에 의하여 과학적 신념을 지지하고 이끌어 가는 과학공동체의 몫이다.

생각한 내용을 순수한 인간 사고의 형식에 따라 탐구하고 주어진 전제로부터 일정한 결론을 도출하기 위한 사고의 판단형식으로 나타낸 언명들의 법칙은, 사회적 가치나 신념의 체계에 독립적이기 어렵다. 사고의 법칙은 여러 가지 다양한 전제들을 찾아내고 거기서 공통으로 출발할 수 있는 전제의 일반성을 확보한 다음 거기서 일정한 결론을 이끌어낼 수 있는 논의의 길은 과학공동체에서 열어 간다. 우주 안에서 순수한 사고 가능한 세계에 대한 영역은 일종의 상상의 세계일 수도 있고 아니면 현실에서 불가능한 꿈과 같은 세계일 수도 있으며, 혹은 실제로 실현된 어떤 세계일 수도 있다. 달나라의 토끼와 같은 것도 이러한 사유 가능한 사물의 대상세계이다. 이들의 존재의 확인은 직접적으로 경험적으로 관찰해야 알려질 것이다. 그러나 이들은 그럼에도 사유 가능하다. 인간은 달나라에 현지답사를 해보지 않고도 지구에서 그곳의 거리까지 달나라에서 적용되는 사물의 법칙을 탐구해 나갈 수 있다. 인간은 보편적 수리 '언어'와 '기호'에 의하여 그 사고대상을 추상화하는 능력이 있다. 거기서는 경험에 의존하여 지식을 획득하고, 물질을 질료로 하여 물리적 대상을 가공하는 것이 아니다. 논리적 사고의 법칙은 경험적 사실의 진위에 관심을 가지지 않는다. 오히려 순수하게 사고만을 재료로 '언어'와 '기호'를 매개로 수행하는 형식적 추론을 지배하는 일에 관심을 기울인다.

이 세계에는 다양한 삶의 형태들이 있으나 우리는 이러한 세계에 대하여 극히 제한된 일상경험만으로 산다. 수학이나 물리학의 공식 또한 하나의 기호언어이다. 그러나 그것이 직접 세계이해의 본령으로 인도하는 것은 아니다. 그래서 우리는 우리의 일상언어와 자연어를 대상으로 논리학의 일차적 방법론을 구축해 나간다. 학교에 가고, 등산하고, 여행하고, 교회에 가고, 시장에 가는 모든 일상다반사의 삶의 현장의 언어표현을 갖는 자연어야말로 가장 일차적인 세계에로의 접근 통로이다. 여기서 드러나는 자연어의 사용과 적용은 지방이나 집단의 성격과 특성에 따라서 같은 사물의 대상이라도 표현방식에서 다르게 나타난다. 그렇기 때문에 자연어는 일반적 이해와 보편타당성에 제약을 받는다.

동일한 어종에 대하여 동해안에서 부르는 명칭과 서해안에서 부르는 명칭이 다르다. 같은 닭 울음소리라도 영어와 불어에서 다르게 쓰이는 것은 이 자연어를 사용하는 주체들의 세계에서의 풍부한 생명력과의 연관에 있다. 그런데 이러한 자연언어를 넘어서 인류가 보편적으로 공유하고 상통할 수 있는 이지적으로 이해 가능한 지성의 영역에서의 언어는 일종의 이상 내지 인공 언어이다. 텔레비전이나 인터넷의 망을 통한 세계는 우리가 체험하는 실제

속에서 일어나는 생각과 현실을 디지털 영상으로 투영한다. 이렇게 보는 세계는 우리 머리 속의 생각이 생시인지 꿈인지, 현실세계의 중층을 이루는 언어형식의 복합성을 포함한다. 오늘날 디지털 정보언어는 우리가 기호 사용에 앞서 전제하는 이해, 교환 및 계산 기능에 대한 언어의 이상성에 그 뿌리를 갖는다. 이러한 언어를 바탕으로 우리 각자가 추구하는 지식의 습득, 전달, 발전 그리고 연구가 이루어진다.

일상언어와 자연어를 대상으로 논리학의 일차적 방법론을 구축해 나갈 때 현재 우리에게 가장 일차적인 세계로의 접근통로가 되어 있는 자연어는 한국어이다. 이 자연언어를 넘어서 인류가 보편적으로 공유하고 상통할 수 있는 이상언어와 그러한 문법이란 오늘날 이러한 디지털 정보언어이다. 그러나 기호 사용과 적용에 앞서 우리가 전제하는 논리학의 대상언어는 '한국어'이므로, 이 언어를 바탕으로 우리는 각자가 추구하는 지식의 습득, 전달, 발전 그리고 연구를 이루어간다.

§16 범주

사고의 범주화란 전통적으로 언어를 가지고 만들어내는 세계의 대상화이다. '생각한다' 혹은 '사고한다'고 할 때에는 가장 먼저 생각 내지 사고가 미치는 범위가 전제될 것이다. 과거 중국인들에게 범주란 그들이 살고 있는 아홉 지역을 일컬었다. 물론 과거의 우리 조상들도 중국인들이 생각하던 사고의 범주를 함께 생각했을 것이다. 이에 반해 서양의 범주란 순수한 사고를 담는 머릿속의 형식이다. 아리스토텔레스는 이러한 사유의 도구를 모두 열 가지의 범주에 따라 정하였다.

'x가 용맹하다'고 하자. 이 문장형식에서는 과연 이 x는 누구인가 생각하게 된다. 이 누구에 대해 혹은 무엇에 대하여 던지는 첫 질문이 곧 실체에 대한 것이다. x라는 실체를 먼저 묻고, 그 다음에는 그의 성질은 어떠하며, 어떠한 양을 가지며, 그리고 그와 다른 것과의 관계는 어떠한가를 묻는다. 이상이 ① 실체, ② 성질, ③ 양, ④ 관계이다. 그 다음 x에 대한 자리를 묻는다. x가 놓여 있는 자리가 주어지면 그 자리에 관계하는 시간과 그 조건과 상태가 성립한다. 그 다음 x에 의한 사건은 능동과 수동이다. '능동'과 '수동'의 행위를 바탕으로 성립되는 언어구문은, 곧 ⑤ 자리, ⑥ 시간, ⑦ 조건, ⑧ 상태, ⑨ 능동, ⑩ 수동이다.

아리스토텔레스의 열 가지 범주에 대하여 칸트는 이들을 x의 양, 질, 관계 그리고 양상이라는 도식에서 고찰하였다. 말하자면 아리스토텔레스는 남부 유럽을 살아간 그리스의 철학자이지만, 칸트는 거의 2천 년을 지난 후 북유럽의 발트해를 살아간 독일의 철학자이다. 이들은 시간과 지리적 경계를 뛰어넘어 순수한 사유의 범주형식을 통하여 세계를 대상화하였다. 먼저 범주의 첫 질문은, 'x'의 ⓐ 양은 단일한지, 여럿을 이루고 있는지, 아니면 전체성을 이루고 있는지에 관한 것이다. 칸트에게는 이것이 ㉠ 통일성, ㉡ 다의성, ㉢ 전체성의 문제이다. 그 다음 'x'의 ⓑ 질에 관한 것이다. 그것은 'x'의 질이 실재하는지, 부정될 수 있는지 그리고 제한될 수 있는지이다. 칸트는 x의 질을 ㉣ 실재성, ㉤ 부정성 그리고 ㉥ 제한성의 탐구대상으로 설정하였다. 그 다음 'x'의 ⓒ 관계이다. 관계는 실체와 우유로 대변되는 ㉦ 내재성과 자립성, 원인과 결과에 의한 ㉧ 인과성과 의존성, 그리고 마지막으로 능동과 수동

102

사이의 상호작용에 의한 ㉦ 공통체에 대한 탐문으로 넘어간다. 마지막으로 칸트는 'x'의 ⓓ 양상을 물었다. 그것이 그의 ㉧ 가능과 불가능, ㉠ 현존과 비존재, 그리고 ㉣ 필연과 우연에 관한 것이다.

칸트는 각 항목에 4×3의 범주를 설정하여, 총 열두 개의 범주로 매우 정교하게 묶었다. 퇴계가 주희의 논변을 4×7논변으로 묶은 작업과 똑같이 그렇게 칸트도 아리스토텔레스에 대하여 작업하였다. 아리스토텔레스나 칸트에게서 바로 이 'x'의 주체는 무엇에 관한 '나'의 지식 탐구의 수행자이다. 이 x의 주체를 범주 곧 카테고리로 묶는다는 것은 x의 세계의 대상화인데, 이러한 'x'의 주체를 '나'라고 해보자. 나의 인류의 수는 일인에서 수십 억까지 길게 늘어난다. 그의 종을 연장하면 백인종, 황인종, 흑인종 등으로 나누어질 수 있다. 나의 종은 그들의 한 부분에 속해 있다. 거기서 나의 존재는 아주 자연스럽게 분류되지만 거기서 나의 생각까지 분류될 필요는 없다. 하지만 나의 종은 자연스럽게 그것에 속해 있는 것이다. 순수한 나의 사유는 이런 자연 종에 대하여 자연스러운 것이다. 생각은 질료적 내용을 담는 그릇이니까.

여기에까지 나의 생각이 미치는 사이 나는, 인류와 차별을 갖는 자는 동물이다. 내가 동물일 까닭은 없지만, 나와는 차별을 갖는 종으로서의 동물이 나의 생각 안에 들어오기 때문에, 내 안에 동물이 있다. 동물이 일반적으로 갖는 성질들을 들여다보아서 나는 그러한 부분을 공유하면서도 동물과 차별을 갖는 자는 생물이다. 나 이외에 생물에 대하여 또 차별을 갖는 자는 무생물이 있다. 무생물에서 다시 차별을 갖는 존재는 류(類)이므로, 거기에 또한 최고 류(最高 類)가 있다. 이런 내 생각을 기하학적으로 표현하면, 밑바닥은 차별하고 구분하는 존재자들의 넓이가 아주 넓으며 무수히 많은 존재자들이 퍼져 있다. 그러나 위로 올라 갈수록 존재자들이 차지하는 류의 구분의 폭이 줄어든다. 밑에서 외연은 넓지만 위로 갈수록 외연은 좁아든다. 반대로 위에서 내포는 넓지만 밑으로 내려갈수록 좁아든다.

甲 식 : 존재→ 생물→ 동물→ 인간→ 나→ …
乙 식 : 나→ 인간→ 동물→ 생물→ 존재→ …

甲에서 멀리 외연의 존재에서 조금씩 그의 차별을 해나가면, 존재에는 별의별 것들이 다 있고, 그렇기 때문에 그에 대한 차별은 처음에는 무수하게 넓다. 존재에서 종인 차별의 분화는 갈수록 내포에서 좁아든다. 맨 밑바닥에 인간(人間)이 나오고, 또, 인간에서 '나'의 개별자에 이른다. 이 과정에서 '나의 정신'은 분명하고도 똑똑하게 남을 분류하고 차별하며 깨닫는다. 乙 식의 '나'는 처음 인간, 그 다음은 가까운 류(類)인 동물을 넓게 내포하다가, 이에 대한 차별이 오면 다시 생물에 이르고, 여기서 더 넓어지고, 그 다음 존재에서는 가장 넓어진다. 이와 같은 분류를 수행하는 정신의 활동을 사고의 범주화라고 부른다.

§17 사고의 대상

사고의 대상은 먼저 봄에서 비롯된다. 잠시 동안 눈을 감고 있어도 조금 후에 눈을 뜨면 보이는 것이 현실이다. 아침에 눈을 뜨면 세상이 보이기 시작한다. 태어나면서부터 시각장애인이거나 그 밖의 이유로 시각이 장애를 갖는 자는 그의 봄의 도구를 결여하고 있다. 그렇다고 하여 그들이 대상세계를 보는 일을 게을리한다고 볼 수는 없다.

근대인들에 따르면 봄은 관념으로 연결된다. 관념은 봄으로 사유와 그의 외부세계 대상과의 연결고리를 맺는 도구이다. 이 관념에는 다른 무엇과도 바꿀 수 없고 교환할 수 없는 주관이 있다. 이 주관이 없으면 본 것도 본 것이 아니다. 소우주에서 거대한 대우주에 이르기까지, 그 봄 자체만을 가지고 보여진 것에 대하여 어떤 형상을 확정하기는 쉽지 않다. 각각의 봄이 다 각각의 보여진 것은 아니다. 보는 자는 그 보여진 대상을 자신의 주관적 영역 아래에 놓아두는 인상보존을 필요로 한다. 처음은 보고 있는 대상에 대한 주관을 객관으로부터 분리한다. 그러한 분리된 객관은 생각의 공유의 경계짓기를 통하여 거기서 외부세계와의 연계로 내보낸다.

만약 이러한 전제 하에서 보기, 말하기, 듣기의 상황에서 시작되는 것은 곧 형이상의 대상에 대한 담론의 출발이다. 형이하학과 형이상학의 구별은 마치 숲길에서 길을 잃었을 때와 같다. 먼저 어디에서 왔으며 어디로 가려는 자신을 돌아보며, 거기서 지금은 구체적으로 떠오르지 않는 길을 향한 사고를 재촉할 때와 같다. 순수한 사고만으로 그의 탐구대상을 규명할 때, 그 존재와 사고는 언어를 통하여 대상과의 일정한 경계짓기를 요구한다. 그러한 사고의 대상은 누구에게도 개념적으로 객관화되어 있어야 한다. 그러한 사고의 영역은 주관적 관념이나 상정을 떠나 너와 나와 그가 함께 동반해 나가는 객관적인 탐구대상이다. 순수한 사고의 영역으로서 기하학이나 수학 및 심리학이 이 분야를 탐구할 수 있다. 그러나 논리학은 이러한 객관적으로 생각한 사물의 대상을 언어적 정식과 전향을 통해 순수한 사고형식의 법칙을 다루고 규명한다. 이때 생각에 골몰하며 무엇인가 생각한 바를 꽉 붙잡고 갈 수 있는 재료는 곧 개념이다. 이러한 개념은 어떤 진위 개념에 앞서 있다.

그러나 관념은 현실에서는 불가능한 것일지라도 논리적 사고의 대상이다. 지구상에서 영구운동과 같은 그러한 사물은 존재하지 않는다. 그렇더라도, '영구운동은 존재하지 않는다'와 같은 표현을 통하여 우리는 그러한 '영구운동'과 같은 관념의 존재를 상정한다. 이러한 언어적 표현의 수단이 없으면 도대체 그러한 존재를 입증하지도 반증하지도 못한다. 프레게에 따르면, 이러한 도깨비와 같은 대상(object)을 논리적 존재라고 부른다.

이 세상에서 가장 큰 수나, 이 세상에서 가장 빠른 운동이나 빛 같은 사고의 대상은 스스로 모순을 함유하고 있는 관념이다. 그러한 개념적 속성은 논리적 사유의 적절한 대상을 형성한다. 가령 '비너스는 0달이다'라는 표현은 비너스라는 행성에 아무 것도 속성이 부여되지 않은 경우를 말한다. 비너스라는 대상의 존재의 긍정은 곧 0의 부정을 의미하고 그의 존재의 부정은 0의 긍정을 의미한다. '황제의 마차를 네 마리 말이 이끈다'와 같은 표현에는, '황제의 마차'에 숫자 4가 결합하고 있다. '4'의 긍정은 '황제의 마차'의 인도를, 그의 부정은 그 반대를 말해 준다. 세계에 대한 존재와 수의 유사성은 수수께끼같이 붙어 다닌다. 그렇기 때문에 사고의 대상은 세계에 대한 언명에서 드러나는 논리적 존재와 관계한다.

고대 그리스의 탈레스는 천체의 별을 정신 없이 관측하다가 자신도 모르게 웅덩이에 빠졌다. 탈레스가 관측한 것은 순수한 사유의 대상이었다. 근대 갈릴레오는 자신의 관측한 천체의 대상에 대한 사실을 참되다고 믿었고, 그 과학적 믿음 때문에 종교법정 소송까지 당하였다. 프레게는 이러한 사유의 대상에 대하여 일종의 플라톤의 이데아로 간주하는 철학적 입장을 유지하였다.

§18 문법적 형식 vs. 논리적 형식

우리는 종종 실제로 있지 않은 사고의 대상에 존재를 상정한다. 도깨비를 본 적도 없지만 마치 있는 것처럼 말하고 들어오기도 한다. 이러한 존재의 상정은 일상 언어가 갖고 있는 강력한 표현의 풍부함 때문이다. '도깨비가 있다'는 문법적 형식의 표현을 보자. 그러나 이 문장에 나타나는 도깨비라는 대상이 있는가? 현실에서 도깨비는 없다. 그러나 이 문장표현에 따르면 그는 있다. 정상적으로 고찰하자면, 도깨비라는 이름의 존재에 합당한 사물이 있음을 인정하여야 한다. 역설적으로 '도깨비란 없다'는 문법적 언어표현 형식에 대하여 올바른 검증의 형식을 주기 위하여서 현실세계에서 존재하지 않은 하나의 사고의 대상이 있다는 가정을 하고 있다고 보는 것이다.

'도깨비가 있다'는 주어진 표현의 문법형식에 '…은 없다'는 하나의 올바른 논리적 형식을 통하여 표면적 언어표현에 대한 심층 논리형식을 제공한다. 이러한 '도깨비는 있다' 혹은 '도깨비는 없다'는 언어적 표현에는 문법적 형식과 논리적 형식을 구분하여야 한다. 그러나 '시저는 하나의 소수이다'는 구문적으로는 올바르더라도 범주의 실수를 갖는다. '옆방에 폰스가 있다'는 문장표현이 참인 것을 알기 위하여, 직접경험의 확인을 거쳐야 할 것이다.

현대 논리실증주의는 자연언어가 갖는 문법형식에 강력한 반기를 들어왔다. 그래서 논리실증주의는 이상적인 인공언어의 구성에 관심을 갖게 되었다. 다른 한편 분석철학은 철학의 과제의 모든 문제를 언어에 의한 치료의 역할로 보았다. 철학적 분석의 목표란 사고의 논리적 명료화이다. 자연언어는 사고를 곡해하는 철학적 혼돈의 원천이다. 그렇지만 언어분석을 통하여 도달한 분석철학의 입장은 차츰 자연언어도 가치 있는 철학적 통찰의 원천임을 인정하게 되었다.

분석철학의 언어분석 발전에 새로운 전기를 마련한 것은 1950년 스트로슨의 「지칭에 대하여」라는 논문이다. 그는 지칭하고 있지 않은 제한된 기술된 대상을 담을 수 있는 논리적 형식의 상정을 제안하였다. 존재하지 않는 프랑스 왕이 있다. 이 제안에 따르면 지칭하고 있지 않은 '현재 프랑스 왕은 대머리이다'의 문장은 아예 처음부터 공언된 거짓이다. 스트로슨의 접근과 이해 방법에 따르면 표면적인 문법형식과 그 밑에 놓인 논리적 형식에 차이가 있다. 그는 이 차이를 적절하게 보여줌으로써, 지칭하고 있지도 않은 제한된 기술에 비존재적 존재자들과 관련시킨 러셀 테제를 극복하였다.

스트로슨의 아이디어를 " '현재 프랑스 왕은 대머리이다'가 거짓이 맞다"라고 풀어쓰면, 이 문장표현에서 두 번이나 '이다'가 사용되어, 이 지칭의 부정의 존재를 부각시킬 수 있는 논리적 형식이 생겨난다는 것이다. 도깨비'이다' 혹은 '있다'같이 종종 일상에서 등장하는 자연어를 논리적 방법에 의하여 기술함으로써 거기에 의미론을 적용하는 것은 논리실증주의의 개가였다. 원래 실증주의는 콩트가 이론적으로 과학의 발전단계를 지칭하기 위하여 사용한 용어이다. 20세기 초에는 단어의 의미의 유의미와 검증이라는 기준을 도입하였기 때문에 이를 신실증주의라고 부른다.

20세기 중반 촘스키는 정식화된 변형-생성문법 이론의 대가이다. 그는 종전의 언어적 표현의 문법형식과 논리형식에 관한 새로운 논의양상을 보여주었다. 그의 이론은 수리언어이론을 배경으로 인공언어로서 컴퓨터 분야에서 큰 적용과 응용을 보일 수 있었다. 이 수리이론에 따르면 영어의 한 문장 S는 명사, 대명사, 관사, 형용사, 동사 등을 갖는 구문으로 분해된다. 여기에는 이 하나의 문장 전체의 집합에 한 원소 A에서 다른 한 원소 B로 옮아가는 유한한 대응이 이루어지는 변형-생성문법이 있다. 여기에는 자연언어와 인공언어와의 그 표현의 풍부한 생명력을 둘러싼 논쟁이 일어난다. 간단히 보자면 컴퓨터 자판 앞에서의 언어현실과 그 바깥의 언어현실 사이에는 자연언어를 논리적 방법으로 기술하는 의미이론과 인공언어의 의미이론과의 충분한 갈등이 예상되는 일이다.

몬테규는 논리학자의 인공언어와 자연언어 사이에는 중요한 차이가 없다고 생각하였다. 그는 하나의 유일한 자연적이고 그리고 수학적으로 엄밀한 이론 내에서 이 양자의 종류의 의미론과 구문론을 포괄하는 것이 가능하다고 본다. 이러한 파생문법의 몬테규의 학설은 자연언어에 대한 여러 가지 선입견을 제거하는 데 일조하였다.

우리는 다양한 대립된 이해와 모순의 갈등을 해소하는 우리의 언어를 짱 언어라고 불렀다. 표면적으로 드러난 문법형식의 표현에 대한 논리적 형식을 갖춘 심층분석의 표현은 짱 언어를 통하여 다시 일상언어에로 회귀한다. 이 경우, 짱 언어는 '있다'이거나 '없다'이거나 혹은 '아니거나', '맞거나' 혹은 '안 맞거나'에 관계하는 순수한 공의어적 성격을 지녔다.

§19 기호언어

일정한 결론을 이끌기 위하여 논의나 논증은 일정한 추론형식을 갖춘다. 자연언어 안에 있는 하나의 논의는 인공적인 가공언어를 수단으로서도 나타낼 수 있다. 짱 언어는 자연언어를 인공언어로 옮기는 데에는 원활하게 작용될 수 있고, 거꾸로도 가능하게 한다. 하나의 형식언어란 단도직입적으로 문장과 문장을 연결하는 논리 상항과 변항으로 이루어지는 기호언어이다. 이러한 기호언어의 형식문장은 순전히 수리 논리적 방식으로 참과 거짓의 조작이 가능하다. 이는 애초에 자연언어가 가지고 있던 내용적 의미와는 전적으로 독립적으로 운용된다. 문장을 연결하는 고리 내지 문장 연결사는 명제논리학에서 고정된 정언적 의미를 갖는 것이 아니지만 문장들간의 독립성을 유지해 주기 때문에 논리 상항이라고 부른다. 이러한 논리 상항에 의한 문자 A, B, C, …는 이러한 형식언어의 가장 단순한 문장이다. 이들은 문장문자 내지 논리 변항으로 부른다. 논리 상항들에 의하여 연결된 이 문장문자들 역시 고정된 의미를 갖지 않기 때문에 논리 변항이라 부른다.

전통논리학에서도 기호 사용이 없었던 것이 아니지만, 현대논리학에서는 일상용어를 포함한 모든 문장에 기호값을 주어서 계산할 수 있는 논리적 언어를 구성한다. 물론 주어진 상황 내지 사실에 대한 언명은 여러 가지의 표현으로 나타난다. 그렇지만 간단한 사실에 직면하여 그 사실에 대한 언명을 설정하는 것은 그다지 어려운 일은 아니다. 길거리로 나섰을 때, 비가 오고 있다면, 그 사태에서 '비가 온다'는 사실을 부인하지는 않는다. 먼저 '비가 온다'는 이러한 단순한 표현을 통하여 '비가 온다'는 사실이 주목된다. 즉,

'비가 온다'는 언명은 직접적으로 '비가 온다'는 사실과 관련을 갖는다. 언제 비가 온다는 말이 참이 되는가 하는 것은, 언제라도 비가 온다는 언명이 사태에 적중할 때만이 참이다. 쨍쨍한 햇볕에 비가 온다고 말하면 이것은 새빨간 거짓이다. 하나의 표현이나 언명이, 비록 사실과는 일치하지 못하는 경우가 발생할 수 있다. 이와 같은 사실연관과 관련을 갖지 못한다고 한다면, 인식론적인 회의론에서 벗어날 수 없을 것이다. 좀더 표현을 부연하여 '비가 억수로 많이 온다'라고 말한다고 하더라도, 가장 단순하고도 원천적인 '비가 온다'는 사실로 환원하여 그 표현에 대한 그 참과 거짓의 등급의 디플레이션을 넘지 않는다. 여기에는 존재적 사태에 대한 진리수축이 없다.

가장 원초적인 이 언어적 표현의 참과 거짓의 등급에 따라 사물과의 사태에 대한 합당성 여부를 기술하는 수단이 곧 기호 사용이다. 사물의 사태에 대한 언어적 표현의 상응에 따라 우리들이 생각하는 진리개념을 의미론적으로 정초한 학자는 1930년대의 타르스키이다. '비가 온다'라고 하는 언명에 대하여 하나의 참을 인정하면, 그 언명은 하나의 기호값으로 자리매김을 할 수 있다. 하나의 객관적 기호로 그 언명의 진위를 대표하게 할 수 있다. 기호가 하나의 진술을 대표하고 여기에 그 진술에 합당한 하나의 사태가 등장하고 있다면, 여기에는 기호, 언명 그리고 사태 모두 하나의 삼위일체를 이룬다. 이를 정식화하기 위하여서는 여러 단계의 표현방식이 나열되어야 한다.

(1) A는 참이다.

이 문장에서 무엇이 A인지는 잘 알 수 없다. 그러나 A가 비가 온다는 사실을 지칭하고 있다고 상정해 보자. 그렇다면, 이 문장은 '비가 온다'는 참이라는 점을 표명하고 있다. 사오정이 기호의 의미를 좀 알았으면 '아하, 이럴 때 참이 되는구나' 하고 으쓱하였을 것이다. 이를 다시 풀어서 쓰면 다음과 같다.

(2) '비가 온다'는 참이다.

이 문장 (2)는 다른 하나의 조건이 충족되어야 참인지 거짓인지를 판별할 수 있게 되어 있다. 즉, 실제로 비가 온다는 사실을 이 문장의 조건으로 나타내주어야 한다. 그러나 그 사실은 (2)의 문장 밖에 있다. 그러므로

(3) 만약, '비가 온다'면, '비가 온다'는 참이다.

이 문장에서 '비가 온다'라는 표현에 대하여서는 전건과 후건에서 똑같이 사용되어도 구분이 되지 않는다. 비록 '비가 온다'는 사실이 (3)의 문장 밖에 있을지라도 말이다. 그래서 하나의 문장표현이 참이기 위한 필요충분조건은 사실적으로 그러한지 아닌지 여부를 결정하는 기호를 가져야 한다.

(4) 만약, 'A'가 참이면, A는 참이다.

여기서 A라는 기호가 갖는 함의를 안다면, 이러한 기호를 나타내는 표현은 유한하게 널려 있다. 우리는 우리 주변에 나타내어

나열할 수 있는 이러한 언어적 표현들에 대하여 기호들을 사용하여 유한하게 한정하여 정의할 수 있다. 그렇다면, 이러한 유한한 기호들은 일정한 그들의 사태에 합당한 진리조건을 갖고 있음을 생각할 수 있다. 일상적인 언어의 담론에서는 이러한 언어적 표현들에 대한 기호의 사용은, 일정한 이해범위를 뛰어넘고 있는 것은 아니다.

외적으로 주어진 일정한 주어진 범위에서의 사물에 대하여 직접 기술 가능하고 표명될 수 있는 언어를 대상언어라고 부른다. 반면에 대상언어가 관련하는 표현들에 대하여 또다시 참인지 혹은 거짓인지라는 술어로 대응하는 언어를 메타언어라고 부른다. 현대 형식언어에서의 진리개념은 이 두 가지 차원의 언어의 구분을 통하여 도달하였고, 타르스키는 이러한 형식화된 일상담론의 진리개념을 세계화한 대표적 이론가이다.

주어진 상황에서 대상언어로 발견될 수 있는 유한한 수의 항목들로 구성된 기호에서 시작하여 점차로 더 많은 구성요소의 항목을 얻어내는 절차가 있다. 이러한 방법적 절차를 **회귀적 방법**이라고 한다. 이 방법은 항상 유한한 한계에서의 기호들로 되돌아올 수 있다. 그렇기 때문에, 복합적인 구성의 상황에서의 가장 단순하고 구체적인 회귀점을 갖고 있다.

가령 '땅이 젖었다'에 대하여서 어느 판명하게 주어진 상황에서 이 사태에 대한 언명을 B로 준다면, B는, 만약 그리고 오직 만약, 'B'이면, 참이다. 그러나 이 두 가지의 사태를 종합하여 보면, 우리는 비가 왔으므로, 땅이 젖었다는 일련의 인과관계가 설정되어 있다. 그렇다면, 이 두 개의 언어적 표현은 각각 A와 B라는 기호값을 매겨서 쓸 때, $A \rightarrow B$이다. 기호 사용은 생각 속에 있는 사상을 기호로 바꾸는 일에 관심을 기울인다. 푼수는 여름 유럽 학술발표를 위하여 런던에서 파리까지 고속전철을 타고 내려가는 생각을 하였다. 그의 사상은 실제로 '여름 학술발표를 위하여 이 기간에 런던에서 파리까지 고속전철을 타고 가다'이다. 그의 논리적 표현의 대상으로서 '나는 런던에서 파리까지 고속전철을 타고 가다'라는 그의 언명은 실질적으로 시간과 무관하게 참과 거짓이 밝혀지는 가치를 갖는다. 실제로 푼수는 여름 학술발표에 런던에서 파리까지 고속전철로 내려갔다고 하자. 그러면, 만약 'A'이면, A는 참이다.

반면에 사오정은 '어느 누군가 이번 여름 배낭여행 기간에 런던에서 파리까지 고속전철로 내려갔다'라고 머리 속에서 생각하고 있다. 이때 과연 사오정이 염두에 둔 어느 누군가는 푼스였는지 아니면 푼슈의 사촌이었는지 혹은 비트겐슈타인의 사촌이었는지 알 길이 없다. 이러한 경우를 대비하여 어느 누구에 대하여 x라는 기호를 도입하자. 그러면 'x는 이번 여름 배낭여행 기간에 런던에서 파리까지 고속전철을 타고 내려갔다'이다. 이 문장은 누가 생각하든 기호 x의 진리값의 의미가 손상이 없이 유지되고 있다.

x가 양화되지 않은 상태에서는 기호 x의 뜻과 그 뜻이 지시하는 바는 여러 차례의 문장 바꾸기와 그러한 문장의 등가적인 표현을 만드는 과정에서 밝혀진다. x의 범위에 대하여 막연하게나마 어느 누구에 대한 생각을 굴리면서 그 대상을 짚어나갈 수 있다. 이러한 생각의 과정을 'x가 누구일까?' 하는 일종의 심리적 양화추론이라고 불러도 좋다. 그러나 엄밀하게 추론이란 어떤 심리적인 과정에 의하여 설명되는 것이 아니다. 추론은 언어의 표현의 형식에 의거하여 이루어진다. 다음의 보기를 통하여 논의도식의 일반적

형식을 살펴보자.

① 철수는 파티에 갈 것이다. 혹은 현철은 파티에 갈 것이다.
   철수는 파티에 가지 않을 것이다.
   ─────────────────────────────
   현철은 파티에 갈 것이다.

이 논의에서 결론은 '현철은 파티에 갈 것이다'이다. 이 추론은
두 개의 논의를 분석함으로써 얻어낸 것이다. 단지 이 두 개의 논
의를 분석하고 난 다음에 이미 언급한 '현철이 파티에 갈 것이다'
는 결론을 내렸다. 이 추론은 다음과 같은 과정을 거쳐서 이루어
졌다. 대전제에서 두 가지의 서로 다른 작은 논의들을 살펴본 다
음에 그것을 그대로 인정하였다. 그 다음에 소전제에서는 대전제
에서 인정한 두 가지 논의의 하나를 기각하였다. 그러므로 결론에
서는 마지막으로 대전제에서 부정되지 않은 논의를 결론으로 채택
하여 판단을 내렸다. 이 추론에 나타난 논의는 자명하다. 이 추론
과정의 특색을 보면 결론으로 채택된 논의가 이미 전제에 들어 있
다. 이미 전제에 있는 논의를 결론으로 끄집어내어 갔기 때문에
분석적이라고 부른다. 이런 방법은 언제나 투명한 전제로부터 자
명한 결론을 얻는 것을 의미한다.

우리가 일정한 전제를 두고 추론을 거쳐 일단 이러한 결론을 내
린다면 '현철이 파티에 갈 것이다'는 것은 너무나도 당연한 내용이
다. 논리적 사고의 형식의 측면에서 보면 이러한 추론과정은 일정
한 법칙적인 사고의 틀을 갖고 있다. 물론 이 논의의 추론에서 얻
어낸 '현철이 파티에 갈 것이다'의 결론은 중요한 사실이다. 그러
나 더 중요한 것은 이러한 사고의 진행과정에서 일종의 법칙적인

추론의 형식을 제시하는 논의도식이다. 이 논의도식은

② A 혹은 B이다.
  A가 아니다.
  ──────────
  B이다.

이 추론에서 나타난 형식에서 '철수'라는 고유명사 대신에 '영식'
이를 집어넣을 수도 있으며, 또한 '영식'이 대신에 '순만'이를 집어
넣을 수도 있다. 뿐만 아니라 '현철' 대신에 '연휘'도 바꾸어 넣을
수 있는 것은 물론이다. 그것은 바로 이 논의도식이 갖는 객관적
형식의 틀 때문에 그러하다. 아래의 공식은 위에서 살펴본 스토아
의 증명할 수 없는 논증의 다섯 번째의 도식이다.

  $$A \vee B$$
  $$\neg A$$
  ──────────
  $$B$$

2. 기호언어와 추론

§20 일반성과 타당성

과학적 사실에 대한 언명이 진짜로 참이 되기 위해서는 어느 누
구에게도 그렇게 그 사실이 인정되어야 한다. 이것이 언명의 일반
성이다. 대부분의 과학적 발견이 지식으로 받아들여지기 위해서는

116

개별적 사실들을 하나하나 열거해 나가는 귀납적 일반화가 필요하다. 아리스토텔레스의 『분석후서』에 따르면, 과학의 성립에 대한 중요한 조건으로서, 바로 이 일반성은 과학적 인식 성립의 기초이다. 가장 널리 알려진 바로 '모두'에 대한 연역적인 개념은 그리스적인 원천을 가진다. 어느 누구에게도 타당한 이 일반적 관념은 특히 스토아 학파에 논리학의 전체 분과의 체계를 연역적으로 정의하는 데 중요한 공헌을 한다. 세계에서 일어나는 모든 사건을 필연으로 여긴 스토아인에게서 이러한 연역적 지식은 주로 순수 사고만을 바탕으로 발전되고 생겨나는 기하학이나 수학의 체계 형성에 기여하였다.

반면 타당성은 이러한 일반성을 가진 전제들로부터 일정한 결론을 이끌어내는 과정의 모든 절차가 합당한지를 가리는 논리적 법칙의 요구이다. 전제들이란 연역적으로 주어지는 논리적 관념을 토막내어서 만든 논의의 나열이다. 아리스토텔레스에서 로고스란 곧 '논의'이며, '분석적'($\alpha \nu \alpha \lambda \upsilon \tau \iota \kappa \acute{o} \varsigma$)이라는 말은 '전제로부터 이끌어내는 것'을 의미한다. 그릇된 전제로부터 참된 결론을, 그릇된 전제로부터 그릇된 결론을, 참된 전제로부터 그릇된 결론을 도출하는 이 네 가지 각 경우에는 부당한 추론이 발생할 수 있다. 그러나 비록 전제로부터 결론을 도출하였다고 할지라도 그 추론이 올바로 혹은 그르게 이끌어졌는지에 대한 검증의 권리요구가 곧 타당성이다. 일반적으로 참된 전제로부터는 참된 결론이 도출이 되는 경우에 대하여서만 그 타당성이 인정된다.

일반성의 관념이란 전통적으로 동양에서는 우리 가운데 누구에게나 알려진 하늘을 우러러 조금도 감출 것 없는 명명백백한 관념이다. 이러한 일반관념은 모두에 타당해야 한다. 더군다나 한자는 이러한 명명백백한 하늘과 땅 아래서 나타낼 수 있는 사물의 상형을 대리하는 문자였다. 그리스인은 이 일반성을 도덕적 관념으로 사용한 것이 아니라 자연이 아닌 필연적 질서의 의미에서 사용하였다. 근대 철학자들은 이러한 자연적 질서에 대하여 도덕적 질서를 통합할 수 있는 일반성의 관념을 획득하려고 하였다. 그래서 일단은 도덕적 일반성과 논리적 일반성은 구분될 필요가 있다. 그러나 일반성과 관련하여 논리가 윤리와 통합될 수 있는지는 자유를 갖는 인간행동에 관한 질문이다.

§21 기호정립과 의미파생

알기 위한 가장 원초적이고 직시적인 물음은 아리스토텔레스가 정립한 어떤 '무엇'에 대한 것이다. 어떤 '무엇'에 대한 일차적이고도 즉각적인 어떤 그 '무엇'에 대한 답변은 '이것'임이다. 그러나 어떤 '무엇'에 대한 바로 '이것'의 의미론적인 상황은 여러 가지 논쟁이 있다. 이 세계에서의 이런 언명은 논리적으로 참 혹은 거짓의 가치를 갖는다. 이것을 말하기 위해서는 언어형식을 취하여야 한다. 만약 이것이 언어형식을 가지면, 의미가 있고, 그러한 유의미한 문장을 만들어 가는 일정한 구문이 있게 마련이다.

프레게는 모든 문장적 표현에 지시된 것에 대한 사물의 연결을 순수한 사고에 의하여 법칙적으로 규명할 수 있는 논리적 개념 쓰기를 창안하였다. 곧 프레게의 경우 어떤 그 무엇은 존재적 대상이고, 이것임은 언어의 도구로서 기호이다. '만약 지구가 구적에 들어서면, 그러면 달은 반달로 보인다'라는 경우를 보자. 여기에 들어 있는 두 문장은 형식언어로 두 개의 p, q 문장 상항과, '만약'

과 '그리고'로 이루어진 논리 변항으로 이루어졌다. 프레게는 이 p
와 q 문장이 연결되기 위하여서는 반드시 이 세계에 어떤 주어진
존재적 상황이 전제되어야 한다고 생각하였다. 달이 반달이 되는
상황이 여기에 있어야 한다. 만약 그리고 오직 만약 지구와 달의
구적 위치관계가 설정되면, 거기에 p와 q를 묶는 하나의 개념기호
언어가 생긴다.

나아가 하나의 문장표현에는 반드시 그에 합당하게 지시되는
어떤 존재자(entities)들이 있을 때, 하나의 의미를 갖는다. 그러한
기호쓰기는 존재적 상황의 선후의 귀결관계를 나타내며 객관적 사
고의 필연적 법칙을 나타낸다. 그러한 의미발생은 하나의 표현으
로부터 다른 하나의 표현의 의미파생에 의존한다.

(1) 푼수와 퓨슈는 충정로로 걷는다.
(2) 퓨슈는 거리를 걷는다.

이 문장의 진위는 서로가 의존적이다. (1)이 참이면, (2)가 참이
다. 거꾸로 (2)가 참이면, (1)이 참일 수는 있지만, 필연적 참은 아
니다. 가령 다음의 표현을 보자.

(3) 모든 사람은 모든 사람을 사랑한다.
(4) 모든 남자는 모든 여자를 사랑한다.

여기에서도 (3)이 참이면 (4)가 참이 되는 의존관계에 있다.

(5) 어떤 남자는 어떤 여자를 사랑한다.

이 역시 (5) 문장의 참은 (4) 문장의 참에 의존한다. 이들 모두에서 거꾸로 진행되는 역 추론은 자명한 것이 아니다. 유명한 역 추론의 반례는 다음의 것이다.

(6) <u>모든 사람에 의하여 보여진 어떤 사람이 있다.</u>
(7) 모든 사람은 어떤 사람을 본다.

이 역 추론은 자명하지 않다. 왜 그런가? 전제에서 존재양화를 갖는 지칭대상은 항상 결론에서 '어떤 사람'이라는 한량을 가진다. 이 결론에 '어떤 사람'이라는 한정을 갖는 지칭대상은 전제에서 결코 존재양화될 수 없다.

§22 논리적 수반

자연어에서 표현들 e와 e'는 화자들에 의하여, 의미론적으로 서로 확실한 방식에서 관련되어 있다. 이것은 순수한 형식언어 안에서 의미론적으로 확실한 방식으로 관련되어 있는 표현들에 대하여, 하나의 표현이 다른 하나의 표현으로부터 이론적으로 수반 (entailment)되는 것을 뜻한다. 이것은 만약 그리고 오직 만약 그들의 형식적 표상들이 그 수반방식에서 관련되어 있는 경우에 성립한다. 이론적으로 하나의 표현 e는, 만약 그리고 오직 만약 e'가, e가 있는 곳에 참이면, 참이다. 그러한 경우를 e 와 e'의 표현들에 대하여 적용하면, e'는, 만약 오직 만약 e 가 참인 경우에 한하여, 참이라고 말할 수 있다. 이러한 경우를 다음의 경우에서 볼 수 있다.

(1)

a. 푼수는 물리학자이고 그리고 푼수는 생물학자이다.

b. 푼수는 물리학자이다.

즉 e는 만약 오직 만약 e' 안에 있는 모든 정보를 포함하고 있으면, e'를 수반한다.

(2)

a. 공갈 빵은 크고 부풀어 있다.

b. 공갈 빵은 크다.

(3)

a. 존은 크고 핸섬하다.

b. 존은 크다.

(4)

a. 존은 운다.

b. 존은 울거나 혹은 웃는다.

(5)

a. 춘서는 크게 노래한다.

b. 춘서는 노래한다.

(6)

a. 안자는 강남에 살고 그리고 분당에서 일한다.

b. 안자는 강남에 살고 그리고 안자는 분당에서 일한다.

(7)

a. 어떤 학생은 용인에 살고 그리고 벤처회사에서 일한다.

b. 어떤 학생은 용인에 살고 그리고 어떤 학생은 벤처회사에서 일한다.

(7) a가 한 상황에서 참인 경우에, b는 거짓이다. 이와 유사한 경우는 다음 보기에서 볼 수 있다.

(8)

a. 존은 잠을 자고 그리고 픈스는 잠을 잔다.

b. 존과 그리고 픈스는 잠을 잔다.

존과 픈스는 상이한 개별자들로 해석되는 하나의 모델이다. 이 경우 존, 픈스, 그리고 존 그리고 픈스는 모두 상이한 명칭(denotation)을 갖는다. (8) a가 참인 상황이 벌어지는 경우이면, 그 경우 b가 참인 경우로 수반되지는 않는다. 그것은 술어의 넓이 때문이다.

우주담론의 모델 U에서 a와 b에 대하여 기본 가치 {0, 1}을 줄 때, 거기에서 선택된 하나의 우주 U에 대하여 가능한 지칭의 기본 카테고리의 유형이 고정되게 하는 것은, U에 대한 하나의 부분집합을 갖게 하는 것이다.

보기 : 콩깍지나 밤깍지에서, 콩이나 밤은 까먹는 것이다.

증인 ① i는 콩깍지 깠다.

증인 ② 나는 i가 콩깍지 까는 것을 보았다.

증인 ③ 콩깍지는 i에 의하여 까졌다.

①이 참이면, ②가 참임이 수반된다.

②가 참이라고, ①의 참으로 수반되지는 않는다.

②가 거짓이면, ①도 거짓이다.

①이 거짓이라고, ②가 거짓이어야 할 이유는 없다.

②와 ③은 동치이다.

우리는 이미 상기 논증이 사실과 인식 사이에 일어나는 논리구조와 동일하다는 것을 앞절에서 보았다.

3. 정언명제의 일반형식과 논리법칙

§ 23 문장의 일반형식

논리문장을 통한 말하기란 엄격하게 사고의 법칙에 의거하여 구성되는 것이다. 그 진위의 표현은 하나의 일반형식을 갖추게 된다. 일상적인 표현 가운데 정관사 '그'와 부정관사 '어느 하나'와 같은 지시구의 지칭은 화자의 생각 속에서 있는 대상에 관계하는 방식을 나타낸다. 가령 '현재 그 프랑스 왕은 대머리이다'와 같은 문장을 참된 문장이 되게 만들어보자. 그 방법은 '프랑스 왕'과 '대머리'라는 성질을 가진 대상에 대하여 프랑스 역사를 통하여 조사하는 길이다. 그 다음에 부차적으로 오는 '현재'나 '그'와 같은 단어를 원래의 문맥에 맞게 조절하여 표현하는 것이다. 이러한 문장은 과거 프랑스 역사상에 이 문장에서 지시된 대상이 활약하던 어느 한 시기의 문맥에서 설정되었을 때 진위를 가릴 수 있다. 그러나 그러한 문장이 작동되기 위한 발화와 그리고 이것이 문장표현으로 나타난 공간적인 위치를 정하는 그러한 방법은 순전히 역사적 지식에 의거한 문장의 조작에 의한 것이다. 사물의 대상을 지칭함에는 관념으로나 정신적으로 외부세계의 대상이 구분되고 확정될 수 있는 것으로 나타나야 한다.

언어적 사태는 주어와 대상을 명확하게 구분하는 논리적 일반문장의 형식에 의하여 분석되어야 한다. 이러한 표현에는 아리스토텔레스 이래로 전통적인 논리학에서의 주어와 술어와 그리고 그 사이에 계사를 갖춘 문장형식이 있다. 이것이 우리말에서 '이다'이다. 문장의 마지막 말미를 장식하는 이 조사 내지 부사가, 사물과 관계하는 대상에 대한 주어와 주어에 대한 서술로서의 술어와 더불어 하나의 일반명제 형식을 이룬다.

이 '이다'는 대부분 인도-유럽 어족에서 주어와 술어 중간에 위치한다. 문법적으로 영어의 be, 불어의 être, 독일어의 sein, 라틴어의 esse, 그리고 『주역』의 계사가 곧 이 '이다'에 해당한다. '달이 저기 간다'에서 '달'은 주어, '간다'는 술어이지만, 논리학적으로 이 '이다'는 숨어 있는 것으로 본다. 논리문장의 일반형식에서 분석하자면, '달'은 주어, '간다'는 술어, '이다'는 계사이므로, '달이 저기 간다이다'. '지금'이나 '여기'와 같은 어구의 논리적 기능은 '간다'라는 술어의 구조에 밀어 넣을 수 있지만, 논리적 문장의 일반형식의 내용적 분석을 위하여 그다지 중요한 의미를 가진 것은 아니다. 'S는 P이다'는 가장 일반적인 술어형식이다.

§24 명제의 본질의 정의

명제(proposition)란 지금 일정한 판명하고도 명시적인 언사적 표현이고, 이성적 판단을 통하여 분명한 진위의 진리값을 줄 수 있는 진술이다. 지금 '그 자리 거기에서'(pro loco ad hoc) 진위를 결정할 수 있는 언명이다. 현재의 언명의 진위를 일정한 시간이 경과된 후에 결정할 수 있으며 일종의 과학의 체계에서 다룰 수 있는 것들이 있다. 일정한 과학의 체계에서 진술되는 언명 또한 항상 뒤엎을 수 있는 반례들과 새로이 발견되는 법칙의 진술로 가득 차 있다. 자연과학뿐만 아니라 사회과학 일반에서도 대부분의 가설과 정리 내지는 학설로 설정된 이론체계에서 나온 언명들은 항상 새로운 내용과 형식으로 서술되고 있다. 거기에는 항상 반론과 입증 내지는 확증 혹은 폐기의 과정을 거듭한다.

경험과 관찰을 토대로 정리되고 기술될 수 있는 생태 환경의 재순환에서 얻어지는 언명도 대부분 명제화되어 가는 과정을 보여주고 있다. 신문기사나 일기예보나 그밖의 자연을 대상으로 과학화의 과정에 있는 언명도 이러한 거짓명제의 범위를 벗어나지 않는다. 사회과학의 지식체계의 전형적인 이론 창고라 할 수 있는 '회의', '연설문', '기자회견', '회의 의사진행기록' 등을 담고 있는 프로토클 문장이나, 역사적 사건이나 사실을 기록하는 기록물 또한 이러한 여건을 갖는다. 디오게네스는 이를 기도문, 의문문, 대답문과 명령문으로 나누었다고 한다.

일상생활의 언어표현에서 의미의 객관적 확증의 여부와는 상관없이, '할 수 있다'는 능력이나 혹은 '마땅히 이래야 한다'는 당위에 관한 의사표명이나, 혹은 '당신은 이제 퇴원해도 좋다', 캠브리지 대학의 잔디 주변에 꽂아 놓은 '잔디를 밟지 마시오' 등의 팻말과 같이 허락과 금지를 뜻하는 언어들이 있다. 이들의 표현들은 명제의 요건을 갖추지 못한다. 기도, 희망, 비탄, 명령, 감탄 등의 표현들은 단적으로 명제가 될 여건을 갖추지 못한다. 이러한 언명이라도 문장 바꾸기와 적절한 문맥에서 그들의 진위를 결정하기 위한 의미이론을 발전시키고 나간 일은 일상언어 경험에서 충분히 드러나고 있다.

논리학의 관심은 하나의 언명과 그 언명의 언어 외적인 사물의 사태와 그에 대한 조건에 일치하는 진술을 정식화하는 작업이다. 어떠한 언어 외적인 조건 하에서 한 언명이 참으로 판명될 수 있는가 하는 물음은 언명과 사실의 일치에 관한 것이다. 타르스키는 하나의 참된 문장은 반드시 그에 상응하는 하나의 사태를 가질 때,

그러한 표현이 참된 명제가 될 수 있는 요건이 된다고 정의하였다. 즉 하나의 진술인, '지금 눈이 온다'가 언명되었다고 할 때에 이 진술이 참인지 혹은 아닌지를 결정하는 것은, '지금 눈이 온다'는 현실의 사태가 성립하고 있을 때이다. 그렇지 않는 경우에는 거짓이다. 물론 이러한 언어의 진리관은 엄격하게 진술과 그 진술의 진리조건을 언어 외부에서 끌어다 쓰는 데에 의존한다. 여기서 사용되는 언어적 도구는 문자 p, q, r 등으로 사용하면 다음과 같이 참된 문장을 표현할 수 있다: 'p'는, 만약 그리고 오직 만약 p이면, 참이다. 여기에서 논의되는 기호명제는 일정한 진리조건을 나타내고 있다. 즉 기호가 나타내는 사태에 합당하게 이 표현들이 사용되었을 때, 이 기호명제는 참의 값을 갖는다.

타르스키가 구별한 논리 외적인 진리조건에 반하여, 불은 0과 1이라는 상징을 진리조건으로 하는 대수에 의한 명제논리학을 발전시켰다. 그는 거추장스럽지만 참된 명제들에 대한 '참' 혹은 '거짓'이라는 부가적인 진리술어를 0과 1이라는 산술적 표현의 상징으로 나타냈다. '어떤 것은 영원으로부터 있다'에서 a로 놓을 때, a = 1은 참인 문장이고, a = 0은 거짓인 문장이다. 반면에 순전히 한 상징방식으로 부호로서 고대 중국의 복희씨(伏羲氏)가 고안한 ━ ━ 같은 역의 상징언어도 있다.

불과는 달리 현대 수학적 논리학의 창시자로 손꼽히는 프레게는 진리를 정의함에 있어서 주어진 명제의 존재론적인 배경을 가지는 진리함수적 규정에 유의한다. 그에 따르면 모든 명제에는 반드시 그 안에 지시된 것이 있으며, 단순한 문장이라도 거기에는 지시체가 있고, 단순문장이 이어져 복합문장을 이룬 경우에도 거기에는 반드시 지시체가 있다. 이러한 문장이 그 진리값을 실현하

기 위해서는 반드시 부정과 함축이라는 진리조건을 통하여 이루어
진다.

한편으로 영국의 일상언어학파에서 발전되어 온 언어분석의 전
통에서는 소위 발화작용에 관한 이론이 명제의 본질에 관한 견해
에 큰 영향을 미쳤다. 이 발화이론의 창시자인 오스틴에 의하면
발화란 원래부터가 수행적이다. 발화가 수행적이라 함은 단적으로
윤리적 강요의 일종인 명령과 같은 것이다. 따라서 발화작용은 환
원적 기능과 권유적 기능을 갖는다. 명제가 윤리적 성격을 갖는다
는 것, 그리고 윤리적 언명은 그러나 정서적 의미를 가질 뿐이라
는 분석윤리 입장은 서로 대립된다. 그런 점에서 전통적으로 아리
스토텔레스는 이러한 문제로, 기도의 문장, 명령의 문장 등을 체
계적으로 명제의 부류에서 배제하였다. '문 닫아라'는 일종의 권
유문을 제시한다면, 이 역시 아리스토텔레스에 따르면 명제는 아
니다.

그러나 실용적 목적으로 그러한 언명이 어느 정도 수행되어야
한다면, 교회 문 앞에서 기도는 명제가 아니라며, 문 닫으라는 이
러한 지시문을 명제의 본질에서 제외시키는 일은 교육목적상 그다
지 권장할 만한 일은 아니다. 예를 들어 르네상스 시기의 의학 전
통에서 시험을 치기 전까지는 기간이 알려지지 않았다든지, 영국
대학의 전통에서 학생이 교수에게 질문을 던졌을 때 학생이 지식
을 채우기에 필요한 조건을 제대로 알기 전에는 답을 주지 않은
것도, 명제의 본질이 지니는 명목적 성격과 실제적 사용 사이의
차이와 관련이 있다.

§25 논리분석

논리적 분석의 대상이 되는 문장들은 여러 차례의 문장표현 바꾸기를 거친다. 문장 바꾸기는 일정한 구문의 형식에서 동일한 등급의 진리가치를 갖는 명제적 표현에 의하여 이루어진다. 적절한 해석을 거친 유의미한 문장표현은 말 바꾸기를 통하여 참된 형식화된 명제의 여건을 갖추게 된다. '그는 강화도에서 대(對) 몽고 항쟁을 주도한 고려의 장군이었다'라는 진술을 보자. 여기에는 그가 누구인지 알 길이 없다. 이런 경우에는 인물의 범위, 시대적 배경, 성격, 모습 등등의 영역에서 '그'의 명명의 범위를 좁혀갈 수 있다. '그'에 대한 '명명'이나 '이름'이 '그'가 차지하는 문장의 자리에 교환이 이루어져야 올바른 논리적 정보를 채울 수 있다.

일반적으로 모든 자연언어들은 일정한 구문언어로 옮겨졌을 때, 그의 논리적인 진리가가 계산된다. 논리학에서 취급하는 사물은 원래 언어 외에 있는 외부세계의 태양, 달, 금성, 의자, 강, 산 등과 같은 자연적 사물의 대상이다. '태양이 빛난다', '날씨가 춥다', '눈이 희다' 들은 곧장 일차적으로 사물의 대상에 관계하는 표현들이다. 불은 직접적으로 사물의 대상에 관련하는 명제를 일차적 명제라 불렀다. 그리고, 그 진술되는 때의 진위가 시간의 조건에 따라 관련하는 명제를 이차적 명제라 불렀다.

'나는 아침에 세수한다' 혹은 '나는 새벽에 기도한다', 이러한 표현은 일차적 진술이 될 수 있다. 이 진술이 참이기 위해서는 '나는 아침에 세수한다'는 진술이 관계하는 시간의 계급에 속한 이차명제가 이 일차명제에 진리기능적으로 대응하고 있어야 한다. 이차명제가 참인 한에서 일차명제가 관련하는 진술이 참이다. 불의 이

발상은 이미 상론된 타르스키의 경우처럼, 하나의 진술이 참이기 위하여 대상언어적 진술과 이 대상언어에 대한 메타언어적 진술을 구분함으로써 진리개념을 명료화하려고 하였던 현대논리학의 일반적 시도와 일치한다. 그러나 불은 타르스키와는 거꾸로 이차명제가 참인 한에서 일차명제가 참인지 아닌지 여부를 결정하는 대수적 명제체계를 고안하였다.

§26 명제의 양과 질

한 명제의 주체에는 양과 질이 있다. 'S는 P이다'라는 명제형식을 보자. 이때 이 'S'에 속한 명제의 양은 '모두'와 '어떤'이라는 전칭과 존재의 양을 갖는다. 이때 '어떤'은 적어도 하나의 의미가 강하다. 적어도 하나가 있으면, 그것은 어떤 것이기 때문이다. 이런 의미에서 러셀은 적어도 하나가 있는 것을 존재의 기본적 양으로 취급하였다. 일반적으로 명제의 주어의 양은 보편, 개별로 구분한다.

명제의 양은 주어의 양을 뜻하는 것으로 주어자리의 이름과 명사가 대표한다. 명제의 질은 주어가 관련하는 사물의 대상에 대하여 긍정 혹은 부정으로 진술됨으로써 결정된다. 따라서 한 명제의 질은 긍정과 부정 둘뿐이다. 그러므로 명제의 양은 다시 세분되어 $2^2 = 4$로서 보편긍정, 보편부정, 개별긍정 그리고 개별부정으로 나누어진다.

§27 논리의 법칙

논리학에서의 법칙은 일반타당성을 요구하기 위하여 연역적인 특성을 갖는다. 법칙을 세우고 난 뒤에 그 법칙에 타당하게 맞는 진술을 열거해 나갈 수 있다. 가령 물리학에서도 이와 유사한 경우가 발생한다. 한 어부는 강가에서 고기를 잡기 위하여 5센티미터의 그물을 강에 던졌다. 어부가 자신의 그물에서 기다리는 결과는 5센티미터 이하인 고기는 통과시키고, 그 이상의 크기를 갖는 고기는 잡아들이겠다는 의사표시이다. 말하자면 어부는 자신의 법칙을 5센티미터 이하의 고기는 포획의 대상에서 제외시키고 그 나머지는 포획하는 데 그 적용대상을 정한 셈이다. 논리학에서 법칙을 세우는 일도 이와 마찬가지이다.

하나의 주어진 언명에 대하여 과연 이 진술을 참으로 받아들일 것인가, 아니면 거짓으로 받아들일 것인가에 대한 태도는 이를 명제로 볼 것인가, 아닌가를 결정하는 논리법칙과 관련이 있다. '모든 명제는 참이거나 혹은 거짓이어야 할 것'에 대한 요청은 요컨대 논리법칙이기 때문이다. 그러나 이미 논리학의 완전한 완결체계를 갖춘 고대 스토아에서는 '디온은 어디 있느냐?'라는 질문같이 하나의 완전한 언설(oratio)로서 명제성립의 근본요건을 설치한 경우도 있다.

논리학에서의 첫 번째 원칙은 배중률로서 '모든 명제는 참이거나 혹은 거짓이어야 한다'는 요구이다. 세상의 무수한 언명이 모두 이 요건을 만족시킬 수는 없다. 누군가 이 법칙을 세운 논리학자는 저 어부의 5센티미터 그물코의 법칙처럼 이러저러한 기준에 의해 주어진 언명에 진위추궁을 한다. 이러한 진위추궁의 여부는 논리학이 도달하려는 목적을 만족시킨다. 그러나 대부분 현대논리학의 문제는 바로 이 배중률의 법칙에 대한 회의에서 비롯된다. 원주율에 대한 수치 'π'나 지금 해결 중에 있는 '페르마의 마지막

정리'나, 그밖에 '골드바하의 억측' 같은 진리값의 문제가 이 논쟁을 부채질하였다. 편의상 배중률의 법칙적 성격을 회의시하는 직관주의 입장에서는 π의 값이 무한하게 계속되어야 한다는 가정은 심각한 법칙의 위기였다.

동일률은 바로 이 배중률에 포함되어 있는 논리적 문제를 제거하기 위하여 사용된다. 주어진 한 언명은 참이거나 혹은 거짓이다. 그러므로 참은 이것이거나 아니면 저것이다. 배중률은 이 문제에 어느 한 쪽이 맞다고 한다. 이 원칙으로는 이 문제에 해답을 줄 수 없다. 동일률은 동시에 이것이고 그리고 저것일 수 없다는 선언이다. 동일률은 통상적으로 산수에서 동일한 여러 성질이 합하여 있거나 혹은 빼내어 이들을 다시 하나의 단위로 묶어 결속할 때 생긴다. 기하학이나 수학에서 여러 수의 성질을 이해하는 데 필수적으로 사용되는 관념은 바로 '등식'이다. 이 '등식'은 논리적으로 이 '동일률'을 적용함으로써 성립하고 있는 경우이다. 오늘날의 과학 문명의 성장배경에는 이러한 동일률의 법칙의 엄격한 준수가 있다. 따라서 이러한 동일률의 법칙을 어기고서는 과학의 체계가 성립할 수 없다. 2층 짜리 건물이나 3백 층 짜리 건물, 또는 달나라 인공위성의 발사에 이르기까지 이러한 동일률의 기초가 있어야 물질적 구성이 성립한다.

고대 중국 숙어의 이야기에 따르면, 원숭이들에게 먹이로 아침에 네 개의 바나나를 주고 저녁에 세 개씩 주는 반복을 계속하다가 어느 날 갑자기 아침에 바나나 세 개를 주고 저녁에는 네 개를 주었더니 원숭이들이 화를 내었다고 한다. 3과 4가 더해지면 7이 된다는 종합판단을 하지 못하는 원숭이들은 지금까지 네 개씩 주던 바나나가 하루아침에 세 개로 줄었으니 주인이 변했다고 여긴 것이다. 이들 동물의 지능에는 곧 동일률의 논리세계가 알려져 있지 않은 까닭이다.

이러한 동일률의 법칙의 다른 표현이 모순율인데, 모순율은 동일률이 깨어질 때 생기는 법칙이다. 그렇기 때문에, 모순율은 동일률의 하나의 다른 이름이다. 즉, 동일성의 원칙이 지켜지는 사고의 행위 가운데에서, 이에 반대되는 사고작용이 발생한다고 가정해 보자. 동일률이 엄격하게 지켜질 수 없는 경우에는, 이러한 논리법칙으로서의 동일성의 엄격성을 완화하여 완충시켜 줄 수 있다면, 그러한 것 또한 논리학에서 법칙으로 인정하지 않을래야 않을 수 없다. 가령 우리는 어떤 연역적으로 주어진 동일한 대상의 어떤 성질들을 세어간다. 이들의 성질에서 기대하지 않은 다른 어떤 성질이 나타나면, 동일한 성질을 매거하는 셈의 동일성의 견지라는 원칙이 중단되어야 한다. 그 경우 그 이외에 다른 어떤 셈의 경우는 종전의 동일률의 원칙에서 떨어져나간 모순율의 법칙에 따라 전혀 다른 새로운 셈을 세어나가야 할 것이다. 수학에서의 확률, 경험과학 분야에서 새로운 경험적 사실을 제공해 주고 과학의 체계의 진보모델을 제시하는 것은 이 양자의 원칙의 적용이다.

그리고 논리학의 법칙이라기보다는 경험과학의 검증원리로서 경험적 자료를 토대로 한 지식 획득을 위한 시행착오의 법칙이 있다. 이 세계에는 어떠한 존재라도 그 자체의 충족근거를 가진다는 형이상학의 원칙이 있다. 이 양자는 결국 형이상학적 원칙인데, 전자는 동일률에서 유래하는 것이며, 후자는 배중률에 그 논리적 유래를 갖는다. 후자의 좀더 적극적인 원칙의 요구는 곧 동일률 혹은 모순율이 된다. 이와 같은 논리학의 법칙은 인간의 사고행위의 법칙에 해당된다.

§28 진리함수적 문장연결

문장연결어들은 명제논리학에서 논리 상항들이다. 이들 상항에는 부정 또한 포함되어 있다. 하나의 문장명제에 대하여 부정이 작용하면 새로운 다른 문장명제가 만들어진다. 논리적 문장연결사는 반드시 두 개의 문장에서부터 결합되어 간다. 이들은 사전에 하나의 참된 문장과 그리고 하나의 거짓된 문장에 대한 일정한 진리값을 배정하는 절차를 갖는다. 하나의 문장이 참이나 거짓의 진리값의 배정을 받으면, 이들 문장들은 다시 의미 합성의 원리에 따라서 하나의 문장의 의미는 그의 구성요소의 의미에 의존한다.

(1) 퓨수는 그의 머리를 다쳤고 그리고 그는 운다.
(2) 퓨수는 그의 머리를 다쳤기 때문에 운다.
(3) 퓨수는 운다.
(4) 퓨수는 머리를 다쳤다.

(1)은, 만약 그리고 오직 만약 (3)과 (4)가 참이면, 그러면 참이다. (1)은 만약 (3)과 (4)의 어느 하나라도 참이 아니고 거짓이면, 거짓이다. 반면에 (2)는 만약 퓨수가 그의 머리를 다쳐서 운다면, 참이다. 그러나 영희가 퓨수를 사랑하지 않기 때문에 운다면, 참이 아닐 수도 있다. 또 나아가, (2)가 참이면, 비가 오기 때문에 퓨수가 운다고 하자. 그 경우는 비록 비가 온다고 할지라도, 울어야 할 것은 없다. 비가 오지 않아도 퓨수가 운다는 것이 참이라면, 논리적 수반 못지 않게 논리적 귀결이 어떤 비슷한 추론역할을 수행하고 있음을 알 수 있다.

(5) 폰스는 양파를 깠고 그리고 그는 운다.

(6) 폰스는 양파를 깠기 때문에 운다.

(7) 폰스는 양파를 깠다.

(8) 폰스는 운다.

(5)의 문장은 의미합성의 원리에 따라서 각각 (7)과 (8)의 문장의 진리조건을 제공한다. 그렇기 때문에 (5)에서 '그리고'라는 문장연결사는 이것이 연결하고 있는 문장들이 그들의 구성요소 문장의 진리값을 결정한다. 이와 같은 문장연결사의 역할을 진리함수적이라고 부른다. 반면에 (6)의 '때문에'는 '그리고'와 같은 진리함수적인 역할을 갖지 않는다.

그래서 우리는 하나의 문장에 기호주기를 할 때 가령 A라는 기호에 대하여, 어떠한 문장연결어로 그 문장의 진리값이 결정되는지를 분명히 밝히고 난 후에 주어야 한다. 그렇지 않으면 기호의 논리적 의미의 파생에 혼동이 올 수 있다. 문장연결사가 명제논리학의 논리 상항이라면, 이러한 문장문자의 기호, p, q, r 등의 어휘 내지 상징들은 명제논리학의 명제문자 내지 명제 변항이라고 부른다.

4. 문장연결어 혹은 공의어

§29 문장연결어

하나의 정언명제는 참과 거짓, 두 가지만의 진리값을 갖는 경우를 세울 수 있다. 정언명제는 다른 말로 카테고레마타(kategoremata)라고 부른다. 정언명제는 단언적으로 논리적 의미를 확정할 수 있는 명제이다. 반면에 정언명제와는 달리 단지 명제와 명제들을 연결시켜 주는 역할을 하는 문장연결어가 있다. 이러한 문장연결어는 그 자체로서는 전혀 의미를 담지하고 있지 않다. 그러나 정언명제와 정언명제를 연결하여 주기 때문에, 이러한 언어를 진카테고레마타(synkategoremata) 혹은 공의어라고 부른다.

카테고레마타와 진카테고레마타는 중세논리학의 분류에서 일반화되어 있었지만, 현대논리학에 이르러서는 카테고레마타에 대한 표현은 중요시되지 않는다. 이미 언급된 바 원자명제와 분자명제의 구분이 이러한 중세적 카테고레마타의 역할을 대치한 것이다. 현대논리학은 진카테고레마타의 용어를 '부정', '그리고', '혹은' 등의 언어표현으로 나타낸다. 또한 현대논리학은 수리적인 근거에서 이들이 명제들 사이에 작용하는 형식적 힘을 진리함수적으로 취급한다. 한 정언명제의 문장이 참과 거짓의 두 가지 진리값을 갖는다면, 다른 하나의 문장 역시 진리값을 갖는다. 이 두 문장에 대하여 달리 알려진 진리값이 없으면 하나의 문장은 다른 하나의 문장에 대하여 $2 \times 2 = 4$의 진리값을 갖는다. 그러면 이 두 명제에 대하여 진리값을 표현하는 각각의 가지 수는 모두 $4 \times 4 = 16$가지이다.

1) 부정(否定)

부정은 명사부정과 문장부정의 두 가지 종류가 있다. 명사부정에서는 어떤 긍정적인 명사의 개념이 '아니', '안' 등의 접두어를 통하여 부정된다. 반면에 하나의 주어진 '무엇무엇이 … 아니다'라는 문장부정에서는 '아니다'라는 어구를 사용한다. '안 돼', '안 해', '못 해' 등은 금지, 중지, 제한 등, 어떤 문장표현의 전체 내용에

대한 부정을 나타낸다. 하나의 문장표현을 이루자면 기본적인 구
성요소가 주어와 술어와 그리고 그 사이에 계사, 혹은 영어의 문
장구조에는 주어와 술어로만 이루어지는 문장구조도 있지만, 이들
에 대한 부정은 여러 방식으로 나타내어진다. 부정의 기호는 ㄱ를
사용하고, 부정하고자 하는 문장기호의 앞에 붙인다. 하나의 명사
내지 문장 A는 진리테이블 혹은 진리표(truth table)에 따라서 참
과 거짓으로 나타낼 수 있다. 이 진리테이블이란 약정된 기호의
표현 A가 배중률에 따라 참이나 혹은 거짓인 경우 t와 f로 적고,
ㄱA인 경우는 참이 부정된 거짓과 거짓이 부정된 참을 하나의 논
의도식으로 보여주는 진리도표이다.

A	ㄱA		
t	f	······················ ①
f	t	······················ ③

(위 표 옆에 ① 은 A ㄱA 줄)

A	ㄱA	ㄱㄱA	············ ④
t	f	t
f	t	f

명제 'A'에 대하여 참과 거짓을 t, f로 나타낸다. 이 단항 명제는
위와 같은 진리표를 가진다. 이 진리표는 다음과 같이 새길 수가
있다. ①은 배중률에 따라서 A이거나 혹은 ㄱA이다. ②에서 만약
A가 참이면, ㄱA는 거짓이고, ③ A가 거짓이면, ㄱA는 참이 된
다. ④에서 ㄱㄱA는 부정의 부정은 긍정이 되는 것을 의미한다.

136

이를 이중부정의 법칙이라 한다. 만약 A가 거짓이라면, 마찬가지로 ㄱA는 참이 되고, ㄱㄱA는 거짓이 된다. 즉 이중부정의 ㄱㄱA는 항상 A와 동일한 진리가를 가진다. 여기서 'ㄱ'은 부정 자라고 부르는 것으로서, 이것이 어느 하나의 명제 앞에 접두(接頭)되면 그 명제는 부정된다. 도깨비 같은 힘을 갖는 이 부정자는 항상 명제공식 앞에 붙는다는 특성을 갖는다. 가령 보기로서 '이 자는 불친절하다'는 표현이 있다. 이 경우 '이 자는 친절하다'라는 A에 대하여 부정을 뜻하는 ㄱA가 만들어진다. 그래서 부정기호는 주어진 정언명제의 표현으로부터 새로운 명제를 만들어 가는 힘을 갖는다.

모든 긍정적인 표현을 갖는 명사의 개념에는 부정사가 그 앞에 첨가함으로 부정을 나타낼 수 있다. '교내 교통질서를 위반한다'에 대한 부정은 '교내 교통질서를 위반하지 않는다'이다. 이 말은 어느 누군가 '교내 교통질서를 지킨다'는 Y로 정하면, 'ㄱY'는 언명의 부정에 해당되는 사태를 요구하는 것이다. 어느 누구라도 교통질서를 위반하면, 이러한 기호형성에 선취되어 있던 사실의 구조를 부정기호에 의하여 왜곡하기 쉽다.

여럿의 가능한 경우의 대상들을 물색하여 과연 하나의 의문시되는 문장표현이 기호 논리적으로 해석할 수 있느냐 혹은 아니냐의 여부는 단지 미리 정해 둔 예, 아니오 대답의 가능성만 갖는다. 철학적으로는 어디에서이든지 그 물음에 합당한 하나의 답변의 잘 정렬된 기대가 없다. 수학에서 짝수의 수만큼 홀수의 수가 있으리라고 기대하는 것은 일종의 직관에 호소하여야 할 것이다. 인간의 이성이 그러한 직관에 호소함으로써 경험 이전에 그러한 지식을 구성할 수 있는가의 여부는 칸트가 시도하였다. 근본적으로 이러한 수학이나 형이상학이 가능한지 여부는 쉽게 답변할 성질은 아니다.

20세기 초에서는 소위 유명한 직관주의와 형식주의의 수 이론에 관한 논쟁이 있었다. 형식주의는 수란 근본적으로 인간 사고의 합리적 산물로서 이성에 의하여 구성된다고 믿었다. 반면에 직관주의는 이성의 능력에 그다지 확신을 보낼 수 없었다. 그래서 형식주의에 반대하고 오르지 수란 직관에 의하여 파악될 수 있다는 논의를 내세웠다.

부정의 용법을 두고 여러 다른 이론적인 배경을 가지고 설명할 수 있지만, 일상어법에서는 이에 대해 긍정과 부정의 양면을 가지고 대한다. 그래서 어떠한 언어적 표현이나 개념에 대하여서도 만약 'A'라고 정하면, 그의 부정은 '¬A'가 되는 것이다. 이 부정자는 순수 형식적으로 보면 이를 통하여 무수한 새로운 문장의 진리를 만들어낼 수 있게 된다. 참과 거짓을 대수적 방식으로 0과 1을 정해 보자. 그러면 A = 1이거나 혹은 A = 0의 경우를 가질 것이다. 이러한 식을 그대로 쓴다면 다음과 같다.

A	¬A
1	0
0	1

A	¬A
+	−
−	+

만약 모든 긍정적인 표현의 개념을 ＋ 그리고 모든 부정적인 표현의 개념은 － 로 나타내자. 이들의 부정과 긍정의 양자의 개념적 존재는 ＋와 －의 양자의 방향에 의하여 표기될 수 있다. 세상에 얼마나 많은 이러한 개념어들이 있는지는 헤아릴 수 없다. 그러나 이러한 음수와 양수의 표기에 의하면 세상에 존재하는 모든 사물에 대한 개념어를 음수와 양수의 성질로 나타낼 수 있다. ＋, － 는 물리적 단위의 양으로서 측정된다.

2) 선언(選言)

　우리는 모든 질문에 대하여 '예'와 '아니오'를 분명하게 개방하고 있다. 그렇다면, 여기에는 '예'로 가는 질문과 '아니오'로 가는 답변이 있다. 그러나 그러한 답변은 묻기 전에 아프리오리하게 알 방법은 없다. 그러한 부정은 우리가 가진 일정한 사고나 혹은 아이디어의 진리값을 확정적으로 실현하기 위한 가장 원초적인 도구이다. 누군가에게 '예'나 혹은 '아니오'로 답변될 수 있는 질문을 던질 때, 가장 먼저 조심스럽게 기대되는 답변으로 방법론적으로 그것이 아니면 이것이 되겠느냐는 상정으로 접근할 수도 있다. 원자적 사태에 직면하여 물음이 던져올 때에는 아주 쉬운 것은 아닐 것이다. 가령 한자의 시(是)의 상형문자의 의미에 따르면 존재의 문에 뱀이 들어가도 좋은가 아닌가를 묻는 식으로 그려지고 있다. 이것이 그러하다는 시의 뜻이다. 이에 대한 반대는 비(非)이다.
　대부분의 인도게르만 언어에서도 물음을 던지고 그 물음에 대한 답변은 이러한 상형문자에 의한 풀이와 비슷한 구조를 갖고 있다. 물음의 아프리오리한 해답을 보장하는 문장연결 형식이 곧 선언이다. 이러한 선언은 이것이거나 혹은 저것이거나 혹은 그밖에 다른 어떤 것이거나 간에 반드시 어느 하나가 참일 경우에 참이 되는 진리조건을 갖는다. 왜냐하면 우리는 모든 가능한 세계에 대하여, 현실의 메타 진리 술어의 대상언어적 적용에서 적어도 하나의 질문으로부터 예와 아니오를 확보하면 현실과 가능세계의 연결이 선언적 방식으로 이루어진다고 본다.

선언에 의한 진리가는 어떤 분명하고도 한계를 그을 수 있는 연역적인 진리가에서 출발한다. 그러한 출발은 어떠한 질문에서도 주어진 답변에서 '예'와 '아니오'를 피할 수 없는 것이라고 가정한다. 그렇다면, 하나의 주어진 탐문에 대한 '예'와 '아니오'를, 다시 한번 메타 진리 술어에 의한 '예'와 '아니오'를 확정하고 출발하자. 의도한 가능한 개념에 대한, 그의 반대는 파악되거나 혹은 있을 수 없는 것이라 가정하는 선언적 문장연결이 가능하다.

경험적으로 토끼나 그밖의 동물들이 자주 다니는 길은, 다녔던 길을 다시 다니는 나름대로의 안전 회귀 시스템이 되어 있다. 인간에게는 경험에 앞서 한번 정한 길을 다녀오기 위하여 어떤 선언적·연역적인 관념을 사용한다. 한번도 다녀오지 않은 우주여행도 '혹은'이라는 논리적인 관념을 사용하여 상상력을 극대화하여 나아갈 수 있다. '오늘 저녁 푼수는 오케스트라 연주장에 음악감상을 하러 가거나 혹은 판소리 마당극을 구경하러 가거나이다'라고 생각한다. 푼수의 머리 속의 생각은 '음악감상'과 '구경'이라는 이 두 가지의 사상이 공존한다. 만약 푼수가 이 두 가지 생각을 갖고 외출하여, 어느 하나라도 그 생각을 실행하면 그에 대한 언명은 참이 된다. 이 경우에는 푼수의 사상이 엉터리가 아닌 참된 사상들이어야 한다. 이 선언은 하나로서 성립될 수는 없다. 그러므로 항상 하나 이외에 다른 하나의 사상도 갖는다. 그러한 기호식을 각각 'A' 그리고 'B'라고 정하면 이들의 진리표는 다음과 같이 나타난다.

A	B	A∨B
t	t	t
t	f	f
f	t	t
f	f	t

이 식은 통상적으로 푼수의 이 두 가지 사상에 대하여서 서로가 독립적이지만 동시에 수행할 수 없어서 생긴 경우일 것이다.

산업박람회를 위하여 유럽에 들른 김대리는 아침에 런던에서 컨티넨탈 브랙퍼스트를 먹고 점심에는 파리에서 조개요리를 먹고 저녁에는 빈에서 비엔나 커틀릿을 먹었다. 그러나 김대리는 동시에 런던과 파리에서 식사를 할 수는 없다. 그럼에도 김대리는 주어진 그 시간에 미리 결정한 바 없이 이것을 할까 혹은 저것을 할까 하는 생각을 떠올릴 때에는 망설일 수 있다. 가령 점심식사는 조개요리 대신에 햄버거로 할 수도 있다. 이 것은 두 개의 경우의 사상을 임의로 선택할 수 있는 포괄적 의미에서의 선언이다.

3) 연언(連言)

이것은 두 개의 참된 사상을 '그리고'로 연결하여 묶는 기능형식을 갖는다. 부정과 선언과는 달리 연언은 적어도 하나의 참된 사상이 있고 난 다음에 다른 하나의 참된 사상을 묶는 과정을 거친다. 이들은 서로가 독립적으로 존속한다. 푼수는 백화점에서 초콜

릿도 사고 그리고 와인도 사겠다고 생각한다. 두 개의 진리값의
실현은 그 결과가 같으면 서로가 위치를 교환하고 바꿀 수 있다.
연언 연결 방식은 하나의 참된 사상에서 출발하여 다른 하나의 참
된 사상을 찾아 연결하는 것이다.

　일상언어에서 양자 혹은 더 많은 명제들의 지절들을 묶는 연결
어로서는, '또한', '그와 같이', '그밖에', '게다가', '···만 아니라, ···도'
들이 이러한 기능을 수행한다. 만일 하나의 참된 생각에서 출발하
여 다른 하나의 참된 생각을 연결하는 경우에 실패하면, 그것은 연
언이 성공한 것은 아니다. 이를 위해서는 더 많은 이론이 필요하다.
상징으로 우리는 '∧'를 '연언'의 기호로 사용한다. 즉 A∧B는 각
각 A와 B의 연언을 나타낸다. 가령 '돌새는 영리하고, 바둑을 잘
둔다'라는 언어적 표현이 있다. 이 A∧B의 진리표는 다음과 같다.

A	B	A∧B
t	t	t
t	f	f
f	t	f
f	f	f

　'폭우가 내리고 폭풍이 쳤다'라는 언어적 표현에 대하여 곡식이
피해를 입지 않길 바라는 마음에서 '폭우와 폭풍에 의하여 곡식이
피해입지 않았다'는 것을 나타내어 보자. 이 말은 '폭우에 의하여
곡식이 피해를 입지 않았거나 혹은 폭풍에 의하여 곡식이 피해를
입지 않았거나'를 의미한다. 이 표현은 ￢(A∧B)의 논리적인 구조
를 가지게 된다. 이것은 연언부정이다.

A	B	A∧B	￢(A∧B)
t	t	t	f
t	f	f	t
f	t	f	t
f	f	f	t

4) 함축(含蓄)

‘A가 B를 함축한다’는 것은 ‘A 화살표 B’라고도 표현한다. 함축
은 처음 기원전 3세기의 메가라의 필론에 의하여 발견된 논리법칙
이다. 다음의 경우를 보자. 이들은 참된 함축을 나타내는 보기들이
다. ‘만약 오늘이 크리스마스와 부활절이라면, 배가 산으로 올 라
간다.’ 혹은 ‘만약 오늘 해가 서쪽에서 떴다면, 달려가는 개가 웃을
것이다.’ 이 표현은 전건이 참도 아니고, 후건도 참도 아니다. 함축
의 진리표는 다음과 같은 사실을 A가 거짓이거나 혹은 B가 참인
경우에, ‘A⊃B’은 참이라고 말할 수가 있다. 이들의 진리가를 다
음의 도표에 배당하여 살피면 다음과 같다.

A	B	A⊃B
t	t	t
t	f	f
f	t	t
f	f	t

5) A⊂B

이것은 역 함축이다. 함축의 방향이 B에서 A로 간다.

A	B	A⊂B
t	t	t
t	f	t
f	t	f
f	f	t

6) 동치(material equivalence, bi-conditional)

동치는 'A≡B'의 기호로 표시한다. 동치는 양자의 진리가가 등가가 성립하고 있음을 뜻한다. 가령 어느 누군가가 '살아 있다'면 그는 '숨 쉰다'는 뜻일 것이다. 쌍 조건으로서 만약 그리고 오직 만약(if and only if 혹은 'iff'로 표기하기도 한다)이라는 엄격한 조건을 나타낸다. 마찬가지로 누군가 '죽었다'면, 누군가는 '숨을 쉬지 않는다'이다. 이 양자의 조건은 양자를 동치로 만든다.

A	B	A≡B
t	t	t
t	f	f
f	t	f
f	f	t

A	B	실질적 동치 if, and only if (A⊃B) ∧ (B⊃A)	쌍조건 A≡B
t	t	t	t
t	f	f	f
f	t	f	f
f	f	t	t

144

7) 배타적 선언

동일한 시간에 떠올린 두 개의 사상은 어느 하나가 실현되면 다른 하나는 포기되어야 하는 경우가 나온다. 뿐만 아니라 하나가 실현되면 다른 하나는 반드시 실현되지 말아야 하고, 다른 하나가 실현되면 어느 하나는 반드시 실현되지 말아야 한다. 대표적으로 한 필드하키 게임에서 만난 두 적수는 동상이몽을 도모하지만 결과는 승패의 명암으로 나타나야 한다. A팀이 게임을 이기면, B팀은 반드시 져야 하고, B팀이 이기면 A팀이 반드시 져야 한다. A이거나 B이면, B이거나 A이기도 하다. 이러한 배척적 의미에서의 선언은 $p \longleftrightarrow q$, 즉 p contra q라고 부른다. 이것은 또다시 $\neg p \equiv q$ 혹은 $p \equiv \neg q$로 표시되기도 한다. 즉 이 배타적 선언은 실질적 동치의 부정이다. 이것이 아니면 저것이라는 의미에서 라틴어의 aut에 해당된다.

'모든 대한민국 국회의원은 남자이거나 혹은 여자이다.' 이 말은 대한민국 국회의원 누구나 남자나 여자나 하나이지만, 동시에 둘 다일 수는 없다는 점을 의미한다. 이러한 배타적 선언의 진리가가 동일한 명제들은 다음과 같다. $p \longleftrightarrow q$는 만약 꼭 $(p \wedge \neg q) \vee (\neg p \wedge q)$이면 성립되는 명제이다. 즉 $p \longleftrightarrow q = : (p \wedge \neg q) \vee (\neg p \wedge q)$이다.

A	B	$A \longleftrightarrow B$	$p \longleftrightarrow q = : (p \wedge \neg q) \vee (\neg p \wedge q)$	
t	t	f	f	f
t	f	t	t	t
f	t	t	t	t
f	f	f	f	f

8) 일격

p | q 이것은 'p 일격 q'라고 표현한다. 진리가는 f, t, t, t이다. 이것은 양자가 참일 경우에는 거짓이고, 그 외에는 모두 참인 경우를 말한다. 배척은 서로 양립할 수 없음이라는 뜻이다.

20세기 초 러셀과 화이트헤드에 의하여 공동으로 저작된 『수학의 원리』(*Principia Mathematica*)의 전체 명제논리학의 체계는 바로 이 일격에 의하여 출발한다. 이들은 자신의 상징논리학의 체계에서 근본적으로 정의될 수 없는 명제논리학의 관념이 있음을 알았다.

이러한 고민은 훗날 괴델에게 불확정성 공리의 도출의 말미를 제공한다. 그들은 명제논리체계의 요청으로서 이 일격에 의하여 여타의 모든 명제논리의 체계를 도출하였다. 이 명제 체계에 따르면 이 세상의 무수히 많은 명제도 이 일격에 의하여 새 명제를 만들어간다. 이 일격은 '양자는 동시에 참일 수가 없다'는 계산을 가치로 갖는다.

A	B	A | B
t	t	f
t	f	t
f	t	t
f	f	t

A | A는 둘 다 아니다. 둘 다가 아니므로 ㄱ(A∧A), 곧 ㄱA이다. A | B도 둘 다가 아니다. 그러므로 A | B = ㄱ(A∧B)이다.

§30 문장연결어의 변형규칙

논리적 연결어는 강도의 등급이 있다. 논리적 연결어는 속성상 어떠한 표현과도 연결되기 위하여서는 강하게 결합되기에 스스로 필요한 강도가 있다. 그러한 강도의 순서의 첫 번째가 ㄱ, 두 번째가 ∧, 그리고 세 번째가 ∨, 그 다음은 ⊃이다.

위에서 보았듯이 선언과 연언은 서로가 반대이고, 배타적 선언은 동치와 서로 반대이다. 두 가지의 문장연결어가 나타낼 수 있는 참과 거짓의 상징표현은 서로가 일정한 대칭과 비례에 있다. 아울러 이들 명제의 모든 유형은 서로가 유사성을 갖고 있으며 일정한 조작으로— 요컨대 동치에 따라— 변형되어 갈 수 있다. 이들 명제 중에는 항상 참으로만 나타내어지는 항진명제가 있고, 항상 거짓으로만 나타내어지는 항위명제가 있다. 이들은 참과 거짓의 양극단에 있는 명제 이외에 거짓으로도 혹은 참으로도 나타나는 명제들은 우연적 명제라고 한다. 그러나 변형을 가능하게 하는 요소는 하나의 주어진 명제의 진리값의 외연이 동일하게 나타날 때이다. 특별히 모든 명제유형을 일정한 항진명제의 형식에서 하나의 유일한 식으로 환원 변형할 수 있는 방법이 있다. 그것은 제반 명제유형을 함축과 부정에 의하여 구성하는 일이다.

1) 항진명제

A	$\neg(A \wedge \neg A)$
t	t
f	t

2) 항위명제

A	A ∧ ¬A
t	f
f	f

3) 대우의 법칙(The Law of Contra Position)

대우의 법칙은 함축을 반증하는 원리이다. 전건이 후건을 함축한다고 할 때에, 이를 반증하는 방법은 부정된 후건으로부터 부정된 전건을 함축하여 보임으로써, 애초의 함축의 의미를 검증하는 것이다. 그래서 이 공식을 반정립의 법칙(The Law of Contra Position)이라고 부른다.

A	B	A⊃B	¬B⊃¬A	(A⊃B)⊃(¬B⊃¬A)
t	t	t	t	t
t	f	f	f	t
f	t	t	t	t
f	f	t	t	t

아울러 위의 정식은 하나의 함축이 올바른 관계로 이어져 있는가를 반증하기 위하여 그 함축을 역 추적하는 것이라 할 수 있다. A⊃B일 때 이것은 곧 ¬B⊃¬A를 함축한다는 법칙이다. 명제논리적으로 항상 참인 이 식은 (A⊃B)⊃(¬B⊃¬A)이다.

4) 함축으로의 변형

다음의 왼쪽에 있는 것들은 부정과 혹은 괄호 등으로 이루어진 식들이다. 이 식들은 일정한 변형을 통하여 모두 우측의 명제식으로 변형되고 있다. 우측의 식들은 순전히 부정과 함축 그리고 괄호로만 이루어져 있다. 명제논리학 특성상 이 좌측과 우측의 모든 명제들은 외연이 같다.

(1) $\neg A \lor B \equiv A \supset B$　　　　(2) $A \lor B \equiv \neg A \supset B$

(3) $A \land B \equiv \neg(A \supset \neg B)$　　(4) $\neg(A \lor B) \equiv \neg(\neg A \supset B)$

(5) $\neg(A \land B) \equiv A \supset \neg B$　　(6) $(A \land B) \supset C \equiv A \supset (B \supset C)$

§31 논리적 정방형 도식

진리표에 따른 명제논리의 한 명제에 대한 참과 거짓의 판정은 순전히 도식적 이해를 위한 것이다. 예컨대 각 가능한 경우들의 세계를 단지 참과 거짓에만 의존하는 이해 가능하게 보여준다. 다른 한편으로 진리값의 상징을 단순한 t와 f로 나타내지 않고, 지금까지 보아온 진리표의 형식을 순전히 도형 안에 있는 형태에 의한 기하학적 이해에 도달할 수도 있다.

이러한 진리표현의 직관적 이해를 위하여 각각 1과 0이라는 부호를 도입하기로 하자. 혹은 ＋와 － 의 부호를 도입하여도 마찬가지이다. 그러면 다음의 $p \lor q$, $p \land q$, $p \supset q$, $p \subset q$, $p \longleftrightarrow q$, $p \equiv q$, $p \mid q$, $p \ominus q$ 의 여덟 가지 경우에 대한 그림이 나올 것이다.

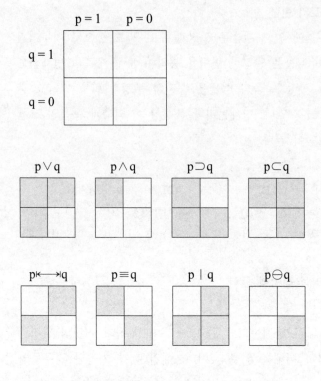

§32 16가지 명제논리학 체계

우리는 이미 지금 까지 명제조작을 위한 몇 가지 중요한 명제의 연결사를 익혀 알고 있다. 이것은 ㄱ, ∨, ∧, ⊃, ∞, ≡, | 들이다. 하나의 잘 정렬된 일정한 명제논리학적인 체계의 조망은 이러한 명제논리적 조작자들을 수행될 수 있을 것이다.

먼저 지금까지 알려진 명제논리학적 체계는 16가지 두 자리 명제논리학 체계가 알려져 있다. 다음 ①의 명제는 이 두 가지의 명제진리의 모든 결합 가능성에 대하여 어떠한 경우에도 거짓으로 판명된다. 반면에 이 두 가지 명제논리학적 진리의 모든 결합 가

능성에서 항상 참으로 판명되는 항진명제 다른 말로는 동어반복의
⑯의 명제가 있다.

p	q	p①q	p②q	p③q	p④q	p⑤q	p⑥q	p⑦q	p⑧q
t	t	t	t	t	t	f	t	t	t
t	f	t	t	t	f	t	t	f	f
f	t	t	t	f	t	t	f	t	f
f	f	t	f	t	t	t	f	f	t
해석		항진명제	A∨B	B⊃A	A⊃B	¬(A∧B)	A	B	A≡B

p	q	p⑨q	p⑩q	p⑪q	p⑫q	p⑬q	p⑭q	p⑮q	p⑯q
t	t	f	f	f	t	f	f	f	f
t	f	t	t	f	f	t	f	f	f
f	t	t	f	t	f	f	t	f	f
f	f	f	t	t	f	f	f	t	f
해석	A∞B	¬B	¬A	A∧B	A∧¬B	¬A∧B	¬A∧¬B	항위명제

5. 기호의 법칙

§33 기호들의 동치법칙

소위 기호논리학의 주요한 법칙이라고 부르는 동치법칙은 일정
한 기호구문에 대하여서만 타당하다. 일상언어의 기호화의 근거에
서 이러한 법칙들의 명제계산을 할 필요는 없다. 다만 이러한 기
호들이 세워지면 이러한 기호들은 기호체계를 이룬다. 이러한 기
호체계 안에서 거의 기계적으로 진리값이 작동되므로 이들의 기호
체계에 대한 어떤 심각한 의미를 추구할 필요는 없다. 진리값은

궁극적으로 둘 중 하나의 환원에서 시작될 터이니 말이다.

　어부의 5센티미터 그물코처럼 다음의 기호 명제논리의 법칙들은 동형동질, 선언법칙, 함축법칙, 그리고 몇 가지 중요한 규칙들을 망라하는 항진명제 체계들이다. 물론 각각의 기호는 일정한 과정을 거쳐서 정형화된 인공언어이지만, 그 뿌리는 자연언어 출신이다. 자연언어에서 인공언어로 가공된 언어이므로 일정한 약속이 있어야 함은 물론이다. 수학자들이 수식을 약속으로 놓는 것과 마찬가지인데, 기호논리학에서는 이러한 공식이 모두 진위를 나타낼 수 있는 명제적 표현들이라는 점에서 다르다.

1) 동형동질 명제

1. $A \equiv A$	동일률의 법칙
2. $\neg\neg A \equiv A$	이중부정의 법칙
3. $\neg\neg\neg A \equiv \neg A$	삼중부정의 법칙
4. $\neg A \equiv A \mid A$	부정의 환원
5. $A \lor A \equiv A$	선언의 동형
6. $A \land A \equiv A$	연언의 동형

2) 선언법칙

1. $A \lor B \equiv \neg A \supset B$	
2. $A \lor B \equiv \neg A \mid \neg B$	
3. $A \lor B \equiv (A \supset B) \supset B$	
4. $A \lor B \equiv B \lor A$	선언의 좌우동형
5. $(A \lor B) \lor C \equiv A \lor (B \lor C)$	선언의 연합

6. $A \vee (B \wedge C) \equiv (A \vee B) \wedge (A \vee C)$ 선언의 배분

7. $(A \vee A) \vee B \equiv A \vee B$ 선언의 제1 흡수법칙

8. $A \vee (A \wedge B) \equiv A$ 선언의 제2 흡수법칙

9. $(A \vee B) \wedge (\neg A \vee \neg B) \equiv (A \wedge \neg B) \vee (\neg A \wedge B)$

10. $(A \vee \neg B) \wedge B \equiv A \wedge B$

11. $(A \vee B) \wedge (B \vee C) \wedge (C \vee \neg A) \equiv (A \vee B) \wedge (C \vee \neg A)$

3) 함축법칙

1. $A \supset B \equiv \neg A \vee B$

2. $A \supset B \equiv A \mid \neg B$ 함축의 환원

3. $A \supset B \equiv \neg (A \wedge \neg B)$

4. $A \supset B \equiv (A \equiv A \wedge B)$

5. $A \supset B \equiv (B \equiv A \vee B)$

6. $A \supset B \equiv B \leftarrow A$

7. $A \supset B \equiv \neg B \supset \neg A$ 함축적 반정립의 제1 법칙

8. $A \supset \neg B \equiv B \supset \neg A$ 함축적 반정립의 제2 법칙

9. $\neg A \supset B \equiv \neg B \supset A$ 함축적 반정립의 제3 법칙

10. $(A \wedge B) \supset C \equiv A \supset (B \supset C)$ 제일 수출법칙

11. $(A \supset A) \supset B \equiv A \supset B$

13. $(A \wedge B) \supset C \equiv (\neg C \wedge B) \supset \neg A$ 삼단논법 제1 반정립 법칙

14. $(A \wedge B) \supset C \equiv (A \wedge \neg C) \supset \neg B$ 삼단논법 제2 반정립 법칙

15. $\neg (A \supset B) \equiv A \supset \neg B$ 반정립 법칙

4) 드모르간 법칙

1. $\neg (A \vee B) \equiv \neg A \wedge \neg B$ 드모르간 제1 법칙

2. $\neg (A \wedge B) \equiv \neg A \vee \neg B$ 드모르간 제2 법칙

3. $A \vee B \equiv \neg(\neg A \wedge \neg B)$ 드모르간 제3법칙

4. $\neg A \wedge B \equiv \neg(\neg A \vee \neg B)$ 드모르간 제4법칙

§34 기호논리학의 추론규칙들

L1) $A, A \rightarrow B \vdash B$ 분리규칙 또는 연역원리(MP)

L2-1) $A, A \leftrightarrow B \vdash B$

L2-2) $A, B \leftrightarrow A \vdash B$ 특수분리규칙

L3-1) $\neg B, A \rightarrow B \vdash \neg A$ 반박규칙 또는 후건부정식(MT)

L3-2) $\neg B, A \leftrightarrow B \vdash \neg A$

L4) $\neg B, B \leftrightarrow A \vdash \neg A$ 특수반박규칙

L5) $A \vdash B \rightarrow A$ 약화규칙

L6) $A \rightarrow (A \rightarrow B) \vdash A \rightarrow B$ 강화규칙

L7) $A \rightarrow (B \rightarrow C) \vdash B \rightarrow (A \rightarrow C)$ 전제전이규칙

L8) $\neg A \rightarrow B \wedge \neg B \vdash A$ 간접인증의 법칙

L9) $A \vdash \neg \neg A$ 안정원칙

L10) $A, \neg A \vdash B$ 비도출성의 원칙

L11) $\neg A, A \vee B \vdash B$ 배타적 삼단논법

L12) $A, \neg(A \wedge B) \vdash \neg B$

   $A, \neg(B \wedge A) \vdash \neg B$ 연언적 삼단논법

L13) $A \rightarrow B, \neg A \rightarrow B \vdash \neg B$ 고전적 딜레마

L14) $A \rightarrow B, A \rightarrow \neg B \vdash \neg A$ 모순에로 환원의 규칙

L15) $A \rightarrow B \vdash \neg A \leftrightarrow \neg B$

   $A \rightarrow B \vdash \neg B \leftrightarrow \neg A$ 대우전향의 법칙

L16) $A \leftrightarrow B \vdash \neg A \leftrightarrow \neg B$

   $A \leftrightarrow B \vdash \neg B \leftrightarrow \neg A$ 대우전향의 특수법칙

L17) $\neg A \rightarrow \neg B \vdash A \rightarrow B$ 대우전향의 전치법칙

L18) $\neg A \leftrightarrow \neg B \vdash B \leftrightarrow A$

$$\neg A \leftrightarrow \neg B \vdash A \leftrightarrow B \qquad \text{대우전향의 특수전치법칙}$$

L19) $A \to B,\ B \to C \vdash A \to C$ 연쇄법칙

L20) $A \leftrightarrow B,\ B \leftrightarrow C \vdash A \leftrightarrow C$

$A \leftrightarrow B,\ B \leftrightarrow C \vdash C \leftrightarrow A$

$A \leftrightarrow B,\ C \leftrightarrow B \vdash A \leftrightarrow C$

$A \leftrightarrow B,\ C \leftrightarrow B \vdash C \leftrightarrow A$

$B \leftrightarrow A,\ B \leftrightarrow C \vdash A \leftrightarrow C$

$B \leftrightarrow A,\ B \leftrightarrow C \vdash C \leftrightarrow A$ 특수연쇄법칙

L21) $A \to \neg A$ 동일률

L22) $\neg(A \wedge \neg A)$ 모순율

L23) $A \vee \neg A$

§35 기호논리의 응용

명제논리학의 체계가 물리적으로 전기적 가치에 의하여 실현된 세계가 디지털 세계이다. 먼저 명제논리학의 체계는 각각 + 혹은 − 전하를 나르는 물리적 단위로 나타내고 측정할 수 있다. 기본적으로 수력을 일으키는 동력은 수압의 차이에 의하여 발생한다. 전압의 고저에 의하여 생겨나는 전기의 흐름의 회로는 바로 명제논리학의 0과 1의 가치를 −, +에 의하여 통제한다. 먼저 변환기는 하나의 입구와 다른 하나의 출구를 갖는 장치를 생각하면 된다. 이런 변환기는 입구의 전압이 높으면 출구의 전압이 낮고, 거꾸로 입구의 전압이 낮으면 출구의 전압이 낮은 일정한 패턴을 갖는다. 간단한 보기로 '혹은'의 문, '그리고'의 문을 상정하기로 하자. 물론 가장 원초적인 문은 '아니' 문이다.

부정 변환기 $A \rightarrow \boxed{\neg} \rightarrow \neg A$

연언 변환기 $A \searrow$
              $B \rightarrow \boxed{\wedge} \rightarrow A \wedge B \wedge C$
              $C \nearrow$

선언 변환기 $A \searrow$
              $B \rightarrow \boxed{\vee} \rightarrow A \vee B \vee C$
              $C \nearrow$

종합 변환기
$A \searrow$
$B \rightarrow \boxed{\vee} \rightarrow A \vee B \qquad \searrow$
$\qquad\qquad \downarrow \qquad\qquad\qquad\qquad \boxed{\wedge} \rightarrow (A \vee B) \wedge ((A \vee B) \wedge C)$
$C \rightarrow \boxed{\wedge} \rightarrow (A \vee B) \wedge C \quad \nearrow$

여기서 선언이나 혹은 연언의 문은 적어도 둘 이상의 입구가 있
으며, 하나의 출구를 갖는 전압의 장치라고 하겠다. 특징은 비록
들어가는 문은 여러 개로 이루어져 있다 하더라도 전압의 출입이
통제되는 한에서 마지막 출구는 하나로 통일되어 있는 점이라 하
겠다. 한강수위를 조절하는 댐의 수위를 적절하게 조절할 수 있는
근거도 바로 이러한 현대 명제논리학의 기호논리적 변환에 의하여
공학적으로 실현된 것이다.

§36 진리나무

기호논리학의 공식들은 여러 복잡하게 얽힌 가운데 형성된다.

그러한 공식들 중에는 잘 정렬된 공식이 있는가 하면 그렇지 않은 공식들이 있다. 마치 나무가 곧게 자란 나무가 있는가 하면 그렇지 않은 나무도 있듯이, 명제논리학의 식도 이러한 나무의 가지처럼 뻗어난다.

우리는 세상의 모든 명제논리와 이러한 나뭇가지를 전부 검사할 수는 없다. 세상에 있는 사람만큼이나 많은 양의 명제나무가 있을 수 있기 때문이다. 특히 자연언어를 통하여 구성한 공식들 중에서는 그 뿌리를 알 수 없거나 그 가지가 분명하지 않은 것도 많다. 그러면 다음의 보기를 통하여 어떤 형태로 진리의 나뭇가지가 성장하여 왔는가를 예시하기로 하자.

잘 정렬되지 않은 공식 :
($\neg$A$\land$B) $\land$C))), ((($\neg$A$\supset$ $\neg$A)$\equiv$C)
잘 정렬된 공식 :
$\neg\neg\neg\neg$A, (($\neg$A$\land$B) $\land$C), (($\neg$(A$\lor$B) $\supset\neg\neg\neg\neg$B)$\equiv$C)

잘 정렬되지 않은 공식은 괄호 치기가 불확실하거나, 문장 결합 범위가 불분명한 것들이다. 잘 정렬된 공식은 이 모든 문장연결사를 제거하면 궁극으로 이 공식 언어 표현의 변항들만 남게 된다. 이와 같이 문장연결사를 제거하는 작업을 나뭇가지 치기라고 부르며, 반면에 문장연결사를 도입하여 마지막 언어 표현으로서 변항까지 취합하는 작업을 나무구성이라고 한다.

나뭇가지 치기의 역은 곧 나무구성이므로 서로간의 분석과 종합의 연관을 갖고 있다. 이를 보여주는 기호논리의 나무의 구성은 다음과 같이 만들 수 있다.

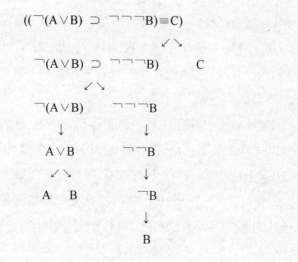

이와 같은 나무 구성의 전체 과정을 훑어 나가면 마지막에는 공식들만 남는다. 나무의 각 줄기의 마디에 공식에 빽빽하게 들어 있다. 각 나무의 마지막 가지는 모두 원자적이다.

하나의 공식 Φ가 Ψ의 나무구성에 나타나면 Φ는 Ψ의 부분공식이라고 부른다. 예를 들어 ¬(A∨B)의 부분공식은 A, B, A∨B 그리고 ¬(A∨B)이다. ¬(A∨B)⊃¬¬¬B)≡C의 부분 공식은, A, B, C, ¬B, ¬¬B, ¬¬¬B, ¬(A∨B), 그리고 ¬(A∨B)⊃ ¬¬¬B)≡C이다.

§37 타당성 결정절차

진리나무의 가지치기가 끝나면 주어진 기호명제체계가 어떠한 궁극적인 구성요소에 의하여 이루어졌는가를 해부할 수 있다. 그와는 달리 명제논리의 결정이론이란, 주어진 한 기호명제논리의 체계가 유의미한지 혹은 무의미한지를 일정한 절차에 의하여 확인하는 것을 말한다. 타당성 결정절차는 기호명제논리학을 좀더 기계적 물리적 방식에 의하여 발전됨으로 계산기이론 형성에 큰 기여를 한다. 주어진 결정을 하기 위하여 추론의 형식을 기계적 방식에 의존하여 처리하는 이론은 훗날 튜링 기계로 발전하였다. 먼저 우리는 참된 전제들로부터 참된 결론이 도출되는 추론을 기호명제논리적으로 타당하다고 말한다. 이때, 과연 임의로 주어진 전제들이 참인지 어떤지를 미리 결정하여야 한다. 주어진 기호명제들이 미리 참인지를 결정하는 절차를 다스리는 이론을 결정이론이라고 부른다. 먼저 임의의 주어진 기호명제가 참인지 결정하기 위하여서는 먼저 얼마만큼의 원소명제가 있는가를 살펴보아야 한다. 그 다음 문장연결 방식이 어떻게 되었는가를 살핀다. 그 다음에 주어진 경우를 체크하기 위하여 가능한 모든 경우를 귀납적으로 택한다. 이러한 체크를 타당성 검토라고 한다. 예를 들어 한 문장 표현 $\neg(C \wedge D) \equiv \neg C \vee \neg D$ 이 있다고 하자. 그러면 (t, t), (t, f), (f, t), (f, f)의 네 가지 경우를 생각한다. 그러면 1차 체크 방식을 이끌기 위하여 다음의 경과를 이끌어간다.

$$\neg(C \wedge D) \equiv \neg C \vee \neg D$$

$$(t,\ t) : \neg(t \wedge t) \equiv \neg t \vee \neg t$$
$$\neg t \equiv f \vee f$$
$$f \equiv f$$
$$t$$

일차적 명제진위 결정과정에서는 참으로 판명되었다. 그러면 두 번째 결정방식을 체크하여 보자.

$$(t, f) : \neg(t \wedge f) \equiv \neg t \vee \neg f$$
$$\neg f \equiv f \vee t$$
$$t \equiv t$$
$$t$$

두 번째 명제 진위 결정방식에서도 역시 참으로 판명되었다. 세 번째 방식도 살펴보자.

$$(f, t) : \neg(f \wedge t) \equiv \neg f \vee \neg t$$
$$\neg f \equiv t \vee f$$
$$t \equiv t$$
$$t$$

마지막으로 네 번째 명제 진위 결정을 하여보자.

$$(f, f) : \neg(f \wedge f) \equiv \neg f \vee \neg f$$
$$\neg f \equiv t \vee t$$
$$t \equiv t$$
$$t$$

마지막 결정에서도 역시 참으로 판명되었다. 이로서 어떠한 문
제시되는 명제논리적인 표현에 대하여 그 진리값의 진위의 결정방
식을 이와 같이 가능한 경우를 정하여서 약식으로 그 절차를 수행
할 수 있다. 다음의 보기에서 이러한 명제논리 진리값의 결정절차

를 알아보자.

$$(C \lor D) \supset (C \land D)$$
$$(t, t) : (t \lor t) \supset (t \land t)$$
$$t \supset t$$
$$t$$
$$(t, f) : (t \lor f) \supset (t \land f)$$
$$t \supset f$$
$$f$$

이 경우에는 거짓임이 드러났기 때문에, 나머지 경우의 절차를 밟을 필요가 없이 여기서 결정절차를 중단한다. 거짓이 드러나면 그뒤의 결정절차는 더 이상 볼 필요가 없다. 함축의 경우에는 전건에 대하여 t와 f를 집어넣으면 단숨에 전체의 함축의 고리에 대한 검사절차를 더욱 간략히 할 수 있다. 가령 A⊃((B∨C)⊃(⌐A⊃C))의 경우 A에 대하여 t 또는 f를 정하므로 다음과 같은 방식으로 결정절차를 밟을 수 있다.

$t \supset (B \lor C \supset (\ulcorner t \supset C)$	$f \supset (B \lor C \supset (\ulcorner f \supset C)$
$t \supset (B \lor C \supset (f \supset C)$	t
$t \supset (B \lor C \supset t$	
$t \supset t$	
t	

즉, 우측은 단숨에 결정절차가 끝난다. 좌측은 진리값의 분배가 이루어지면서 단계적으로 결정절차가 진행되었다.

6. 기호논리의 공리이론

§38 공리이론

명제의 공리체계는 모든 과학이론의 이상적인 형식이다. 공리체계도 기호명제로 이루어지기 때문에, 기호명제를 얻기 위한 이론도 규칙도 기호명제이다. 규칙에 의한 이론들의 정리들이나 명제들은 기호명제 공리체계를 구성한다. 그래서 모든 정리들은 공리들의 논리적 귀결이다. 공리들은 이론의 전체 질료를 포함하며 이론을 공리화한다는 것은 이론의 전체 내용의 체계화이다. 이론의 공리화는 곧 몇몇의 극소의 사용할 수 있는 기호명제들로 경계를 짓고 규정하고 표현한다는 것을 말한다. 공리적인 체계들의 엄밀한 정식화는 하나의 정확하고 그리고 풍부하고 강력한 추론이론을 발전시킨 현대논리학을 통하여 가능하게 된다. 이론들에 대한 기호논리적 공리화의 중요한 공헌은 현대논리학이 하나의 순수한 구문적 귀결개념을 발전시킴으로써 이루어졌다. 거기서 추론이란 하나의 일정한 규칙들에 따라서 일정한 내용들의 표현으로서 명제들로부터 다른 명제들이 산출되게 하는 것을 말한다. 여기에서는 추론의 구문적인 정식화를 통하여 종종 형식적 체계가 내용적인 사고와 결합되어 복잡한 사태들이 엉켜 혼돈을 가져오는 부정확성은 피하여져야 한다.

모든 명제논리학의 체계가 일정한 공리에 의하여 구성될 수 있음을 보여준 것은 1928년 힐베르트(Hilbert)와 아커만(Ackermann)에서이다. 이들 명제논리의 공리체계는 다음과 같이 재구성된다. 먼저 A, B, C, …는 명제 변항이다. 그 다음 문장연결사로서 함축과 부정, 그리고 괄호 치기 ' ('와 괄호 닫기 ') '을 도입한다. 이러한 조건과 전제 하에서 정식화된 다음의 세 가지의 명제논리는 이들은 항진명제로서 하나의 공리체계이다.

공리 (1) A⊃(B⊃A)
공리 (2) ((A⊃(B⊃C))⊃((A⊃B)⊃(A⊃C))
공리 (3) (⌐A⊃B)⊃(⌐B⊃A)

이것을 공리로 받아들이면 (1), (2), (3)에 연역정리와 대입원리를 유한하게 적용하여 임의의 항진명제를 도출할 수 있다.

우리는 위에서 몇몇 명제변환 규칙에 따라서 A∨B는 ⌐A⊃B로, A∧B는 ⌐(A⊃⌐B)로 그리고 A≡B는 ⌐((A⊃B)⊃⌐(B⊃A))로 변환된다는 점을 알고 있다. 이러한 변환의 값은 진리표를 작성하여보면 곧장 알 수 있다. 그러면 위의 정리로부터 A⊃A와 ⌐(⌐A)⊃A를 이끌어보자. 먼저 (2)에 C 대신 명제 변항 A를 대입 내지 투입하라는 표시는 /로 나타내고 대치되어야 하는 기호는 대치되어야 하는 기호의 뒷자리에 적는다. 만약 C를 다른 A 기호로 대치하려면 C / A로 적는다. / 은 대치를 위한 형식적 명령이라는 점에서 투입지령(投入指令)이다.

① {A⊃(B⊃A)} ⊃ {(A⊃B)⊃(A⊃A)} ········공리 (2)에 C/A 대치
② (A⊃B)⊃(A⊃A) ············ ①과 공리 (2)에 연역정리 MP 적용
③ (A⊃(B⊃A))⊃(A⊃A) ····················· ②에 B/B⊃A 대치
④ A⊃A ·························③과 공리 (1)에 연역정리 MP 적용
증명 끝 □
⑤ ⌐A⊃⌐A ·························A/⌐A로 대치 투입하자.

⑥ (¬A⊃¬A)⊃(¬(¬A)⊃A)) …공리(3)에 B 대신 ¬A를 대입
  하라. B / ¬A
여기서 ⑥의 가정이 항진 명제인 ⑤이므로 연역 원리에 의하여
⑦ ¬(¬A)⊃A ……………………… 따라서 증명 끝 □

힐베르크와 아커만은 명제논리의 공리계가 모순이 없음과 완전
성을 가짐을 증명했다.

§39 가 계산 한글공리이론

상기 명제논리학의 공리이론을 가 계산이라고 부르고, 한글의 모
음을 명제 변항으로서 사용한 명제체계를 아 언어라 부르자. 그러
면 힐베르트-아커만의 공리는 다음과 같이 한글변형을 할 수 있다.

가 계산의 공리

공리 (1) 아⊃(야⊃아)
공리 (2) (아⊃(야⊃어))⊃((아⊃야)⊃(아⊃어))
공리 (3) (안아⊃안야)⊃(야⊃아)

규칙 R1) 가 계산 공리에 대한 연역규칙으로서 아, 아⊃야, 에서 야
가 획득된다.

아 명제 언어의 공리도식은 실질적으로 힐베르트-아커만의 (1),
즉 유추적으로 A⊃(B⊃A)에서 온다. 아 명제가 가 계산의 공리인
지 아닌지를 이론에 따라 살펴볼 수가 있다. 가 계산이 하나의 논

리적인 이론이므로, 이런 공리들로부터 정리들의 획득을 위한 규칙들이 논리적인 추론들이라고 말해서는 안 된다. 이 규칙들은 가 계산을 통하여 고정되어야 한다. 즉 가 계산의 아 명제는 단지, 부정과 함축 그리고 괄호로만 이루어졌음을 볼 수 있다. 이러한 아 명제의 충족적 언어 체계는, $A \land B: = \neg(A \supset \neg B)$와 그리고 $A \lor B: = \neg A \supset B$의 도식을 응용한 것이다.

공리 (4) 아∨야: = 안아⊃야
공리 (5) 아∧야: = 안(아⊃안 야)

아 명제는 단지, 부정과 함축과 그리고 괄호로만 이루어졌다. 즉 다시 말해서 우리는 가 계산의 아 명제 언어만으로도 모든 명제 조작 체계를 형성할 수 있음을 볼 수 있다. 이러한 가 계산의 아 명제 언어를 언어의 충족적 체계라고 부른다.

§40 한글구문론

여기서 한글모음 첫 번째 순서인 아 언어를 취하기로 하자. 이는 하나의 표현으로서 몇 가지 기본기호들을 포함하는 명제구문을 갖는다. 이들은 아, 야, 안, ⊃, (,), 들이며, 이를 구성하는 공리는 다음과 같다. 다시 아 언어의 구문규칙을 정리하면 다음과 같다.

(1) 아 언어의 명제 상항들은 아의 기본명제들이다.
(2) 아가 아 명제이면, 안아도 아 명제이다.
(3) 아, 야가 아 명제이면, 아⊃야도 아 명제이다.
(4) 아 명제들은 (1), (2), (3)의 규정에 따른다.

아 언어에 등장하는 가, 나, 다의 명제 변항에 대하여 다음의 구문론이 타당하다.

(5) 가, 나, 다도 아 명제이다.
(6) 안나도 아 명제이다.
(7) 안나⊃가 그리고 나⊃다도 아 명제이다.
(8) 안(나⊃다) 그리고 (안나⊃가)⊃안(가⊃다)도 아 명제이다.

가 계산의 정리와 증명

가 안에서 증명될 수 있는 공리에 대한 정리는 다음과 같다.

① 모든 가 공리는 가 안에서 증명될 수가 있다.
② 규칙 1의 전제들이 가 안에서 증명될 수가 있으면, 규칙 1의 결론도 가 안에서 증명될 수가 있다.
③ 가 안에는 오직 ①과 ②에 따라 증명될 수 있는 명제들만 있다.

아 언어가 가 계산에서 증명될 수가 있으면, 이것을 '⊢가 아'라고 적는다. 그러면 A⊃A의 명제가 가 계산 안에서 '아⊃아'로 증명될 수가 있음을 보자.

㉠ 아⊃((야⊃아)⊃아) ················ 공리 (1)에 대하여, 야/야⊃아
㉡ (아⊃((야⊃아)⊃아))⊃((아⊃(야⊃아)⊃(아⊃아)) ··· 공리 (1)에 (2)
㉢   (아⊃(야⊃아))⊃(아⊃아)) ··· ㉠과 ㉡에 대한
                                규칙 R 적용
㉣   아⊃(야⊃아) ················ 공리 (1)
      아⊃아 ······ ㉢과 ㉣에 규칙
                R 적용

166

이 증명의 보기에서 구문적인 증명방식이 어떠한가를 명백히 볼 수가 있다. 명제의 의미와 명제적 연결어인 ⊃, ⌐의 의미가 이 증명과정에 필수 불가결한 요소이다.

§41 ㄴ 구문론과 의미론

1) 개요

자연어에서 생겨날 수 있는 주어진 문장의 표현은 일정한 진리 문장 만들기의 규칙을 따른다. 모든 언어에 대하여 만약 우리가 하나의 진리문장 만들기를 착수한다면 이 과정은 일종의 어떤 대 단위의 건축현장이나 댐 공사와 같다. 과거의 큰 강을 보면 상류에서의 물줄기가 여러 우회곡절을 거쳐가며 하류에 이르러 마침내는 바다로 들어간다. 나일강 하구에서 센티미터 수량의 높이가 강물의 범람을 측정하는 바로미터이다. 사회경제의 측면에서는 홍수에 의한 피해와 더불어 땅의 비옥을 가져와서 풍작을 기대할 수 있듯이, 언어도 이러한 사회적 역할을 담당하는 측면이 있다. 기호논리학에서 기본적으로 조작하고 사용하는 기호식은 우선 가까운 주변의 자연어에서 따오고 있다. 그러한 표현의 기호식이 참과 거짓으로 그 명제값이 할당되고 있는 한에서는 이들의 형식언어의 문장은 항상 참인 명제가 된다. 이러한 명제들은 항진명제이다. 이러한 동어 반복의 문장들은 하나의 해석을 필요로 한다. 여기서는 비유적으로 한국어의 모든 자연어를 ㄴ 언어라고 부르겠다. 이 ㄴ 언어 안에 들어오는 명제의 요건은 일단 참된 문장들로 구성되어 있다.

강물의 범람을 막고 전력을 얻기 위하여 일정한 댐을 건설하는 작업과 같이 이 언어에 참과 거짓을 배당하는 작업을 식을 U식이라고 한다. 지금까지 흘러오던 강물은 이 댐을 거치면서 전력을 공급하는 새로운 값어치를 갖는다. 소양댐에서 잠수교까지 일목요연한 한강 수위통제 시스템도 이러한 L 언어에서 이해될 수 있다. L 언어는 U식을 통하여 참과 거짓을 배정받는다. 우리가 지금까지 배워온 각종 기호의 식과 명제계산식은 지금부터 U식에 의하여 진리값 배당을 받을 때 진리값을 결정할 수 있다. 따라서 우리의 L 언어에는 두 가지의 문장 집합이 상정될 수 있다. 하나는 감마 Γ 문장이고, 다른 하나의 문장은 Δ 문장이다. 그렇다면, 만약 모든 감마 Γ 문장 $\Psi 1$, …, Ψn의 모든 명제에 대하여 참된 진리값이 할당되어진다면, 그랬을 때, Δ는 감마 Γ로부터 동어반복적으로 귀결된다. 그러면 문장 Δ는 $\{\Psi 1, …, \Psi n\}$의 감마 Γ 문장으로부터 동어반복적으로 귀결된다. 오직 그 경우에만 $((\cdots(((\Psi 1 \wedge \Psi 2) \wedge \Psi 3) \wedge \Psi 4)\cdots) \wedge \Psi n) \supset \Delta$는 동어반복적 조건문이다. 이 감마 Γ 문장의 어느 하나의 참된 원소로부터 Δ로 가는 귀결이 있을 때, 감마 Γ 문장은 진리함수적으로 지속적(truth- functional consistent)이라고 부른다. 그렇지 않으면 진리함수적 비일관적(truth-functionally inconsistent)이라고 말한다.

동어반복적인 문장으로서 만약 Φ가 있어서, 이들 Δ로부터 오는 n개의 $(n \geq 1)$의 서로 다른 문장문자들이 있다고 하자. 그러면 진리값 T와 F는 이들 Δ 안의 문장문자에 대하여 2^n으로 대응한다. T와 F가 Δ의 첫 번째 한 문장문자에 대하여 진리값을 할당하는 방식은 두 가지이다. Δ 명제논리에서 n번째 주어지는 기호에 대한 진리값의 할당 방식은 일반항으로 2^n이다. Δ 명제논리에서 주어진 첫 번째 기호에 대하여 일정한 진리값은 두 가지, Δ의 두 번째 두 문장 문자에 대한 진리값은 네 가지, Δ의 세 번째는 여덟 가지, 네 번째는 열여섯 가지, 다섯 번째는 서른두 가지, 여섯 문장 문자에 대한 진리값 할당 방식은 총 64가지다. $2^1 = 2$, $2^2 = 4$, $2^3 = 8$, $2^4 = 16$, $2^5 = 32$, 그리고 $2^6 = 64$이다.

참된 명제들과 명제논리적 참된 추론들에는 명제들의 의미나, 또한 명제들의 진리가들이 중요한 것이 아니라, 오직 어떤 방식으로 복합명제들의 진리가들이 기본명제들의 진리가에 의존하고 있는가 하는 것이다. 이를 정하고 조작하는 것은 명제 조작 언어들의 정의들에만 의존한다.

하나의 명제논리적 언어 L은 그 자신의 명제논리적 문자들의 저수지에 비유된다. 여기에는 언어들이 p, q, r, …들이 메타 변항들로 등장한다. 명제논리학의 문장연결사로서 모든 언어에 공통적인 도구들이 ($\neg$, $\vee$, $\wedge$, $\supset$, ∞, $\equiv$) 이다. 이들이 모두 L 언어의 어휘를 형성한다. 그랬을 때, 이 L 언어를 형성하는 구문은 하는 구문은 L 언어 안에서 잘 정형화된(well-formed) 표현들, 요컨대 공식들이나 문장들에 의존함을 의미한다. 이를 위하여 다음과 같이 L 언어를 정의하여 보자.

(1) L 어휘 안에 있는 문장문자들은(propositional letters) L 안에 있는 공식이다.
(2) Ψ가 L 안에 있는 하나의 공식이면, $\neg\Psi$ 역시 한 공식이다.
(3) ϕ와 Ψ가 L 안에 있는 공식들이면, 그러면 $(\phi \wedge \Psi)$, $(\phi \vee \Psi)$, $(\phi \supset \Psi)$, $(\phi \infty \Psi)$ 그리고 $(\phi \equiv \Psi)$ 역시 공식들이다.
(4) (1)에서 (3)까지의 구절에 따라, 하나의 유한한 절차에 의하여 생겨난 표현들만이 L 안에 있는 한 공식이다.

이러한 방법에 의하여 준비된 것만이 하나의 공식이 된다.

2) L 문장의 도출들

도출은 증명을 일반화하는 과정에서 나온다. 즉, 하나의 명제 B
는 A1, A2, A3, …, An의 열에서, 가 계산 안에서 도출할 수 있다.
이를 A1, A2, A3, A4, …, An ⊢가 B라고 적는다. 즉 '아⊢가 비'라
고 적을 수 있다. 그러면 B는 또한 가'에서 증명될 수 있다.

가'의 계산은 공리들로서 A1, A2, A3, A4, …, An의 보충을 통
하여 성립된다. A1, A2, A3, A4, …, An을 가정공식이라고 한다.
여기서 B는 영입공식이고, 모든 A1, A2, A3, A4, …, An의 전체
지절에서 규칙 1을 적용하므로 나오는 마지막 지절이다. 다음은
ㄱp를 '비 피'(p의 음가 피에 대하여, 아니 혹은 안을 뜻하는 비
(非) 피로부터)라고 부르자. 그러면 비 피로부터 임의의 기호값의
'박'을 도출해 보자. 비 피로부터 피⊃박의 도출은 다음과 같이 이
루어진다.

① 비 피   가정공식
② 비 피⊃(비 박⊃비 피)   아 공리 (1)
③   비 박⊃비 피   규칙 1(1, 2)
④   (비 박⊃비 피)⊃(피⊃박)   아 공리 (3)
⑤   피⊃박   규칙 1(3, 4)

§42 평가와 인증

기호명제논리적인 진리 개념은 타당성을 가져야 한다. 그러자면
하나의 언어 안에 있는 모든 기호명제들의 명제논리적 타당성을
검증하기 위하여서는 그 언어 안에 있는 모든 명제들에 대하여 참

과 거짓인 가치를 일정한 방식에 따라 인증하고 평가하는 일이 있어야 한다. 이렇게 기호명제들에 가치를 주는 일은 인증이라고 부른다. 그 인증에 대한 검토를 평가라고 부른다. 주어진 아 명제를 인증한다고 하자. 이것은 포도주 생산품이나 혹은 쌀 생산품에 대하여 매년마다 평가와 인증절차를 것과도 같다.

인증 기호를 V로 정하면, V(아) = 참, V(아) = 거짓으로 평가된다. V(아⊃야) = 참임을 인증하였다. 그러면 V(아) = 거짓 혹은 V(야) = 거짓으로 인증되면, V(아⊃야)는, V(아⊃야) = 참으로 평가될 수 있다. 그러면 '돈 있으면 친구 있고, 돈 없으면 친구 없다'라는 언명에 대한 다음의 (A⊃B)⊃(￢A⊃￢B) 공식의 명제를 아 언어에서 인증하고 평가해 보자. 우선 이 명제의 타당성 검토는 인증과 평가를 거쳐서 이루어지는 것이므로, 다음의 논의 대입으로 수행될 수 있다.

(1) (A⊃B)⊃(￢A⊃￢B)

V(A)	V(B)	V(￢A)	V(￢B)	V(A⊃B)	V(￢A⊃￢B)	V((A⊃B)⊃ (￢A⊃￢B))
t	t	f	f	t	t	t
t	f	f	t	f	t	t
f	t	t	f	t	f	f
f	f	t	t	t	t	t

이런 경우는 진리테이블의 세 번째 열에 거짓이 드러났다. 때문에 ⊭ (A⊃B)⊃(￢A⊃￢B)이다. 이 열은 인증 V(A) = 0이고 인증 V(B) = 1인 경우에 그러한 평가가 발생하였다. 이러한 의미에

서 $V(A) = f$이고 인증 $V(B) = t$인 경우는 $(A \supset B) \supset (\neg A \supset \neg B)$이
명제의 반례가 성립한다. '돈 있어서 친구가 있다면, 돈 없으면 친구도 없다'는 주어진 명제논리적 상황에 적용되지 않는다. 따라서 이 기호명제에 대한 타당성 평가는,

(2) $V(\text{아}) \not\models V((A \supset B) \supset (\neg A \supset \neg B))$

따라서 아 언어에 대한 인증을 평가하면, $V(\text{아}) = $ 거짓이다. 이 기호를 읽으면, '돈 있어서 친구가 있다면', '돈 없으면 친구가 없다'는 것이 아니다. 그렇다면 마찬가지로 아 언어가 뜻하는 바에 대한 새로운 해석을 통하여 적절한 인증과 평가를 내릴 수 있다. 즉, 돈이 있거나 혹은 돈이 없거나 하여서 친구가 있고 혹은 없고 하는 것이 아니라는 것이다. 이런 해석의 문장을 기호로 나타내면,

(3) $(A \vee \neg A) \supset \neg (B \vee \neg B)$

이 경우의 타당성에 의한 인증과 평가를 내리면 다음과 같다.

$V(A)$	$V(B)$	$V((A \vee \neg A) \supset \neg (B \vee \neg B))$		
t	f	f		
t	f	f		
t	f	f		
t	f	f		

이것은 새빨간 거짓으로서 항위명제이다. $V(\text{아}) \models \bot$ 이다. 그러므로 이 말은 '돈 없거나 혹은 있거나 하여도, 친구는 있다'이다.

172

이 경우를 보면 '돈 없거나 혹은 돈 있거나 하여도, 친구는 있다'
이므로, '돈 있거나 혹은 돈 없거나 하여도, 친구가 있다'면, 이 말
은 '돈 있거나 혹은 돈 없거나 하지 않다면, 친구가 없다'는 것을
함축한다.

(4) $((A \vee \neg A) \supset B) \supset (\neg(A \vee \neg A) \supset \neg B)$

(4)에서 이 문장공식에 대한 인증과 평가는 다음과 같다.

V(A)	V(B)	V(A ∨ ¬A)	V((A ∨ ¬A)⊃B)	⊃	V(¬(A ∨ ¬A)⊃ ¬B)
t	t	t	t	t	t
t	f	t	f	t	t
f	t	t	t	t	t
f	f	t	f	t	t

야 언어의 (4)의 평가는 평가 V(A)와 V(B)의 모든 경우에 참인
것으로 드러났다. 항상 참인 명제는 항진명제이다. 각각 우연명제,
항위명제로 나타난 아 언어의 명제로부터 야 언어의 명제의 명제
논리학의 공리적 구성이론에 따르면, 상이한 아 야 언어의 해석의
범위에 있더라도 이들을 구성하는 표현들은 대치의 원리와 연역정
리에 의하여 증명될 수 있다. 이 점을 보여주기 위하여 야 언어의
(4) 공식에서 $(A \vee \neg A)$를 간략히 하여 $(A \vee \neg A)) / \phi$이고, B / ψ
로 대치한다. 그러면,

(5) $(\phi \supset \psi) \supset (\neg \phi \supset \neg \psi)$

'돈 있거나 혹은 돈 없거나 하여', '빈대떡이나 부쳐 먹는다'면, '돈 있거나 혹은 돈 없거나 하지 않으면' '빈대떡도 부쳐 먹지 못한다'를 함축하고 있다. 그러나 야 언어의 (5)의 공식은 아 언어의 (3)의 공식과 구조가 같다. 그렇지만 (5)의 공식에 대한 평가는 아 언어의 (3)에서는 거짓인 경우가 발생하나 야 언어의 (4)의 경우에는 참이다. 아 야 언어에서 서로 달리 인증되어 평가되더라도, 이들은 명제논리의 공리에 의하여 새롭게 구성될 수 있다. 즉, ϕ와 ψ에 대해 ϕ/p 그리고 ψ/p의 대치를 만들면 $(p \supset p) \supset (\neg p \supset \neg p)$이다.

(6) $(p \supset p) \supset (\neg p \supset \neg p)$

이것을 진리표에 따라서 평가하면 다음과 같다.

$V(p)$	$V(\neg p)$	$V(p \supset p)$	$V(\neg p \supset \neg p)$	$V((p \supset p) \supset (\neg p \supset \neg p))$
t	f	t	t	t
t	t	t	t	t

곧 항진명제이다. 다시 ϕ를 $p \vee \neg p$, ψ를 q로 대치한다. 즉, $\phi/p \vee \neg p$, ψ/q이다. 이 경우

(7) $(\phi \supset \psi) \supset (\neg \phi \supset \neg \psi) = ((p \vee \neg p) \supset q) \supset (\neg(p \vee \neg p) \supset \neg q))$

이것을 다시 진리표에 의한 타당성을 검토하여 평가하면 다음과 같은 인증이 나온다.

V(p)	V(q)	V(p∨¬p)	V((p∨¬p)⊃q)	V((p∨¬p)⊃q)⊃(¬(p∨¬p)⊃¬q))
t	t	t	t	t
t	f	t	f	t
f	t	t	t	t
f	f	t	t	t

이 명제공식마저 역시 항진명제로 밝혀졌고, 이 일련과정을 정리하면 다음과 같다.

(1) $(A⊃B)⊃(¬A⊃¬B)$

(2) $V(아) ⊭ ((A⊃B)⊃(¬A⊃¬B))$

(3) $(A∨¬A)⊃¬(B∨¬B)$

(4) $((A∨¬A)⊃B)⊃(¬(A∨¬A)⊃¬B)$

(5) $(φ⊃Ψ)⊃(¬φ⊃¬Ψ)$

(6) $(p⊃p)⊃(¬p⊃¬p)$

(7) $(φ⊃Ψ)⊃(¬φ⊃¬Ψ) = ((p∨¬p)⊃q)⊃(¬(p∨¬p)⊃¬q))$

(1)과 (2)에서 참이기도 하고 거짓이기도 한 명제는 우연명제, 그러나 (3)에서 항상 어떤 경우라도 참인 명제는 항위명제라고 부른다.

야 언어체계에서 생겨난 문장표현 공식인 (4)는 항상 참이고, 항상 참인 명제는 항진명제이다. 대치원리는 (4)의 공식을 순전히 형식적 형태에서 보면 구분이 되지 않는 (1)의 공식과 모습이 같은 (5)로 변형시킨다. (5)는 (6)의 항진명제로 변형되고, (6)은 (4)와 형태가 같은 항진명제이다.

아 언어에서의 표현이 야 언어의 표현에서 변환되어 명제논리의 체계가 순수한 구문적으로 서로 독립적으로 발전될 수 있다. 아 언어체계에서의 진리가 야 언어의 체계에서 타당한 의미를 보존할 수 있게 발전이 가능한 것은 대치의 원리와 올바른 인증과 적절한 평가를 가지기 때문이다.

명제논리적인 진리와 명제논리적인 타당성을 명쾌하게 하여 주기 위하여, 하나의 평가 'V'는 하나의 아 언어 혹은 다른 하나의 야 언어를, 만약 V(아) = 참이 타당하면, 아 언어를, 만약 V(야) = 참이 타당하면, 야 언어를 채워준다고 말한다.

7. 모순의 자유와 충족성

§43 모순의 자유

공리이론 가는 가에서 증명될 수 있는 일정한 명제들의 산출을 위한 하나의 계산틀이다. 이 계산을 명제논리의 적절한 이론이라고 부른다. 여기에는 다음과 같은 규칙에 따라 명제가 구성된다.

(1) 가 계산에서 증명될 수 있는 모든 명제들은 명제논리적으로 참이다.
(2) 모든 명제논리적으로 참된 명제들은 가 계산에서 증명될 수 있다.

(1)은 모든 참된 명제의 정식은 곧 모순의 자유에 대한 것이다.
(2)는 참된 명제들이 증명될 수 있음의 정식은 명제의 충족성에

관한 것이다. (1)은 가 계산에서 얻어낼 수 있는 한 얻어낼 수 있는 적합한 명제논리의 이론은 가 계산에서는 명제논리적으로 참된 명제들은 증명될 수 있다. 가 계산 이론은 모순의 자유로 '아⊃아'를 얻고, '가∨안가'에 의하여 언어의 충족성을 얻는다. 나아가 명제의 최대 지속도 얻어낸다.

앞선 구절에서 가 계산에서 모순에서 자유로우면 그들은 명제논리적으로 참되다. 모순의 자유는 각 명제들이나 그들의 표현들이 서로 간에 상충되지 않는다는 것을 의미한다.

이렇게 계산할 수 있는 가 계산 방법에 대한 모든 공리들은 명제논리적으로 참되다. 명제논리적으로 참된 명제들로부터 항상 오직 단지 명제논리적으로 참된 명제들이 산출된다. 그러므로 이 규칙들을 정식화하면 다음과 같다.

① 가 계산에 대한 모든 공리들은 명제논리적으로 참되다.
② 규칙 1에 따라 명제논리적으로 참된 명제는 항상 명제논리적으로 참된 명제들로 생긴다.

즉, A1, A2, A3, ⋯, An → B을 보자. 이 명제는, 만약 A1, A2, A3, ⋯, An ⊢ B가 타당하면, 하나의 명제논리적으로 타당한 추론이다. A1, A2, A3, ⋯, An ⊢ B가 가 계산에서 증명될 수 있으면, 연역공리에 따라 A1 ⊃ (A2 ⊃ ⋯ (An ⊃ B) ⋯)는 가 계산에서 증명될 수 있다.

증명 :
A1, A2, A3, ⋯, An ⊢ B이 가 계산에서 증명될 수 있으면, A1, A2,

A3, …, An-1 ⊢An⊃B도 가 계산에서 증명될 수 있다. A1, A2, A3, …, An-1 ⊢An-1⊃B이 가 계산에서 증명될 수 있으면, A1, A2, A3, …, An-2 ⊢An-1⊃(An⊃B)도 가 계산에서 증명될 수 있다.

이렇게 계속하여 나아가면, A1 ⊢A2⊃(A3⊃…(An⊃B)…)이 가 계산에서 증명될 수 있으면, A1⊃(A2⊃…(An⊃B)…)이 가 계산에서 증명될 수 있다.

메타정리의 도움으로 A, A⊃B로부터 B를 추출할 수가 있다. 이미 비 피로부터 피⊃박의 도출은 보아온 바이다. 이 도출관계에서 A⊃(A⊃B)가 증명될 수가 있다. 하나의 중요한 메타정리는 연역정리이다. 따라서 A1, A2, A3, …, An ⊢ B의 추론이 명제논리적으로 타당하다.

§44 충족성

가 계산은 명제논리적으로 충족적이다. 즉, 모든 논리적으로 참된 명제는 가 계산에서 증명될 수가 있다. 명제들의 하나의 집합 M은, 만약 아 명제가 없으면, **지속적**이다. 그러면 집합 M에서 M ⊢ ㄱ(A⊃A) 명제가 도출된다. 그러나 (A⊃A)는 가 계산에서 증명될 수가 있다. 왜냐하면 ㄱ(A⊃A)⊃(A⊃A)이기 때문이다. 그런데, 만약 A 명제가 있으면, 즉 M ⊢ ㄱ(A⊃A)이다. 그러면 집합 M으로부터 A⊃A 뿐만 아니라, 그의 부정인 ㄱ(A⊃A)도 도출되고 있다. 그러므로 집합 M은 모순을 포함한다. 그러기 때문에 하나의 집합 M은 탄력 있는 고무줄같이, 만약 M이 지속적이면서, 집합 M이 지속적이지 않으면, **최대 지속적**이 된다. **최대 지속적**인 것은 집합 M이 지속적이면서 집합 M 안에 포함되어 있지 않은 모든 명제에 대해 지속하지 않을 때까지 최대로 지속을 뻗친다는 뜻이다.

보조명제

(1) K에서 A가 증명될 수가 없으면, ¬A 명제만을 포함한 집합 {¬A}는 지속적이다.

(2) 지속적 명제집합 M에서, M의 모든 명제들을 포함하는 한 최대 지속 집합 M*이 있다.

(3) 최대지속 명제집합 M*에 대해 M*의 모든 명제들을 정확히 만족시키는 한 평가가 있다.

이 세 가지 보조명제들로부터 K 계산의 명제논리적 충족성을 이끌어내었다. 추론하기를 A가 K 계산에서 증명될 수 없으면, {¬A}는 (1)에 따라 **지속적**이다. (2)와 (3)에 따라서 ¬A를 포함하는 M*의 집합이 있다. 이것은 꼭 M*의 명제, 특별히 ¬A의 명제를 채우는 평가가 있다. 이 평가가 A를 거짓으로 만든다. V(A) = f. (3) 즉 A는 명제논리적으로 참이 아닌 것이다. 여기서 반정립을 통하여 나오는 것은 다음과 같다. 모든 명제논리적으로 참된 명제들은 K 계산에서 증명될 수 있다.

(1)과 (3)의 보조명제의 증명

① A가 K에서 증명될 수가 없다.

{¬A}가 비지속적이라고 할 터이라면, 하나의 명제 B가 있을

터이다. 그럴 터이라면 ￢A ⊢ ￢(B⊃B)가 타당하다. 연역정리로 서 ⊢ ￢A⊃ ￢(B⊃B)를 얻는다. 공리 3)과 규칙 1로서 (B⊃B) ⊢A를 얻는다. 이것은 A가 K에서 증명될 수가 없다는 가정에 모순이다. A가 K에서 증명될 수가 없으면, {￢A}는 지속적이어야 한다.

② M이 한 지속적 집합명제이면, M의 모든 명제들을 포함하는 최대 지속명제 M*을 산출할 수가 있다.

A의 모든 명제들의 길이를 순번으로 잡는다. $M0 = M1$, ⋯, $Mn + 1$은 Mn의 집합의 임의적 n에서 생겨난다. A의 $(n + 1)$번째 명제는, 만약 그들의 명제들이 지속적이라면, 명제 집합 Mn에서 옴을 알 수 있다. 이러한 방식으로 우리는 모두 지속적인 M0, M1, M2, ⋯의 명제들의 귀결을 얻는다.

§45 p 명제 구성

고전명제논리학에서 배중률의 가치는 적어도 19세기 말까지는 심각한 도전을 받지 않았다. 그럼에도 20세기에 이르면서 고전물리학의 상황이 달라졌다. 전통적으로 자명한 것으로 여겨오던 유클리드 기하학의 평행성 공리가 비 유클리드 공리학에 의하여 붕괴되었고, 뉴턴 역학도 상대성이론으로 물리학의 패러다임으로 국면이 변화되었다. 특별히 양자역학의 발달로 고전적으로 참되다고 여겨오던 이가 논리학이 실험과 관찰에서 유지되지 못하는 사태가 일어났다. 그래서 다음의 p 명제의 구성은 이러한 물리적 사태에 대한 이론정립의 시도이다. 먼저 다음의 규정을 살펴보자.

(1) 정의하고자 하는 정의항은 피정의항에 안 나타나는 자유 변항을 가져서는 안 된다.
(2) 피정의항에는 두 개의 동일한 변항들이 나타나서는 안 된다.
(3) 정의항에 안 나타나는 변항은 피정의항에 변항으로 나타나서는 안 된다.

이것은 전형적인 정의의 필수 불가결한 요소이다. 또 이러한 정의는 아리스토텔레스의 고전논리학이 종의 최근류에 의한 종차를 정의라고 보았던 경우와는 전혀 다른 구성이다. 다음은 p 명제 구성을 위한 규칙이다.

규칙
① $p \supset (\neg p \supset q)$
② $(\neg p \supset p) \supset p$
③ $((p \supset q) \supset (q \supset r)) \supset (p \supset r)$

상기 규칙은 명제논리학의 공리로서도 이용된다. 여기서, $p \supset p$ 꼴은 항상 증명 가능하다. $p \vee \neg p$도 항상 증명 가능하다. 그리고 p와 $\neg \neg p$는 항상 서로 간의 반대 측면에서 도출 가능하다. 그러나 이러한 명제의 고전논리학 가치는 고전논리학에서는 참으로 통용되나 새로운 양자물리학 세계에서는 그 타당성을 갖지 못한다. 그 논쟁을 다음과 같은 방식에서 간략하나마 살펴보자. 다음의 명제를 p라고 하자: 광자가 C에 있는 감광체를 향하여 방사된다.

p : 광전자가 C의 감광체를 향하여 쏜다.
q : 광전자가 B₁ 틈을 통하여 C를 때린다.
r : 광전자가 B₂ 틈을 통하여 C를 때린다.

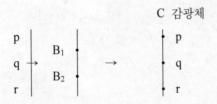

C 감광체

이 실험에서 각 광전자들은 그들의 단위가 서로가 구분이 안 될 지경으로 작다. 그런데 C에 박혀 있는 광전자들을 모두 두 개의 B₁과 B₂의 구멍을 뚫고 들어온 것을 알 수 있다. 요놈은 B₁를 뚫고 들어왔고 저놈은 B₂를 뚫고 들어왔을 것이거나 혹은 요놈은 B₂를 그리고 저놈은 B₁을 뚫고 들어왔을 것이라고 상정하면 될 것이다. 이러한 명제논리학의 결과를 다음과 같이 정식화할 수 있다. 전건은 $p \wedge (q \vee r)$이다. 즉 광전자가 C의 판막에 박혔고 그리고 요놈은 B₁ 틈새를 뚫고 들어와 C에 박혔거나 혹은 저놈은 B₂ 틈새를 뚫고 들어와 C에 박혔거나이다. 이러한 전제로부터 결과를 도출하면 다음과 같은 결과를 얻는다. 후건은 $(p \wedge q) \vee (p \wedge r)$이다.

그런데 이러한 양자론이 탄생하던 20세기 초의 대부분의 학자들은 좀더 심각하게 이 물리학의 사고실험의 결과에 대하여 토론하기 시작하였다. 실험에서 광전자를 방사하기 전의 상태와 방사된 다음의 상태는 다른 차원에 처한다는 관측이 그것이다. 그래서 $p \wedge (q \vee r) \rightarrow (p \wedge q) \vee (p \wedge r)$으로 정식화되던 이 결과를 의심하였다. $p \wedge (q \vee r)$에서 타당하던 논리학의 법칙은 공식은 $(p \wedge q) \vee (p \wedge r)$에서도 동일한 논리학의 법칙으로 타당하게 적용할 수 있는 것이 아니라고 생각한 것이다. $p \wedge (q \vee r) \nleftrightarrow (p \wedge q) \vee (p \wedge r)$이다.

양자론의 실험결과는 $p \wedge (q \vee r)$에서의 논리적 상황과 $(p \wedge q) \vee (p \wedge r)$에서의 논리적 상황에서 동일한 법칙이 적용되는 것은 아니다. 만약 우리가 p, q, r 모두를 서로 서로가 공존 가능한 변항으로 취급한다면 — 즉 우리가 그렇게 해석한다면 —, $p \wedge (q \vee r) \equiv (p \wedge q) \vee (p \wedge r)$이라는 동치를 만들기에 전혀 문제를 발견하지 못할 것이다. 그러므로 여기에는 각 명제 변항이 어떤 서로 다른 이론의 가치를 보존하고 있었던 것이 분명할 것이다. 결국 다른 이론 가치 T_1과 T_2라는 것은 각각 $(p \wedge q)$이거나 혹은 $(p \wedge r)$에 적용될 수 있다.

그러면 이론 가치 T_1을 $(p \wedge q)$ 그리고 T_2를 $(p \wedge r)$에 적용하여 보자. T_1과 T_2가 같다면, $T_1 = T_2$이면, $p \wedge (q \vee r) \equiv (p \wedge q) \vee (p \wedge r)$이고, T_1과 T_2가 다르다면, $T_1 \neq T_2$이면, $p \wedge (q \vee r) \not\equiv (p \wedge q) \vee (p \wedge r)$이다.

8. 비 진리함수 명제

논리적 연결사에 상응하는 $\wedge$, $\vee$, $\rightarrow$ 등의 자연어들 가운데 진리함수의 의미와 관련을 맺지 않는 표현들이 있다. 그러한 자연어들은 진리함수의 조건에 따라 그 의미가 해명되는 것도 아니다. 그들은 명제의 진리테이블의 의미 분석과 일치하지 않는다. 그러나 이러한 문장연결사는 이들이 사용되는 조건과 이들의 표현상황과 관련을 맺는다. 거기서 의미론은 통상적인 의미이론의 마지막 단어가 아닐 것이다. 언어는 쓰임에 따라 결정되는 화용이론이 있기 때문이다. 이 화용이론은 문장의 진리조건과 관련을 갖지 않는다. 적절한 언어사용을 위한 조건의 공부가 곧 화용이론에 약속을 주는 접근이 된다. 화용이론의 두 명의 가장 영향력 있는 대표자가 곧 써얼과 그라이스이다. 이 두 사람은 형식주의에 확신을 갖는 반대자이다. 진리조건의 관점에 놓여 있지 아니한 논리적 연결사들을 검토하기 위하여서는, 그라이스의 대화의 협조원칙이 필요하다. 이 원칙이 의미의 화용이론의 관점을 잘 해명해 줄 것이다.

§46 연언 세계질서

논리적 연언 $\phi \wedge \psi$는 둘 다 참일 경우에 참이라는 것이 진리테이블에서 가르쳐온 바이다. 그러나 다음의 문장의 의미는 연언 진리함수의 의미에서 해석되어서는 안 된다. 이들은 화용이론의 관점에서 이해되어야 한다.

(1) 기표는 신을 벗고 그리고 방에 들어왔다.

우선 이 문장에서 방에 들어오기 위하여 신을 벗은 점은 전혀 문제가 없어 보인다. $p \wedge q$의 연언 질서는 정상이다. 그러나 자세히 보면 여기에는 차이가 존재한다.

(2) 푼수는 방에 들어왔고 그리고 신을 벗었다.

그러나 이 문장은 $p \wedge q$의 연언 질서의 앞과 뒤의 위치 $q \wedge p$로 바꾸어진 것이다. 이 양자의 진리값은 동치이다. 그러나 이때 사용된 q∧p 연언 의미는 논리적 연언 시제논리의 내포적 의미가 게재되어 있다. 옷을 벗고 샤워를 한다면, 이 연언 질서는 정상이지만, 샤워를 하고 옷을 벗었다면, 이 연언 질서는 전자와 전혀 다른 의미양상을 띤다.

(3) 기표는 신을 벗고 그리고 침대에 올라왔으나, 그러나 나는 그가 무엇을 먼저 했는지는 모른다.
   $(p \wedge q) \rightarrow \ulcorner r$

만약 p가 q가 발생한 이후에 발생하였다면, (p∧q) 그리고 (p∧q) → ⌐r 둘 다 거짓이다. 여기서는 그러므로 이러한 명제적 상황에 대한 진리함수에 의한 명제논리적인 접근방법은 옳지 않다. 이 경우 올바른 화용이론적인 접근방법은 진리조건을 조정함으로써 문제를 해결하는 것이다. 여기에 중요한 요소로 등장하는 것이 언어 사용자와 그의 언어 사용이다. 하나의 단어의 의미는 어떠한 적절한 방식으로 그 의미를 사용하느냐에 따라 그 진위 여부를 밝히게 된다. 이러한 언어 사용의 배척 사용의 권리는 과학의 발전에 의존한다.

§47 선언정보

그라이스가 도입한 협조의 원칙은 대화의 가담자가 그의 파트너가 협조적으로 있기를 상정하는 것이다. 모두 공동 목적을 추구하고 의사소통을 추진한다고 상정하는 선언 세계의 질서가 있다. 이 경우 한 언어의 사용자로서 화자는 A와 B 두 가지 사물들에 대하여 정보를 주려고 한다고 하자. A가 B에 앞서 발생하였으면 화자는 AB라고 말하고 싶어한다. 그리고 청자는 협조원칙에 복종하고 있다고 상정한다. 선언 세계의 질서는 이 양자의 선언은 적어도 하나가 참이면 참인 것으로 판명된다. 다음은 광고를 보라.

(1) 학생이나 혹은 선생님인 고객님은 특별할인 혜택을 드립니다.

이 문장에서 '혹은'의 의미는 포괄적 의미에서 사용되었다. 그렇다면 동시에 학생이면서 선생님인 고객님은 여기서 특별할인 혜택을 받을 수 있는가? 이 문장은 동시에 학생이면서 선생님인 고객님에 대한 할인 거절은 의도된 바 없다.

(2) 비가 오거나 혹은 비가 오지 않는다.
(3) 존은 런던에 있거나 혹은 파리에 있다.

여기 이 양자 (2)와 (3)의 경우 선언은 결코 동시에 참이 될 수 없는 상황에 있다. 동시에 둘 다 비가 오고 그리고 비가 오지 않을 수는 없고, 그리고 같은 인물이 두 장소에 동시에 있을 수는 없다. 이러한 경우는 배척선언이 제격이다. 두 개의 선언이 둘 다 참일 수 없다면, 포괄선언도 배척선언과 동일한 결과를 주기 때문이다. 그러나 (3)의 문장은 만약 화자가 어느 하나의 지절이 참임을 알고 있다면, 이 표현의 정보는 감추어진 것이다. 즉 화자는 존이 런던에 있다는 것을 안다. 만약, 어떤 자에게 언제 도시를 떠날 것인가를 물을 때, 화자는 두 시간 이내에 이륙하는 비행기표 티켓을 주머니에 가지고 있다고 하자. 만약 화자가, 오늘, 내일, 모레 혹은 글피 등으로 답변한다면, 청자는 화자가 사용한 선언에 혼동을 느낄 것이다. 화자는 (3)에 대한 더 많은 정보를 갖는다. 그럼에도 화자가 그렇게 처신한다면 한 대화에서 그로부터 기대할 수 있는 것은 별것 아니다. 청자는 화자에게 협조적이고 그리고 올바르게 처신할 것을 요구한다. 그러나 모든 경우에 예외의 규칙으로, 우선 협조적이라는 것이 항상 가능한 정보적이어야 한다는 것은 아니다. 한 체스게임, 증권, 도박 등의 모든 정보에 경과되는 것은 비협조적이다. 그러므로 이런 협조의 특성은 정보를 주기 위한 언어 사용에만 적용된다. 선언의 진위는 화자가 믿는 것에 의존하지 않는다. 진리조건은 의미이론에 속하고, 올바른 언어 사용의 조건은 화용이론에 속한다. 올바른 언어 사용의 조건은 언어 사용자에게 어떤 것들을 믿게 혹은 어떤 사물을 믿지 않게 요구할 수 있다.

그러나 어느 누군가가 선언을 사용하며, 선언의 하나가 참임을 확신하면서 말하는 것은 올바르지 않다는 것이 된다. 다음 무어의 패러독스는 그러한 사실을 뒷받침한다.

(4) 고양이가 매트 위에 있지만, 그러나 나는 그것을 믿지 않는다.

(4)의 문장은 하나의 모순이다. 만약 고양이가 실제로 매트 위에 있고, 그리고 어떤 이유에서 전적으로 화자가 이 경우를 믿지 않는다 하자. 고양이가 매트 위에 있어도 믿지 않는다 하였으니, 그것은 참이다. 또한 아울러 청자의 입장에서 보면 고양이가 매트 위에 없어도, 화자가 거짓인 그 사실을 믿지 않기 때문에, 역시 참이다. 그래서 무어는 이 문장을 올바로 사용할 방법이 없다는 점을 의미론의 최대 문제로 꼽았다. 누군가 정보를 주기 위하여 이

언어를 사용하였다면, 청자는 화자에게 그들이 참인 것을 믿는 사물들만 주장할 것을 요구한다. 또는 화자는 청자에게 그들이 참인 것을 믿는 사물의 주장만 늘여놓는다. 어떤 화자도 혹은 어떤 청자도 (4)가 참임이 확신될 수 없기 때문에, 이런 종류의 문장은 선언의 제2계 비 진리조건의 문장이라 부른다. 화자는 이 선언이 전체로 참이라는 것을 알아야 한다. 그러나 화자는 어느 한 쪽의 선언을— 고양이가 매트 위에 있거나 혹은 매트 위에 없거나— 믿음이 없이 한 선언이 참이라는 것을 말할 수 없다. 한 화자는 한 문장 A의 진술을 올바로 사용하기 위하여, 막 바로 그 경우 청자 L 앞에서 일정한 말하기 규칙을 적용하여야 한다.

9. 다가 논리학

§48 다가 논리학

'하나의 해상전이 내일 일어날 것이다.' 아리스토텔레스는 그의 『해석론』 9장에서 처음으로 미래 우연적인 명제에 대하여 토론하였다. 모든 긍정하는 언명과 그리고 모든 부정하는 언명이 참이거나 혹은 거짓이면, 모든 것은 또한 맞거나 혹은 맞지 않아야 한다. 그렇다면 같은 것에 대해, 한 사람은 그러리라는 것이 맞다고 하고 다른 사람은 그렇게 되지 않는 것이 맞다고 하는 것이다. 이 두 사람 중 어느 한 사람은 참을 말해야 한다. 그의 유명한 논리적 법칙에 따르면 어떤 언명도 참이거나 혹은 거짓이어야 된다. 그렇다면 미래에 일어날 어떤 사건에 대하여 지금 언명한다면 그 언명은 지금 참인가 혹은 아닌가라는 질문이 일어난다. 한마디로 어떤 언명이 천년 후에 타당하여야 한다면, 화자는 그 언명의 진위를 진술하기 위하여 천년을 말하여야 할 것이다. 그럴 필요가 없이 지금 그러한 언명을 결정할 수 있다면 시간도 절약되고 논리적 추론의 간결함도 돋보일 수 있을 것이다. 그래서 이러한 논리적 진리에 대한 다가 가치를 인정함으로써 다가 논리학이라는 새로운 영역이 생겨나게 되었다.

현대의 다가 논리학의 탄생은 폴란드의 바르샤바 학파를 이끈 루카지예비츠에 의하여 처음 탄생하였다. 인간의 무한한 미래의 자유를 위하여 루카지예비츠는 아리스토텔레스의 논리학의 이가성을 준엄하게 비판하고 새로운 논리학의 가치문화를 열었다. 해상전이 내일 발생하는 것은 가능하다. 그러나 해상전이 발생하지 않은 것도 가능하다. 여기서 '내일 해상전이 발생한다'는 이 ϕ 문장은 참도 거짓도 아니다. 혹은 다음과 같은 문장의 표현도 다양한 가치를 보여준다.

(1) 만약 이 ϕ 문장이 참이었다면, 해상전은 필연적으로 발생하였을 것이다.
(2) 만약 이 ϕ 문장이 거짓이었다면, 해상전은 필연적으로 발생하지 않았을 것이다.
(3) 이러한 ϕ 문장 역시 참도 아니요 거짓도 아니다.

여기서 ϕ 문장이 함축하는 것은 $\phi \rightarrow$, 함축하지 않는 것은, $\neg\phi \rightarrow$로 나타내면 이는 다음과 같이 정식화될 수 있다.

(4) φ → 필연적으로 φ이다.

(5) ㄱφ → 불가능하게도 φ이다. 곧 필연적으로 ㄱφ이다.

(6) φ∨ㄱφ이다.

(7) 필연적으로 φ이거나 ∨ 필연적으로 ㄱφ이다.

아리스토텔레스는 (7)의 결론을 피하기 위해 (3)을 거절하였다. 결국 아리스토텔레스는 스스로 어중간한 결론에 기울어졌다.

오늘날에는 (3)보다는 (1)과 (2)의 전제에 어떤 잘못된 것이 있는 것으로 보는 경향이 있다. φ의 진리로부터 필연적인 φ를 추론할 수 없고, φ의 거짓으로부터 필연적인 ㄱφ를 추론할 수 없다. 이 개념을 방어하기 위하여 논리적 필연성의 관념의 분석이 요구된다. 여기의 ½은 제한되지 않거나 혹은 가능한 것의 가치를 갖는다고 하자.

φ	ㄱφ	φ∨ㄱφ	φ → φ	(φ∧ㄱφ)	ㄱ(φ∧ㄱφ)
1	0	1	1	0	1
½	½	½	1	½	½
0	1	1	1	0	1

앞에서 보듯이 선언의 테이블을 보더라도 배중률은 항상 자명하게 유지되지 않는다. 항상 거짓이 나오지 않는다. 그럼에도 어느 한쪽이라도 항상 참이 되지 않는다. 만약 가치는 φ가 ½의 가치를 가지면 ㄱφ의 가치도 역시 ½의 가치를 갖는다. 항상 비결정적이다. 곧 중립적인 가치 ½이 도입되면 φ∨ㄱφ의 배중률은 유지되지 않으며, 모순율은 자명하지 않으며, 오직 동일률만 유지된다.

Φ	Ψ	Φ ∨ Ψ	Φ ∧ Ψ	Φ → Ψ	Φ = Ψ
1	1	1	1	1	1
1	½	½	½	½	½
1	0	1	0	0	0
½	1	½	½	½	½
½	½	½	½	½	½
½	0	½	½	½	½
0	1	1	0	1	0
0	½	½	½	½	½
0	0	0	0	1	1

제 2 장 연습문제

[문제 1]
다음의 언어 표현들을 논리적 연산자 '¬, ⊃, ∨, ←→, ∧, ≡' 와 문자적 기호 A, B, C, … 등을 각각 사용하여 명제논리학 기호로 나타내어라.

(1) 김 사장은 내년도 매출을 200억으로 잡고 있다.
(2) 삼성이 승리하든지 해태가 승리하든지이다.
(3) 음악학원 원장님은 김소라와 윤보람을 잘 안다.
(4) 이 교수는 짜리몽땅하다.
(5) 네가 좌하면 나는 우하리라.
(6) 인생은 짧고 예술은 길다.
(7) 휴일 아침 음악을 듣거나 혹은 늦잠을 자거나 한다.
(8) If you come to London, please call me.
(9) 카인이 죄를 지었고 그리고 아벨은 죄를 짓지 않았다는 경우가 아니다.
(10) 비행기 창 밖의 공기는 보기만 하고 손으로 만지지 않는다.
(11) 창 밖의 나무는 손으로도 혹은 머리로도 그려지지 않는다.
(12) 짱은 쾌활할 뿐만 아니라 유머러스하다.
(13) 이윤이 교수는 전화상 판단을 빨리 한다.
(14) 푼수는 자동차나 혹은 전철과 그리고 버스로 회사로 출근한다.
(15) 태양이 빛날 때, 비가 오면, 무지개가 뜬다.
(16) 날씨가 나쁘거나 혹은 비가 내리면, 등산은 취소된다.
(17) 황사와 그리고 비만 오지 않으면, 외출할 것이다.
(18) 만약 네가 나에게 전화하고, 나에게 온다면, 나는 너를 기다리겠다.

(19) 종수가 바둑대회에 오기만 한다면, 훈수는 거기에 꼭 온다.

(20) 만약 네가 그런 말을 할 때 내가 말하지 않았으니, 내가 말할 때, 너도 말하지 말라.

(21) 만약 소희나 혹은 민자가 오면, 예지가 온다는 경우는 아니다.

(22) 이 백지는 펜으로나 혹은 연필로 써지지 않았다.

(23) 이 돌은 잘 반짝거리지는 않지만, 그러나 단단하다.

(24) 만약 민주나 혹은 진주가 오면, 꼭 점박이가 온다는 경우는 아니다.

(25) 열병과 동영이는 치고 받았다.

(26) 번개가 번득이더니 천둥이 쳤다.

(27) 저 뽕나무는 날 벼락을 맞지 않았다.

(28) 朝 聞 道 夕 死 可 矣.

(29) 딸딸이 아저씨는 경제학이나 법학 어느 학과도 전공하지 않았다.

(30) 잘 모르면 떠들지 말아라라.

(31) 잘 알거나 혹은 아가리 닥치거나 해라.

(32) 모든 대한민국의 국회의원은 남자이거나 혹은 여자이다.

(33) 경희는 시험이 끝나면 음악회로 가거나 혹은 연극회로 간다.

[문제 2]
다음 명제논리식의 진리테이블을 작성하라.

(1) ♩ ⊃ ♪ ≡ ¬(♩ ∧ ¬♪)

(2) A∧B ≡ ¬(A⊃¬B)

(3) (£ ⊃ ♣)⊃(¬♣ ⊃ ¬£)

(4) ¬(○∧●) ≡ ¬○∨¬●

(5) (☺⊃(☼⊃호))⊃(☼⊃(☺⊃호))

(6) (p⊃(q⊃r))⊃((p⊃q)⊃(p⊃r))

(7) ((p⊃r)∧(¬p⊃r))⊃r

(8) $((p \supset q) \land (p \supset \neg q)) \supset \neg p$

(9) $p \leftrightarrow q$

(10) $p \equiv p$

(11) $\neg(p \lor q) \supset (\neg\neg\neg q \leftrightarrow p)$

(12) $(A \land \neg B \land \neg C) \lor (\neg A \land B \land \neg C) \lor (\neg A \land \neg B \land C)$

[문제 3]

"만일 여러분이 커닝하여도 내가 학교에 보고하지 않는다면, 여러분은 커닝하지 않겠다는 것을 약속한 것이다."

① 이 문장을 명제논리의 기호로 옮기고, 그리고

② 이 문장을 대우명제로 변형하고,

③ 그 의미를 우리말로 해석하라.

[문제 4]

아래의 기호식들은 전혀 해석이 되지 않은 것이다. 이 명제들의 진리값을 계산하고 해석하라.

(1) $(A \supset B) \equiv (\neg B \supset \neg A)$

(2) $(A \supset B) \equiv (B \supset A)$

(3) $(A \lor B) \equiv (A \land B)$

(4) $A \supset (B \supset C) \equiv (A \land B) \supset C$

(5) $(A \land B) \equiv (A \supset B)$

(6) $A \land \neg A$

제 3 장

술어논리학

술어는 주어진 대상에 대하여 이러저러하다고 서술하는 것을 의미한다. 존재에 대하여 서술하는 것은 개별적인 것도 있고 여럿인 것도 있다. 우리의 외적인 세계를 구성하는 존재자들은 다양하다. 이러한 존재자들이 서술되기 위해서는 문장형식을 취해야 한다. '그것이 온다!' 이 표현을 보면 그것이 무엇인지는 분명하지 않다. 아니면 그냥 '온다'고 해보자. 분명히 대상이 있긴 있어서 서술되고 있다. 중·고등학교 교실, 혹은 대학 강의실에서도 교사나 교수를 기다리는 학생들 사이에는 흔히들 이 말이 무엇을 의미하는지 서로 통하고 있을 것이다. 그래서 술어는 첫째로 한 문장의 동사와 같은 역할을 수행한다. 술어는 '쨍'하고 '통하였느냐'를 풀어주는 일을 한다.

논리적으로 한 문장이 성립한다는 것은 [주어]와 [술어]와 그리고 [이다]의 구성에 의거한다. 일상담론의 언어적 표현에는 [이다] 없는 문장이 많다. [이다]가 드러나 있지 않기 때문이다. 인도 게르만 어족의 경우에도 마찬가지이다. [이다]가 드러난 경우가 기본형이지만, 반드시 모든 동사에 [이다]가 드러나 있는 것이 아니다. 그러나 우리는 이 경우 [이다]는 [술어]에 교착되어 감추어져 있다고 규정한다. 원초적인 술어가 [이다]이다. 예를 들어 '푼수가 산책한다'는 문장을 보면, 주어는 [푼수], 술어는 [산책한다][이다]. 논리적으로 이 문장을 분석하자면, 이 문장은 [푼수]는 [산책한다 + 이다]로 되어 있다. '푼수가 산책한다'는 문장에 [이다]가 드러나 있지 않다고 하더라도 이 [이다]가 없는 것은 아니다. 그리고 술어 논리학의 더 근본적인 관심은 [( )은 산책한다]라는 문장변형을 통하여 이 빈 항 ( )에 양을 술어의 속성에 비추어서 정하는 데에 있다.

둘째로 술어는 존재자를 서술하는 명사도 술어로 등장할 수 있다. 특별히 이 술어 규정은 아리스토텔레스 논리학에서 타당하다. 왜냐하면 아리스토텔레스 논리학에서 서술하다는 무엇무엇에 대한 것이다. 술어가 명백하게 [이다]이고, [이다]는 [주어]나 [술어] 존재자에 대하여 언명한다. 그래서 술어논리학의 작업은 숨어 있는 빈 항의 속성이나 성질을 찾는 술래잡기와 같다. 술래는 둘러싸인 경계 안에서 돌면서 자신의 수건을 어느 곳이든지 떨어뜨려 놓기만 하면 된다. 그렇기 때문에 수학적 대상은 추상적 존재성을 띤다. 직관적 대상에 대하여 위계를 설정하고 이를 양화하고 통제하는 과정이 펼쳐진다. 추상은 수학적 능력으로 이끈다. 주어진 이야기 공동체는 발화의 지속성, 건전성, 그리고 모순으로부터 자유로워야 한다. 술어논리의 최대 위기는 이러한 공리로부터 판이 깨어지게 되는 경우이다. 이때 주로 역설이 발생한다. 러셀의 유형론, 라이샤의 패러독스 등은 술어논리의 위기를 극복하기 위한 대안으로 생겨난 술어이론이다. 영국의 케임브리지 트리니티 칼리지 정원에는 '잔디에 들어가지 마시오'라고 적혀 있지만 학생들이나 관광객에게나 해당되지, 지위가 있는 소속 대학 펠로우들은 잔디 위를 시위라도 하듯이 지나가기도 한다.

말하자면, 한 스페인의 마을의 한 이발사가 있다. 이 이발사는 직업상 모든 마을 주민들의 머리를 깎아주었다. 그러나 그는 자신의 머리를 깎을 수 없었다. 성경의 『디도서』에도 '모든 크레타 사람은 거짓말쟁이다'라는 표현이 전해지고 있다. 바울이 크레타의 어떤 선지자의 말을 인용하면서 이 사실을 언급하고 있다. 이 언명의 주인공은 크레타 사람이다. 스페인 마을의 이발사의 고민도 마찬가지이다. 이 언명의 주인공은 가면을 쓴 술래의 고민을 갖는다. 그가 상기 언명에 대하여 진술하면 스스로 모순을 일으키는 언명을 하고 있는 것이다. 때문에 술어는 근본적으로 하나의 구조 안에서 빈 항을 열어둔다. 열어둔 빈 항은 그 자리에 들어오는 대상에 대하여 만족하거나 불만적 한 진리충만의 조건을 가진다.

러셀은 이러한 패러독스를 해결하기 위하여 논리주의를 위한 논리전쟁을 이끌었다. 그러나 그는 역설적으로 수학적 귀납 앞에 전쟁을 잃었다. 술래가 남긴 수건은 어느 누구에겐가 다시 돌아가게 되는 것이다. 수건이 떨어지는 곳은 기본적으로 원초적으로 주어지는 것이지, 논리적 유형으로 자꾸만 자꾸만 환원되는 것이 아니다. 이러한 위계의 위계를 낳는 현대논리학의 패러독스의 상황은 괴델의 불완전성 공리가 등장함으로써 진정되었다.

여기서 취급하고자 하는 술어논리학은 구조적으로 열린 문장을 보기로 받아들인다. 한 사람에 의하여 여러 사람이 공감할 수 있는 열린 문장이 있다면, 이 문장의 술어의 양은 명시적으로 정해질 수 있을 것이다. 이 문장의 주어의 빈 자리를 주어의 대상으로부터 임의의 영역으로 확장하는 경우도 가능하다. 이런 경우에는 술어논리의 두 가지 접근방법이 양화의 안정성을 확보하게 되는데, 하나는 유명론적 입장이고, 다른 하나는 무명론적 입장이다. 이러한 접근법이 허용되기 위한 전제조건으로서는 아리스토텔레스의 명제유형의 존재론적 성격이 파악되어야 한다. 여기서 아리스토텔레스 논리학의 존재론은 술어논리학의 배척적 관심대상이지만, 우리가 취급한 불일이불이의 논리학(不一而不二之論理)과 좋은 비교가 된다.

1. 술어의 속성과 양화

§49 술어의 의미

명제논리학은 진리테이블을 일목요연하게 작성함으로써 가장 손쉬운 진리개념에 접근할 수 있다. 이 진리테이블에 올려놓은 각 명제들의 공식은 일정한 훑어보기의 과정을 통하여 테스트할 수 있다. 이러한 테스트 과정은 기계적이다. 하나의 주어진 공식에 대한 증명은 최종적으로 한번에 훑어보는 방식에 의존한다. 각 단계는 규칙에 의하여 지령되며, 그러한 독법은 주어진 단계를 거쳐 하나의 컴퓨터를 위하여 쓰여질 수 있는 하나의 기계적 과정과 같다. 이를 위하여서는 형식 언어 체계의 발전이 요구된다.

그러나 명제논리학이 취급하는 많은 자연언어에 대한 수많은 추론들에는, 단순한 진리테이블만으로는 그 추론의 올바른 타당성을 입증할 수 없다. 이 점이 명제논리학에 대하여 술어논리학이 필요한 이유를 설명해 준다. 논리학의 기초에서 보자면 술어논리학의 말하기는 명제논리학에서의 말하기와는 크게 다르다. 술어논리학에서의 말하기는 소위 도메인을 포함하여 언명의 적용영역이 한정되어 있다. 이 이유는 간단하다. 주어의 양은 술어의 속성의 범위에 달려 있다.

우리는 위에서 명제의 일반 형식을 주어와 술어 그리고 계사로 보아왔다. 일반 문법에서 말하는 모든 동사를 논리학에서는 술어로 새기는데, 술어논리학은 술어 안에 들어가는 사물의 속성은 항상 비어 있지만 곧 채워져야 할 성질로 본다. 일반적인 우리의 문법에서도 가령 '가다'라는 동사가 있다면, 이 동사의 쓰임을 결정하는 대상이 이 동사문장의 주어가 되는 것같이, 술어논리학에서는 이 대상의 양을 정하는 데 관심을 갖는다. 따라서 술어논리학의 대상은 관련 언명의 범위에 관한 지식과 술어적 대상의 성질에 관한 충분하고도 만족한 이해가 뒤따라야 한다. 그렇지 않으면 한 말을 또 하고 한 말을 또 하고 하여도 이해가 되지 않은 채로 남는 경우가 허다하다.

우리는 깊은 산속의 샘물의 빈 바가지와 물과의 관계로서 술어와 그 술어적 성질의 대상의 범위에 대하여 논의한 바 있다. 술어란 빈 바가지처럼 물이 채워져 담겨야 만족하게 되는 그런 것이다. 그래서 술어의 충분하고도 만족스러운 술어논리적 이해란 마치 어머니가 사랑스런 자식에게 '나는 네가 무어라고 말해도 네 편이다'라고 하는 것 같은 간단하고도 단순한 구조를 갖는다. 그래서 술어논리적 언명이란 일종의 구조(structure)를 전제한다. 구조에 입각한 진술의 타당성의 범위가 일정한 영역에 한정되고 있음을 의미한다.

가령 극장의 '미성년자 입장불가'라는 팻말 앞에서 미성년자들은 극장 안으로 들어갈 수 없다. 입장가나 입장불가는 일정한 기준에 의하여 주어진 주제의 현안에 대한 술어논리적 표현이 도사리고 있다. 가령 특별한 학술행사를 기획하기 유명 연사를 초대하려고 할 때, 누구누구가 초대되어야 하는가를 계획하고 실행하는 경우를 상정하자. 거기에는 구조 안에 주어진 술어 표현을 한정하는 작업이 뒤따른다. 법정변론도 마찬가지로 서로가 구조 안에서 진술을 이끌어 가는 한에서 이들 논의의 과정을 단순한 명제논리학의 차원에서만 다루어서는 안 되고 술어논리적인 접근이 필요하다. 술어논리학에서의 표현은 철저하게 언명의 진위의 타당성의 범위에서 술어의 주제대상이 가질 수 있는 양이 조절된다. 대부분 명제논리학에서 주어와 술어의 구조를 갖춘 문장은 하나의 정언명제로 표현할 수 있다. 그런데 술어논리학에서는 같은 명제논리학의 언명이라도 거기에는 술어가 서술하고자 하는 주어의 대상의 양을 드러내지 않고 그 양의 한정하는 과정을 거친다. 가령 다음의 표현을 보자.

(1) 만약 모든 아이는 바둑을 배우고 그리고 철수가 아이라면, 그러면 철수는 바둑을 배운다.

이 문장을 명제논리학의 기호로 나타내면, (A∧B)⊃C이다.

A	B	C	(A∧B)⊃C
T	T	T	T T T
T	T	F	T F F
T	F	T	F T T
T	F	F	F T F
F	T	T	F T T
F	F	T	F T T
F	T	F	F T F
F	F	F	F T F
			① ③ ②

이 명제논리의 문장은 문장과 문장의 연결관계에 올바른 논리적 관계가 유지되고 있는지는 분명하지 않다. 진리테이블에 의하여 드러나는 명제논리의 값이란 기껏해야 이렇고 혹은 저런 우연적 진위 표에 불과하다. ③의 열의 두 번째 줄은 거짓이다.

그런데 이 문장을 자세히 관찰하면, A와 B의 명제의 관계에서 '모든 아이는 바둑을 배운다'라는 문장은 어린이라는 주어에 대하여 모두를 지칭하는 전칭의 양이 등장하고 있다. 이 일반적인 표현에는 어느 누구의 구체적인 아이에 대한 지적은 없다. 그러나 '철수는 한 아이다'의 경우는 철수라는 한 개별자가 언급되고 있다.

'철수'는 하나의 주어의 대상인데, 이 대상에 대하여 '아이다'라는 서술화는 주어의 대상의 속성이 그러하다는 것을 의미한다. 주어의 대상은 철수라는 아이에 대한 서술화를 통하여 직접적으로 '모든 아이'의 양과 관련을 맺게 된다. '모든 아이'에서 '철수'까지는 하나의 사이비 계사의 의한 주＋술의 구조의 연결이 요구된다. 여기에 등장하는 하나의 개별 항의 속성은 곧장 '철수'가 바둑을 배운다는 속성과 일치된다. 그러나 이러한 분석은 명제논리학의 기호 A, B, C의 정함만으로는 나타낼 수 없다. 그래서 A에서 C까지의 논리적 관계를 올바로 유지하기 위한 공통으로 유지되는 주어의 전칭과 존재의 양에서 술어의 범위와 경계가 한정되어야 한다. 이를 위한 수단으로 술어 속성, 상항, 변항 등이 술어의 표현에 구조적으로 도입된다.

먼저 술어란 한 문장에서 주어에 대하여 어떠하다고 진술하는 역할을 갖는다. 가령 'x는 한 남자이다'라는 진술은 먼저 참도 거짓도 아니다. 그러나 x 자리에 소크라테스를 집어넣으면 참이거나 혹은 거짓이 될 수 있다. 이때 이러한 요건은 어떠한 조건 하에서 이러한 표현이 참이 될 수 있는가 하는 주제의 정식화에 달려 있다. 그렇기 때문에 술어논리적으로 말하자면, 멤버들이 죽 둘러앉아 있을 때, 술래가 된 자는 어느 누군가를 자신에 대신하도록 찍어야 술래에서 풀려난다. 하나의 술래를 대신할 수 있는 조건은 누군가를 그 자리에 채워 넣어야 그렇게 된다.

이러한 자리에 집어넣는 기능은 두 가지 방식으로 그 양화를 수행한다. 그 하나는 '있다'라는 존재서술과 다른 하나는 '이다'라는 동일성의 서술방식에는 '어떤'이라는 존재양화와 '모든'에 의한 전칭양화가 있다.

주어진 담론의 체계에는 주어가 있고 그 주어는 곧바로 주어진 사물에 직접적 관련을 맺고 있다. 주어진 대상영역에 대하여 차근차근 그 영역의 도메인을 찾는다. 그 주어진 대상영역에서 현안에 되는 진술의 주어는, 대상의 속성을 포착한다. 주어진 어떤 사태에 대하여 진술하는 서술의 힘은 크다. 아무도 모르는 순간에, 하나의 그 사실을 알고 언명하는 언어작용이 미치는 파장은 대단하다. 그러나 그 언명이 미치는 범위와 한계를 분명히 밝혀야 할 필요는 있다. 더군다나 이것은 어떠한 조건 하에서 하나의 문장이 참이 되는 경우와 관련을 갖기 때문에, 무엇보다 논의의 근거를 제시하는 것이 필요하다. 논의의 근거를 제시한다는 것은 일정한 테마에 대하여 그 테마가 관철하고자 하는 결론의 증명 내지 논증을 위하여 수미일관하게 주장하고 지지한다는 것을 말한다. 예를 들자면,

(2) 해는 지구의 주위를 돈다.

이 언명은 전통적으로 중세에 순수한 사유에만 의존하였던 아

리스토텔레스-프톨레마이오스의 천문학 체계에서는 참으로 여겼다. 이러한 언명의 진술체계에 대하여 다른 하나의 지배적인 대안이론이 있었는데, 그것이 곧 코페르니쿠스의 이론이었다.

(3) 해는 지구 주위를 돌지 않는다.

코페르니쿠스 이론에 따르면 (3)의 명제가 맞다. 이에 갈릴레오는 코페르니쿠스의 이론을 지지하면서, 하나의 새로운 과학적 사실의 추론을 이끌어냈다.

(4) 지구는 태양 주위로 돈다.

곧 (4)의 명제로부터 지동설이 정식화되었다. 그런데 하나의 언명이 다른 언명과 어떤 이론 내지 가설의 체계에 따라서 참 혹은 거짓으로 판명되기도 하는 경우가 발생한다. 이것은 단순히 하나의 명제논리학의 체계에서는 모든 것이 설명될 수 없다. T1의 이론 담지 체계가 T2의 이론 담지 체계와 다르기 때문이다. 그런 의미에서 명제논리에서 정식화되는 문장기호가 어떠한 조건과 어떠한 이론 도메인과 어떠한 범위에서 참으로 입증될 수 있는가를 살펴야 한다. 명제논리의 언명 체계라도 술어논리적 의미에서 하나의 유의미한 언명으로 바꿀 수 있는 것은 술어논리학에서 함수 개념 때문이다. 술어논리의 함수 개념에는 명제논리의 하나의 문장 표현이 유의미하기 위한 문장의 모든 진리값을 충족시키는 빈 자리가 있다.

§50 술어구조의 제한적 의미

술어의 구조란 추상적 집합의 이론적 대상(set-theoretic objects)
이다. 이러한 구조는 사람이 구성하는 것이다. 유명한 수학자 힐베
르트는 '수'를 인간정신의 산물로 보아서 수학의 형식주의를 대표
하였다. 형식주의에 반대한 브로우어의 경우에는 '수'란 직관에 의
하여 파악되는 것이다. 이들의 수의 이론은 곧장 술어의 상이한
구조에 의하여 표현된다고 보아야 된다. 하나의 이론 내에 구성된
모델에 나타나는 술어의 구조는 원래 흐트러져(discrete) 있다고
보는 것이 현대논리학의 정설이다. 흐트러진 곳에 산포하는 곳에
제일 먼저 소위 제일 위계의 술어(the first order predicate)가 등장
한다. 제일 위계의 술어란 명제의 주어의 양을 결정하는 '모두'와
'어떤'이라는 양을 첨가함으로써 생긴다. 가령 '모두'를 이해한 사
람은 '어떤'이라는 단어를 이해한다.

(1) 모든 동해안 사람은 명태를 안다.
(2) 푼수는 명태를 안다.

여기서 (2)는 (1)과 연관하여 '어떤 조건 하에서 참이 되는가'가
이 논제의 요점이다. 만약 모든 동해안 사람이 명태를 안다는 문
장에서 '모두'라는 단어를 이해하는 사람은, 만약 그리고 오직 만
약 푼수가 명태를 안다면, 그가 동해안 사람이라는 점을 추론할
수 있다. 모든 동해안 사람이라는 양화의 범위에 푼수가 들어오면,
푼수는 동해안 사람에 포함시킬 수 있을 것이다. 그러나 이러한
양화 범위의 도메인에는 콘텍스트의 제한(contextual restriction)이

뒤따른다. 어떠한 상황 하에서는 푼수가 전혀 동해안 사람이 아니면서도 명태김치를 알 수 있기 때문이다. 가령 예를 들어 푼수는 마산 사람일 수 있다. 여기에는 양화의 몇 가지 고려되어야 할 사항이 있다.

(3) 푼수는 모든 사람을 사랑한다.
(4) 아무 누구도 푼수를 사랑하지 않는다.

이 경우 (3)에서의 주어의 양이 분배되는 모든 사람의 범위에 자기 자신을 포함시킨 것인지 어떤지는 명확하게 나타나 있지 않다. 그러나 (4)에서 푼수 스스로가 모든 사람을 사랑한다는 경우에 포함되어 있다면, 곧장 (3)과는 모순을 일으킨다. 즉 (3)의 진위는 (4)의 진위와는 분명한 마찰이 있다. 이러한 술어의 위계에 드러나는 콘텍스트의 의미제한의 문제를 구조적으로 해결하기 위해서는, 구조 안에서 참이라는 말을 이해하여야 한다. 어떤 것이 구조이고, 구조 하에서 참인가?

(5) $\phi 1, \cdots, \phi n$은 논리적으로 Ψ를 함축한다.

이 문장은 곧 $\phi 1, \cdots, \phi n$이 구조에서 참이면, Ψ 역시 구조에서 참이다. 이러한 구조의 산포는 흐트러져 있다. 예를 들어, 술어 ϕ의 모두의 양에 철수나 혹은 푼수를 어떤 개별 변항으로, 이 ϕ 구조의 자유 변항으로 세울 수 있다. 이는 술어의 범위에 고유명으로부터 자유 변항이 일어나는 경우이다. 만약 이때 술어 ϕ에 대하여 적합한 할당 g가 있으면, 다른 말로는 ϕ의 모든 자유 변항이

할당 g에 의한 도메인에 적합하다면, 이 경우 제한된 용어(restriction term)는 제거될 수 있다. 곧 고유명에 자유 변항이 도입될 때 제한된 용어는 제거된다.

언어행위란 어떤 현안에 대하여 소견을 갖고 자기 표현을 하는 것이다. 현대논리학에서는 이러한 언명에 대하여 두 가지 견해가 있다. 하나는 논리학이란 본래 명령의 논리학이다. 그러므로 논리학의 언어분석은 궁극적으로 윤리적이어야 한다. 이 분야의 연구로는 종교논리학이 해당된다. 다른 하나의 연구는 영국의 오스틴이 발전시킨 권유의 논리학이다. 그에 따르면 언어행위란 권유적(performative)이다. 이 분야의 연구는 주로 분석윤리학에 타당하다.

종교적이든 윤리적이든, 모든 자기 표현은 술어의 양화와 깊은 관련을 갖는다. 자기 자신이 직접 관련을 갖지 않으면서도, 마치 그 현안과 관련 있는 것인 양 말하는 경우는, 엄격하게 한정이 될 필요가 있다. 자기 관련 표현이 유의미하기 위해서는 그것에 권능이 포함되어 있어야 한다. 자기 자신과 직접적인 관련을 갖는다는 것은 그 표현의 술어적 대상에 발화작용에 포함되어 있는 경우이다. 자기 자신이 말하면서도 자기 자신에 대하여 말하는 것은 '관계적 주어'에 대하여 말하는 경우이다. 이때 관련된 언명 속의 대상은 자신이 상정하고 생각하는 외적인 대상이다. 이 점에서 이 주제는 일종의 논리적 사고의 대상임이 분명하다. 그러나 그 대상이 자신의 표현에서 어떠한 진리기능을 하는가를 먼저 살펴야 한다.

어떤 언명의 의미는 나와 아무 관계가 없다. 그러나 그 직접적 관련은 나의 언어가족적 사촌이다. 나와 언어가족적 사촌과의 관계는 어떤 정신적 관계로 연결되어 있다. 그 언어적 대상과 관련 여부에서 '나'의 주어는 듣는 자로 하여금 그런 대상과 관련이 되어 있다는 표현으로 어떤 메시지를 만든다. 불교논리학에서는 이러한 추론을 자비량과 타비량의 추론으로 구분한다. 자비량의 추론은 논의의 근거가 스스로에 있어서 스스로에 타당하게 적용되는 논의이고, 타비량의 논의는 논의의 근거가 타인에게 전달함을 의도하는 경우이다. 이는 필히 변증법적 성격을 띠면서 고대 6세기경의 한국불교의 원효에서 화쟁론으로 발전되었다.

2. 빈 자리의 양화

§51 존재와 전칭 양화사

존재를 양화하는 것은 먼저 '있다'라는 존재진술의 범위의 양을 확정함으로써 일어난다. 없는 것도 있다고 하고, 없는 것도 있다고 하는 언어표현에 일어나는 형이상학의 문제로 실제로는 산술의 문제이다. 사칙연산에서 일어나는 존재의 양은 음수와 양수라는 수학의 표현에 의하여 나타내어 보여진다. 이 양은 각각 덧셈과 뺄셈의 작용에 의하여 많고 적은 대소의 관계가 드러난다. 각 술어의 구조는 일률적으로 산술화될 수는 없다. 그러나 술어가 일반적으로 취할 수 있는 양의 범위는 도메인의 모두를 의미하는 전칭이 있고, 적어도 하나의 개수를 인정하는 존재의 양이 있다.

먼저 존재진술이 가능한 주어진 범위에서 최소한 어떤 한 사물 x가 있다. 그러면 그 x에 대하여 그것이 어떠하다는 속성을 취한다는 것은 곧 술어의 대상이다. 혹은 x는 술어의 대상영역에 정해진 것이라고 할 수 있다. '어떤 것이 있다'라는 표현은 $\exists xF(x)$로 적는다. 'x가 있다'에 대하여 ∃ 기호를 사용하였으므로, 이 기호를 존재양화사라고 부른다. ∃의 존재양화 기호는 영어의 Exist에서 E의 철자를 우측에서 좌측으로 회전하여 좌우동형으로 생겨난 모습이다.

(1) 어떤 것이 붉다.

이 문장표현은 존재의 양이 등장하였고, 이 존재의 양이 타당하게 적용되는 술어의 범위는 '붉다'는 속성에 걸쳐 있다. 이 경우 '붉다'는 속성을 F라는 기호로 나타내고자 한다. 이것은 '어떤 x가 있어서, 이 x는 F의 속성을 갖다'로 읽는다. 이것은 F( )이라고 적을 때, 이 빈 괄호 안에 붉은 성질의 어떤 유한하게 정할 수 있는 개수를 집어넣으면 곧 F의 식을 만족시킨다. 기호식은 그러나 이러한 긴 문장을 만들지 않고 간략하게 적는다. 그러면 이 문장은 다시 다음과 같이 해석된다.

(2) 최소한 한 사물이 있어서, 그 사물은 붉다고 하는 F의 속성에 대하여 타당하다.
(3) 최소한 한 x가 있어서, x는 붉다는 것이고 그것은 F에 대하여 타당하다.
(4) ∃xF(x)

존재의 양과 더불어 양의 전부의 범위에 x가 적용되는 경우를 상정할 수 있다. 만약 그러한 술어의 대상이 붉다고 한다면 그것은 전칭양화의 표현이다.

(5) 모든 것이 붉다.

(6) 어떤 한 사물이 있어서, 그 사물에 대하여서는 모든 것이 붉은 F
에 타당하다.

(7) 최소한 한 x가 있어서, x는 붉다는 속성을 나타내고, 그것은 F에
대하여 모두 타당하다.

(8) $\forall x F(x)$

전칭양화의 기호는 $\forall$ 로 사용하는데, 이 기호는 영어의 All에서
A 자를 거꾸로 뒤집어 놓은 모양이다. F( )의 이 빈 칸에 F에 속
하는 속성의 모든 개수를 적는다고 하자. 그러나 $\forall$ 라는 기호와
변항 x나 혹은 상항을 이용하면 불필요한 열거를 줄일 수 있다.

§52 속성의 자리들

술어의 빈 자리를 채우는 속성은 특별히 그의 만족도를 요구한
다. 그래서 술어논리적 의미에서의 하나의 진술은 하나의 속성 또
는 속성의 대상에 관계한다.

(1) 이 사과는 맛있다.

이를 술어논리의 문장으로 표현한다면 F(이 사과)이다. 술어
F( )의 빈 자리에 이 사과를 집어넣으면 참된 문장이 된다. 좀더
정확히 표현하자면 칠판에 F를 적고 ( ), 이 ( ) 안에 들어가는
단어가 사과라는 사물을 대표하고 있어야 한다. 이 진술에 하나의
술어논리적 의미를 주자면, 이 '맛있다'는 표현에 직접적으로 관계
하는 사물의 대상, 곧 '사과'가 ( ) 안에 들어 있어야 한다. 그러나

문장기호 ( ) 내부로 사과를 집어넣을 수는 없지 않은가? ( ) 내부에 사과를 넣어둔다 하더라도 먹어버리면 없어질 터이니 완전한 문장이 생기기는 어려울 것이다. 설령 ( ) 안에 사과를 완전무결하게 둔다 하더라도 천년이고 만년이고 보존되리라는 보장은 없다. 이는 환경문제와 관련하여 핵폐기물이나 그밖에 쓰레기를 아무리 완결하게 봉하여 자연으로 버린다 하더라도 문제가 남는 것과 비슷하다. 프레게는 그런 의미에서 술어논리학을 좀더 존재론적으로 플라톤의 입장에서 규명하는 데 열심이었다. 이런 언명의 의미의 문제와 관련해서는 약간의 술어논리적 근거 주기를 통한 숙고를 필요로 한다.

(2) 어떤 사과는 썩었다.

이 표현에는 어떤 것이 있다는 양화가 자리잡는다. 벌레가 파먹어서 썩은 것이다. 그렇다면 F 대신 G를 넣어서 G(이 사과)를 적는다면 술어속성의 컨텐츠가 무엇인지는 알 만한 경우는 다 알 수 있는 것이다. 이 경우는 차라리 G( )라고 비워두어야 편할 것이다.

(2)의 언명에서의 술어는 (1)의 언명에서의 술어와 비교하면 질적인 차이를 갖는다. 하지만 F( )나 G( )는 단가 술어로서 그 구조적 차이는 없다. 똑같이 술어논리의 구조적 차이를 보이지 않는 것으로 다음의 보기를 보자.

(3) 어떤 사과는 익었다.

이 (3)의 표현은 H(이 사과)로 하면 (1)의 F(이 사과)와 (2)의 G
(이 사과) 표현과 비교하여 그 기호논리적인 구조상의 차이란 없
다. 전자가 대상의 부정적인 속성으로서 벌레 등의 원인에 의하여
썩었다는 것이라면, 후자의 경우에는 사과의 특성을 잘 드러내는
익었다는 긍정적인 속성이 존재한다는 것이다. 술어논리적으로 이
속성에 대해서는 구조적 차이가 없다면 대상 자신을 자세히 살펴
보면 어떻겠는가? 하나의 대상은 쭈글쭈글하고 먹기가 싫은 것이
지만 후자는 달콤하고 새콤하여 먹기가 좋을 것이다. (3)의 표현은
(1)의 표현을 함축하고 있지만, 그러나 또한 (2)의 표현의 함축을
배제할 수는 없다.

술어의 속성의 유의미한 진술에 의한 문장표현을 검증하기 위
하여, 사과 광주리에 넣어둔 모든 사과를 하나하나 꺼내어서 맛을
보는 일은 경험적으로 번거로운 일이다. 이를 피하기 위해, 약간은
경험에 앞선 어떤 직감을 필요로 한다. 직감이 어떤 썩지 않은 사
과를 골라 맛보게 하는 데 도움은 주지만 역시 결정적인 해결책은
아니다. '어떤 사과는 썩었거나 혹은 썩지 않았거나 혹은 익었거
나'라는 표현은 주어진 사과의 속성에 관련하는 것이지, 사물 자신
과 관련하는 것은 아니다.

술어논리식의 대상 상항을 규정하고 그 양의 범위를 정하는 작
업은 술어논리적으로 한량의 대상이다. 굳이 술어 기호 구조가 보
여주는 것은 각각의 앞의 술어논리식 F(x), G(x), H(x)에 ∃x 혹
은 ∀x를 갖다 놓음으로써 범위를 정하는 일이다. 그래서 술어의
속성만으로는 술어논리식이 성립하지 않고, 그들의 양이 한량되었
을 때에서야 비로소 정식의 의미를 갖는다.

술어 대상의 서술화는 그 양이 명시적으로 지칭되어야 한다. 이

러한 명시적 지칭이 경계지어지는 것은 지금까지 감추어져 있다가 일부만 드러나거나 혹은 전부 드러나거나 혹은 단항으로 드러나거나 한다. 이와 같은 술래잡기 논리전략에서 하나의 술어자는 자신의 빈 자리를 채울 항목을 정하여야 한다. 이 빈 자리에 들어오는 항을 논의, 논항, 논변 등으로 부른다. 하나의 논의가 등장하는 경우는 일가 술어, 둘의 논의를 갖는 경우 이가 술어, 그밖에 셋 이상의 논의를 갖는다면 다가 술어라고 부른다. 일상 자연언어에서 술어란 동사의 역할 이외에 다른 것이 아니다. 술어가 내어놓는 빈 자리는 하나일 수 있고 둘일 수 있고 여럿일 수 있는데, 이러한 술어대상의 자리에는 개별 상항이 등장하기도 한다. 이 경우 개별 상항은 특정한 대상이므로 한 직선의 공식은 $y = ax + b$에 이 직선의 기울기와 절편을 결정하는 a와 b와 같은 상항적 의미를 지닌다.

(4) 소크라테스가 달린다.

술어가 '달린다'이면 이 술어는 단 하나의 논의로서 '소크라테스'를 갖는다. $R(a)$가 되는데, 이것을 일가 혹은 모노(mono) 술어라고 한다.

(5) 푼수가 달을 본다.

이 문장에서는 '본다'라는 술어자에 대하여 두 개의 논의들이 등장한다. $S(p, m)$이 된다. p가 푼수이고 m이 달이면, '본다' S 술어는 두 개의 논의를 데리고 다니므로, 이는 이가 술어이다.

(6) 푼수는 달님에게 꽃을 준다.

이 문장에서는 '준다'라는 술어자에 대하여 푼수, 달님 그리고 꽃이라는 세 개의 논의들이 등장한다. 이러한 술어를 다가 술어라고 부른다. 술어는 논의를 받아들이기 위하여 언제나 주어 자리를 나름대로 열어놓아야 한다. G(p, m, f)라고 적을 수 있다. 여기서 적는 m과 f의 순서는 우리 문법과 영문법의 어순상 다소 임의적이다.

전체적으로 술어대상의 빈 자리는 다른 말로는 주어 자리에 만족이 되어 적중되는 곳은, 항상 술어의 자리값에 따라서 결정된다. 이러한 빈 자리를 논의 자리라 부르고 이 빈 자리를 메우는 논의의 차지를 술어의 자리매김이라 부른다. 술어 문장유형이 하나의 온전한 문장을 이루어 가는 것, 주어의 빈 자리를 채워나가는 것을 본다면, 명제논리학의 환원 입장에서는 모든 기능자 내지 함수자, 다른 말로는 술어자들은 명제 규정적이라 말한다. 다른 말로는 모든 술어적 표현은 결국 명제논리로 환원되어 간다고 보는 것이다. 다른 한편으로는 이러한 술어의 논의를 통한 자리매김을 모든 이름을 규정하는 기능자, 함수자, 다른 말로는 술어자들의 관계 내지 계급으로 보기도 한다. 이러한 입장을 술어 및 관계 논리적이라 부른다.

§53 술어논리식

이제 우리는 술어의 대상의 속성을 나타내는 기호를 알았고, 술어식의 뒷자리에 비워두는 빈 괄호의 의미를 알았다. 이 빈 자리는 채워져야 될 자리이고, 아울러 채워지는 대상들은 곧장 그의 술어식을 만족시킴에 있어서 존재의 양을 갖거나 혹은 모두의 양을 갖는다. 그렇다면 일반적으로 일상생활의 언어에서 등장하는 술어논리식의 문장표현들을 기호식으로 나타내는 작업모델을 설정하여 보자.

이를 위하여 술어대상의 성질을 나타내는 술어논리식은 F, G, H 등의 대문자로 사용하기로 한다. 이들 술어논리식의 빈 자리에는 일정한 술어 상항 내지 대상 상항이 등장한다. 이러한 상항은 명제논리학의 직선방정식에서 보았던 것처럼, 직선의 기울기나 절편이 하던 역할과 같이, 술어논리학의 식에서도 일정한 상항의 역할을 담당한다. 이러한 상항들은 a, b, c 등 소문자로 사용한다. 술어 변항도 마찬가지로 x, y, z 등으로 사용하기로 한다. 특정한 술어구조의 해석 하에서 술어 상항은 대상 상항뿐만 아니라 개별 상항, 술어 변항은 대상 변항과 더불어 개별 변항으로 혼동하여 쓰기로 하겠다.

예를 들어 '연구실의 창 너머 향나무는 사시사철 푸르다'는 진술을 보자. 이 관찰에 의하면 '푸르다'는 사물의 속성은 대상이 지정될 수 있는 것이고, 대상이 지정된다면, 일정한 상항의 의미를 부여할 수 있다. 왜냐하면 다른 향나무의 의도적 대상과 구별이 되어야 하기 때문이다. 이런 점에서 개별 상항, 대상 상항, 술어 상항은 콘텍스트 의존적 표현에 불과하다. 사물의 대상의 속성을 정하기 위하여 술어논리학에서도 원자명제가 있다. 그러나 전통적으로 가장 중요한 것은 아리스토텔레스에 따른 네 가지 유형의 전통적 양화명제 그리고 사물들과의 관계를 나타내는 관계명제들이다. 술어논리적 말하기의 콘텍스트는 내포적이나, 아리스토텔레스의 네 가지 명제 유형은 표준적 언명의 연장의 진술을 취급하기 때문이다.

술어문장의 구성요소를 살펴보면 거기에는 주어의 명명 또는 지명과 관련되는 개별 상항이 있다. 이 개별 상항은 한 개인이나 혹은 한 대상의 존재자와 관련한다. 이런 존재자들은 먼저 단순히 '…이 있다'로서 포착되고 있는 것은 아니다. 그러그러한 성질 내지 속성은 '존재한다'라는 표현에 어울리게 된다. 여기에 반하여 술어 상항은, 혹은 술어 문자는 존재자들을 가지거나 혹은 갖지 않는 속성에 관계한다. 예를 들어 '창호는 먼동이보다 크다'라고 하면 창호나 먼동은 개별 상항이다. 이러한 개별 상항으로서의 존재자들은 술어가 갖는 대상의 속성에 관련할 때, 술어 상항으로 불리기도 한다. 다음의 경우는 술어 상항이 개별자의 속성에 관련되고 있다. 이 보기는 카르납의 경우이다.

(1) 환자의 온도는 t 시간에 39도이다.

이 문장을 술어식으로 나타내기 위해서는 $P(x) \wedge F(x, t)$라고 적는다. 이는 x가 P의 술어를 갖는다는 것을 의미한다. 곧 x는 환자이고, t시간에 특정온도를 갖는다. 만약 이 환자 x의 계급이 확정적이면, x는 t 시간에 그의 온도가 39도임을 단언하고 있다. 물론 이때 술어대상 F는 39도의 속성으로 주어졌다는 것을 의미한다. 가령 다음의 경우를 보자.

(2) 단풍이 물들었다.

이를 F(x)∧C(x)라고 적을 수 있다. x가 단풍이라는 대상 속성을 F를 지녔으며, 그리고 이 x는 물들었다는 C에 대한 술어대상의 속성으로 줄 수 있다. 그러나 이러한 술어식 F나 C의 빈 자리 ( )는 닭장의 꼬꼬댁거리는 소리와도 같이, 한량의 범위와 대상에 별다른 주의가 요구됨이 없이 그 구조적 만족을 채울 수 있다.

§54 논의와 논의 자리

논의 자리는 술어의 빈 자리를 유의미하고 명시적인 술어의 대상 상항 내지 변항으로 자리매김한다. 다시 가장 기본적인 일차 함수 $y = ax + b$를 보자. 이 막대기에 해당되는 이 직선의 공식은 x라는 변항에 대하여 어떻게 하나의 함수 y가 대응하는 것을 보여준다. 여기서 함수 y는 일종의 하나의 수학적 대상에 대한 표현으로서 논리적으로는 역시 하나의 술어에 해당된다. $f(x) = y$에서 빈 자리를 채우는 하나의 x의 자리의 현안에 대한 언명으로서 일정한 대상에 대하여 어떠하다고 진술하기 때문이다. 가령 또 하나의 표현으로서 $x^2 = y$일 경우에, 만약 $y = 4$라는 구체적인 값을 가진다고 가정하자. 어떠한 x가 이 구체적인 4라는 수의 등식을 만족시킬 수 있는가? $f(x) = y$에서, 이것은 간단하게 $+2$와 -2라는 숫자이다. 이 $+2$와 -2가 바로 y의 함수값을 만족시키는 논의가 된다. 여기서 술어가 함수의 값을 만족시킨다는 만족의 개념은 매우 중요하다. 우리는 어떤 성질의 개수가 빈 자리를 채워야 만족되는가 할 때, 이 빈 자리를 채우는 항을 이미 논항 또는 논의라고 불렀다. 하나의 산길을 따라 여행하며 비록 구불구불하여 이어진 길이라 할지라도, 하나로 가지런히 이어놓으면 직선이 된다. 이 길에서 목을 축이기 위해 처음으로 목마른 샘터를 찾았다면, 이 샘터의 빈 바가지와 샘물 한 모금 사이에 만족과 채움이 놓인 것이다.

(1) 시저는 갈리아를 정복한다.

이 문장을 분석하면 '시저는'과 '… 갈리아를 정복한다'이다. 두 번째 부분에서 '…'는 빈 자리를 나르고 있다. 이 빈 자리에는 고유명사가 나올 것이다. 이러한 빈 자리는 논의가 들어서서 자리를 채울 때까지 불포화 상태에 있다고 한다. 불포화 내지 불만족스러운 상태에 있다는 것이다. 이런 빈 자리를 채워 만족시킬 수 있는 논의의 의미는 함수이다. 프레게는 시저를 이 함수의 논의라고 부르고 있다. 즉 논의는 어떤 불포화 상태의 빈 자리를 채우는 항으로 항상 열려 있는 대상과 함께 나타난다. 대상은 함수가 되지 않는 모든 것이나, 이 대상은 빈 자리를 수반하지 않는다.

(2) 서울은 대한민국의 수도이다.

가령 '서울'은 하나의 고유명사이며, 그리고 하나의 대상을 의미한다. 이 대상은 '…의 수도'이다. 이때 '의'는 소유격을 나타내는 조사인데 여기에 불포화 상태가 드러난다. 반면에 '대한민국'은 그 자체로 완결된 표현이다. 여기에 'x의 수도'라고 하면 이것은 하나의 함수의 표현이다. 이 x의 자리에 투입되는 것은 곧 논의이다. 이 경우 논의는 '대한민국'인 것이다. '대한민국의 수도'는 다시 그의 논의로서 '서울'을 필요로 한다.

술어의 자리를 채우는 것은 논의가 투입되는 경우이다. 이 술어의 자리를 수학에서는 함수라고 여긴다. 이러한 함수의 기능은 일반문장에서 술어로 나타난다. 일상문장에 이 술어의 빈 자리가 세 개가 있는 다항의 술어로 있는 경우를 살펴보자.

(3) 황해는 중국과 한국 사이에 있다.
(4) ( )은 중국과 한국 사이에 있다.
(5) 황해는 ( )과 한국 사이에 있다.
(6) 황해는 중국과 ( ) 사이에 있다.
(7) ( )은 ( )과 한국 사이에 있다.
(8) ( )은 중국과 ( ) 사이에 있다.
(9) 황해는 ( )과 ( ) 사이에 있다.
(10) ( )은 ( )과 ( ) 사이에 있다.

여기에 빈 칸을 메울 논의가 하나인 (4)와 (5)와 (6)은 일가 술어, (7), (8), (9)는 두 개의 논의를 취하는 이가 술어, (10)은 세 개의 논의를 갖는 삼가 술어이다. 일가 술어를 표시해 주기 위해서는 먼저 술어, 위의 경우 '사이에 있다'를 'R'로 정하자. 그러면 R 술어 다음에 R( )처럼 빈 자리가 생기고, 이 빈 자리 ( )를 채우는 항은 논의가 된다.

3. 전통논리와 존재론

§55 아리스토텔레스의 명제 유형

아리스토텔레스의 논리학은 계급의 논리학이다. 뿐만 아니라 아리스토텔레스 논리학은 2천여 년 이상을 내려오면서 확고한 존재론으로 자리잡았다. 왜 아리스토텔레스 논리학이 존재론이냐 하는 점은 앞으로 보게 될 불일이불이(不一而 不二)의 논리학에서 살피게 될 것이다. 아리스토텔레스 논리학을 공리화하려는 시도는 오늘날 현대논리학에 이르러 거의 만족할 만한 수준으로 이루어졌다. 상대적으로 아리스토텔레스 논리학은 현대논리학의 아주 작은 부분으로 전락하게 되었다. 그러나 아리스토텔레스 논리학은 철학적으로 대단히 중요한 의미를 지닌다. 그의 논리학은 존재론의 함축이 없이는 풀려지지 않기 때문이다.

우선 아리스토텔레스의 계급의 논리학은 계급의 대상을 외연적으로 확장함으로써 만들어진다. 아리스토텔레스는 이 계급의 논리학을 창시하면서 각각 주어와 술어와 그리고 계사로 이루어진 문장유형을 만들었다. 그가 만든 문장유형에는 고유명사가 한 표현의 주어로 등장하지 않는다. 철저히 계급의 논리학을 다루었기 때문이다. 우선 그는 한 명제적 표현에 질과 양을 구분한다. 한 명제적 표현의 질은 긍정과 부정, 이 두 가지뿐이다. 여기에 반해 한 명제의 양은 보편적이거나 혹은 개별적이거나 두 가지이다. 그렇다면 명제유형은 총 네 가지가 된다. ① 보편긍정명제, ② 개별긍정명제, ③ 보편부정명제 그리고 ④ 개별부정명제가 그것이다.

하나의 명제의 내용을 긍정하거나 혹은 부정하거나 하는 것은 우리들이 근본적으로 명제를 대하는 근본태도이다. 어떠한 명제의 판단도 받아들이는 자에게는 긍정 혹은 부정뿐이기 때문이다. 만약 그 어느 한 방향으로 정한다면 그 명제의 유형은 일정한 전체의 명제유형에 비추어서 일정한 의존관계에 서 있다. 그래서 보편긍정과 보편부정 그리고 개별긍정과 개별부정, 또한 보편긍정과 개별긍정, 보편부정과 개별부정, 아울러 보편긍정과 개별부정 그리고 보편부정과 개별부정 사이는 일정한 의존관계에 놓여 있다. 아리스토텔레스의 형식논리는 이러한 각 명제들 사이의 의존관계를 지배하는 법칙으로 구성되어 있다. 그러면 먼저 각 명제유형별로 살펴보기로 하자. 보편긍정명제는 '모든'이라는 양을 앞세운 판단형식으로서 A 명제라고 부른다.

A 문장유형
(1)-1 각각의 개는 한 동물이다.
(1)-2 모든 개는 한 동물이다.
(1)-3 한 개는 한 동물이다.

(1)-1은 각계 각층을 의미하는 영어의 each에 가깝고, (1)-2는 각계 각층의 사람들을 모은 모든 사람인 all에 가깝다. (1)-3에서 하나의 양은 전통적으로 전칭으로 취급하여 왔다.

I 문장유형
(2) 어떤 개는 한 동물이다.

'어떤'이라는 양을 앞세운 판단 형식을 갖는 문장은 I 명제라고 부른다. A 명제와 I 명제의 차이는 개와 동물에 대한 서술로서 표현상으로 등장하는 양적인 차이만을 갖는다. 아리스토텔레스는 이 점에 착안하여 A 유형의 명제가 참이면, 저절로 I 유형의 명제도 참인 것으로 따라온다고 생각하였다. 이 생각은 아주 단순하다. 열 마리의 개를 가지고 이들 개에 일반적으로 타당한 속성이 있으면, 어떤 개도 그러한 속성을 자연히 지니고 있다는 것이다. 그래서 A

명제가 참이면 I 명제도 덩달아 참이 된다는 규칙을 일컬어 하위임의 변경(sub-alternation)이라 불렀다. A 명제의 참이 I 명제의 참을 부대적으로 데리고 다닌다는 것이다. 다음은 임의적으로 아리스토텔레스의 명제유형에 맞추어 변형시킨 보편부정명제의 유형이다.

E 문장유형
(3)-1 각각의 개가 한 동물은 아니다.
(3)-2 모든 개가 한 동물은 아니다.
(3)-3 어떤 개도 동물들은 아니다.

E 명제유형은 보편긍정명제에 대하여 대칭적이다. 보편의 양이 서로 정반대의 극을 달리고 있다. 그래서 먼저 말할 수 있는 것은 A 보편긍정명제에 비교하여 서로가 반립하고 있다. 그래서 여기서는 이를 대당 반립이라고 부르겠다. A 명제유형과 E 명제유형은 동시에 참이 될 수 없다. 여기서 중요한 조건이 동시라는 것이다. 곧 형이상학적으로 이 양자는 동시에 참이 될 수 없다. 이에 반하여 E 명제유형은 I 명제유형에 대하여 서로가 모순적이다. E 명제유형이 참이면, I 명제유형은 거짓이다. 거꾸로 I 명제유형이 참이면, E 명제유형은 거짓이다. 이와 같이 양자의 명제유형은 서로가 모순관계에 있기 때문에, 대당 모순관계라고 부른다. 다음은 O 명제유형을 살펴보자.

O 문장유형
(4) 어떤 개는 한 동물이 아니다.

O 명제유형은 술어의 어떤 개별적인 양이 주어에 대하여 부정된다. 술어의 어떤 개별적인 양은 주어의 속성에 대하여 타당하게 적용되지 않는다는 것이다. 이 표현을 현대 기호논리적으로 나타내면 다음과 같을 것이다. 만약 어떤 x가 있다고 하자. 이 x는 개의 속성을 지닌다. 이 개의 속성을 지닌 x는 동물의 속성에 속하고 있지 않다. 만약 그런 x가 있다면 이 x는 도깨비나 혹은 귀신 같은 것이다.

O 명제유형은 E 명제유형으로부터 뒤따라 참이다. E 명제의 표현이 참이면, O 명제유형의 표현도 덩달아 참이다. 그리고 O·명제유형은 I 명제유형에 대하여 동시에 서로가 참일 수도 있고 그리고 서로가 거짓일 수도 있고, 또한 서로가 엇갈린 참과 거짓일 수도 있다. 이 양자는 서로가 소당 반립을 하고 있다. 아울러 O 명제유형은 A 명제유형에 대하여 서로가 모순적이다. O 명제가 참이면 A 명제는 거짓이고, A 명제가 참이면 O 명제가 거짓이다.

(대당 반립)

A 명제유형   ↔   E 명제유형

↖ 대 ↗

(하위임의변경)↓   대 당 모 순   ↓(하위임의변경)

↙ 모 ↘

순

I 명제유형   ↔   O 명제유형

(소당 반립)

현대논리학의 입장에서 볼 때 술어명제의 양과 질에 대하여 이렇고 저렇고 하는 속성에 대한 이러한 관찰은 아리스토텔레스 논리학이 철저히 계급의 논리학을 견지하였기 때문에 이러한 규칙이 나온 것으로 볼 수 있다. 아리스토텔레스 논리학의 대립의 반대에 의한 A E 명제 그리고 E I 명제의 대당 모순의 법칙, 그리고 A I 명제 그리고 E O 명제의 소당 반립의 관계는 존재론적으로 철저하게 유지될 수 없었다. 전통적 아리스토텔레스의 명제유형은 다음과 같이 술어논리기호로 정식화될 수 있다.

A : $\forall x(F(x) \supset G(x))$
E : $\forall x(F(x) \supset \neg G(x))$
I : $\exists x(F(x) \wedge G(x))$
O : $\exists x(F(x) \wedge \neg G(x))$

다음은 이 네 가지 명제유형을 논리정방형에 넣어서 나타낸 것이다.

A :	ⓐ $\forall x(F(x) \supset G(x))$	E :	ⓔ $\forall x(F(x) \supset \neg G(x))$
	ⓑ $\neg \exists x(F(x) \wedge \neg G(x))$		ⓕ $\neg \exists x(F(x) \wedge G(x))$
	ⓒ $\forall x\ F(x)$		ⓖ $\neg \exists x F(x)$
	ⓓ $\neg \exists x \neg F(x)$		ⓗ $\forall x \neg F(x)$
I :	ⓘ $\exists x(F(x) \wedge G(x))$	O :	ⓜ $\exists x(F(x) \wedge \neg G(x))$
	ⓙ $\neg \forall x(F(x) \supset \neg G(x))$		ⓝ $\neg \forall x(F(x) \supset G(x))$
	ⓚ $\exists x F(x)$		ⓞ $\neg \forall x F(x)$
	ⓛ $\neg \forall x \neg F(x)$		ⓟ $\exists x \neg F(x)$

여기서 A와 E 그리고 I O 명제에 대하여 모순율을 정식화한 형이상학의 원칙은 현대논리학의 루카지예비츠에 의하여 '모든'과 '어떤'의 조작에 의한 공리화에 의하여 존재론의 영역에서 거의 만족할 만한 해결이 제시되었다. 다음 ⓒ ⓓ ⓖ ⓗ ⓚ ⓛ ⓞ ⓟ의 술어논리식은 다음과 같은 일반식으로 나타낼 수 있다.

ⓒ $\forall x F(x) = F(x1) \wedge \cdots \wedge F(n)$

ⓓ $\neg \exists x \neg F(x) = \neg(\neg F(x1) \vee \cdots \vee F(n)) = F(x1) \wedge \cdots \wedge F(n)$

ⓖ $\neg \exists x F(x) = \neg(F(x1) \vee \cdots \vee F(x\ n)) = \neg F(x1) \wedge \cdots \wedge \neg F(xn)$

ⓗ $\forall x \neg F(x) = \neg F(x1) \wedge \cdots \wedge \neg F(xn)$

ⓚ $\exists x F(x) = F(x1) \vee \cdots \vee F(xn)$

ⓛ $\neg \forall x \neg F(x) = \neg(\neg F(x1) \wedge \cdots \wedge \neg F(xn)) = F(x1) \vee \cdots \vee F(xn)$

ⓞ $\neg \forall x F(x) = \neg(F(x1) \wedge \cdots \wedge F(n)) = \neg F(x1) \vee \cdots \vee \neg F(xn)$

ⓟ $\exists x \neg F(x) = \neg F(x1) \vee \cdots \vee \neg F(xn)$

ⓔ $\forall x(F(x) \supset \neg G(x))$와 ⓕ $\neg \exists x(F(x) \wedge G(x))$의 차이를 알아보자.

ⓔ $\forall x(F(x) \supset \neg G(x)) = (F(x1) \supset \neg G(x1)) \wedge \cdots \wedge (F(xn) \supset \neg G(xn))$
$= (\neg F(x1) \vee G(x1)) \wedge \cdots \wedge (\neg F(xn) \vee G(xn))$

ⓕ $\neg \exists x(F(x) \wedge G(x)) = \neg(((F(x1) \wedge G(x1)) \vee \cdots \vee (F(xn) \wedge G(xn)))$
$= \neg((F(x1) \wedge G(x1)) \vee \cdots \vee \neg((F(xn) \wedge G(xn))$
$= (\neg F(x1) \vee \neg G(x1)) \wedge \cdots \wedge (\neg F(xn) \vee \neg G(xn))$
$= (F(x1) \supset \neg G(x1)) \wedge \cdots \wedge (F(xn) \supset \neg G(xn))$

이로서 ⓔ 식에서 전칭 $\forall x$를 전거하여 나열하고 그리고 ⓕ 식에서 존재양화 정식의 부정을 제거하면 ⓔ 식과 ⓕ 식은 동일하게 된다. 그런데 주지하다시피 E 유형명제에서 O 유형명제에로의 이행은 기껏해야 하위임의 변경에 불과한데, 여기서는 동치에 가까운 해석을 내리고자 한다. 왜 그러한가? 그 이유는 전칭에서 존재양화에로의 이행이 명시적 유한한 범위에서 이루어지느냐, 혹은 무한한 영역으로 확장되어 있느냐에 따라서 달라진다.

그 이유는 다음절에서 살피기로 하고 먼저는 하위임의 변경의 반례를 살펴보기로 하자. 대당 관계가 유지되지 않는 경우는 다음과 같은 하위임의 변경의 반례가 성립하는 경우이다. 예를 들어 알려져 있지 않은 박테리아를 실험하기 위하여, 일정한 시간을 두고 밀봉하여 닫아놓은 컨테이너에 배양하던 박테리아를 집어넣었다.

(5) 모든 배양하던 에어로빅(aerobic: air-dependent) 박테리아가 죽었다.
(6) 모든 배양하던 쥐들이 막걸리를 마시고 항암억제효과를 나타내었다.

이 문장체계에서 A 문장은 I 문장을 수반하지 않고, E 문장은 O 문장을 수반하지 않는다.

'모든 배양하던 에어로빅 박테리아는 죽었다'가 '어떤 배양하던 박테리아가 죽었다'를 수반하지 않기 때문이다. 실험결과에 따라 어떤 박테리아는 죽지 않을 개연성도 나온다. (6)에도 마찬가지로 어떤 막걸리를 먹은 쥐는 관찰결과에 따라 항암효과를 더 보일 수는 있다는 것이다. 이와 같이 과학의 실험실에서 이루어지는 프로토콜 명제들도 아주 강한 경험적 반 사례에 열려 있어서, 전칭 언명보다는 구체적이고 경험적 사례에 의한 일반화 과정이 중요시되어있다. 하지만 우리는 무엇보다 아리스토텔레스 유형의 문장에 대한 술어 분석을 위하여서는 문법적인 의미에서 술어 역할을 하는 술어자는 술어＋계사로 이루어진 것으로 간주한다. 이들의 문장 유형은 특색은 '이다'를 중심으로 각각의 단항 술어를 취하고 있다는 점이다. 하나의 술어자에 하나의 논의로 이루어지는 상황이 속성을 만든다. 그리고 하나의 술어자에 대하여 두 개 혹은 두 개 이상의 논의들이 관련된 상황은 주로 관계라고 칭한다. 그러나 부정될 수 있는 것은 상황 자신이 변하기 때문에 상황 자신의 정렬도, 정렬된 범위의 양의 확정도 된다.

§56 미묘한 부정양화

이미 위에서 토론된 보편부정명제로서의 ⓔ와 개별부정명제로서의 ⓕ 식은 동일하다는 것을 알고 있다. 이 경우 논리식은 $\forall x$ $(F(x) \supset \neg G(x))$와 $\neg \exists x(F(x) \land G(x))$이다. All이나 each에 해당되는 분량이란 흔히들 셀 수 있고 매거할 수 있다면, 유한한 범위 안에서 이루어져야 된다. 우선 '어떤 인간도 돌은 아니다'와 '모든 인간이 돌은 아니다'라는 표현의 차이를 알아보자. 이 언어구조에는 두 개의 술어를 하나의 술어로 통일하여 S로 하자. 전자는 $\neg \exists x$ $\neg S(x)$의 형식으로 나타낼 수 있으며, 후자는 $\neg \forall x \, S(x)$이다. 토론이 되는 유한한 범위 안에서 $\exists x \neg S(x)$는 $\neg \forall x \, S(x)$로 한량이 될 수 있다. 이 한량을 유한한 범위에서 살피게 되면 not some과 not all 차이가 없다.

가령, 푼수와 픈스만 있다. '어떤 인간도 돌은 아니다'면, 푼수도 돌이 아니고, 픈스도 돌이 아니다. '모든 인간이 돌이 아니다'면, 역시 푼수도 돌이 아니고, 픈스도 돌이 아니다. 그런데, '어떤 인간은 돌이 아니다'면, 푼수는 돌이 아니거나 혹은 픈스는 돌이 아니거나이다. 이 전칭부정과 개별부정 양자의 차이는 거의 없다. 과연 그 차이가 없어지는지 다음의 보기에서 보자.

(1) $\exists x \neg S(x)$: $(\neg S(x1) \vee \neg S(x2) \vee \cdots \vee \neg S(xn))$이다.
(2) $\neg \forall x S(x)$: $\neg(S(x1) \wedge S(x2) \wedge \cdots \wedge S(xn))$이다.
   곧, $(\neg S(x1) \vee \neg S(x2) \vee \cdots \vee \neg S(xn)$이다.
(3) $\forall x \neg S(x)$: $(\neg S(x1) \wedge \neg S(x2) \wedge \cdots \wedge \neg S(xn))$이다.

(1)과 (2)는 명제논리학에서 드모르간 법칙에 의하여 같은 의미를 갖는 동치이다. 그러나 (2)와 (3)은 다른 의미를 갖는다. 이를 풀어서 해석하자면, (1)은 돌이 아닌 어떤 x가 있다는 것이고, (2)에서 모든 x에 대하여 x는 돌이 아니라는 것이다. (3) 역시 모든 x에 대하여 x는 돌이 아니라는 것인데도 말이다. 일단 양화 과정에 드러나는 이러한 양화의 문제를 미묘한 부정이라고 부르자. (2)와 (3) 사이의 차이는 어떻게 특징지어지는가? 지금 모두에 한정되는 범위의 인물로서 푼수와 존 두 명으로 압축해 보자. 더군다나 이들은 서로가 도덕적으로 부정적인 양을 갖는 도둑의 속성이 주어졌다고 보자. 그렇다면 이들 양자는 도둑이다. 엄격한 도덕적 질의 잣대를 적용하면, 조금 도둑질한 것이나 모두 도둑질한 것이나 도둑질은 마찬가지이다. 그러한 점에서 이들의 술어대상의 속성은 $\neg S(x1) \vee \neg S(x2) \vee \cdots \vee \neg S(xn)$에서 $(\neg S(x1) \wedge \neg S(x2) \wedge \cdots \wedge \neg S(xn))$에 이르기까지 전부 한결같은 도둑질에 걸쳐 있다. 이들에게 도둑질할 기회가 생겨났다. 이 두 명이 돌이 아니라면, 보석을 훔칠 기회를 놓치지 않을 것이다. 우리는 여기서 이들에 대해 다음과 같은 예상을 통하여 도둑질의 속성을 끄집어낼 수 있다.

(4) 한 도둑만 보석을 훔칠 찬스를 갖는다.

(5) 푼수나 혹은 존만이 보석을 훔칠 찬스를 갖는다.

(5)에서는 '혹은'과 '그리고'의 차이가 없다. 여기는 '혹은' 대신에 '그리고'를 집어넣어도 상관이 없으며, 이런 경우의 '혹은'은 배척적이다. 푼수가 보석을 훔치지 못하면 존이 보석을 훔치고, 존이 보석을 훔치지 못하면 푼수가 보석을 훔칠 찬스를 갖는다는 말이다. 푼수는 존과 같은(alike) 찬스를 갖고, '그리고' 존도 푼수와 같은 찬스를 갖는다는 뜻이다. 반면에 개별부정명제의 '어떤'의 양에 대한 진술을 살펴보자.

(6) 어떤 도둑만 보석을 훔칠 찬스를 갖는다.

(7) 푼수가 보석을 훔칠 찬스를 갖거나 혹은 존이 보석을 훔칠 찬스를 갖는다.

(6)을 해석하자면 (7)이 나온다. 이제 여기서는 '한'과 '어떤'의 의미상의 차이가 문제시되어 있다. 이 경우, 술어의 대상이 취하는 양의 범위는 포괄적이다. 아리스토텔레스 논리학 체계에서 이 차이를 인식하는 논리학을 불일이불이의 논리학이라 부르겠다.

§57 불일이불이의 논리

아리스토텔레스의 계급의 논리학에 등장하는 양의 변화를 설명하기 위하여 아주 간단한 논리를 도입해 보자. 불일이불이의 논리(不一而不二之論理)는 하나가 아닌 것이 둘도 아니라는 것이다.

어째서 하나가 아닌 것이 둘이 아닌가? 먼저 고유명이 등장하는 술어문장은 개별 변항에 대하여 자유 변항을 갖는 문장의 한정된 양화범위를 가질 수 있다. 봄철 논농사가 한창일 때, 농부는 논두렁으로 소를 몰고 간다. '이랴 낄낄' 하면서 농부는 논고랑을 몰기 위하여 소 입에 입 마개를 씌운다. 이제 농부는 머리를 짜낼 필요도 없다. 열심히 소와 함께 땀을 흘려야 한다. 이때 논농사를 위하여 얻어내는 에너지를 위하여 농부의 머리는 다른 한편으로는 소머리를 이용한다. 농부와 소는 서로가 둘의 힘을 합하여 일을 통하여 에너지를 얻는 한에서 하나는 아니지만, 그렇다고 둘이라는 것도 아니다. 이러한 속성을 λ 추상의 속성이라고 해보자.

소머리로 국밥을 하여도, 소머리와 농부머리는 다르다. 소머리 국밥은 농부가 먹을 수 있으나, 소에게는 그렇다고 볼 수 없다. 때문에 소머리와 농부머리는 다르다. 따라서 불일이불이이다. 그 이유는 바로 위에서 보았던 ∧와 ∨의 차이에서 비롯된다. 유한한 범위에서 셀 수 있는 전체의 범위에 들어오는 대상의 양은 불일이불이의 대상이 된다. 불일이불이의 논리적 대상에서는 부정적으로 한정하여 세어 들어갈 수도 있다. 그렇다면 그러한 부정적 셈에는 경계선상(broadline)의 절단점(cut off point)을 직관적으로 상정할 수도 있다.

가령 앞에서 보았던 대로, 어떤 도둑이 보석을 훔칠 기회를 갖는다면, 만약 x1이 도둑이라면, x1는 보석을 훔칠 기회를 갖거나, … 혹은 xn이 보석을 도둑이라면, xn이 보석을 훔칠 기회를 갖는다. 거기에도 역시 어떤 절단점은 있어야 하지 않겠는가? 다만 주어진 양이 '어떤'이라는 존재의 범위와 '모두'의 전체의 범위가 좁혀졌을 경우에 말이다.

마찬가지로 이번에는 푼수가 꽃님과 달님이라는 범위에서 구애를 하려고 한다. 이번에는 유한한 범위에서 푼수는 꽃님과 달님을 향하여 구애하는 처지이다. 이들의 키스하는 속성을 ϕ로 정하고, 이런 논리적 상황을 불일이불이의 키스라 명명하자.

(1) ϕ(꽃님) 혹은 ϕ(달님)

이 경우에 푼수는 각각의 '어떤 소녀'와 키스한 것이다.

(2) ϕ(꽃님이나 혹은 달님)

이 경우에는 푼수가 괄호 안의 한 소녀와 키스하였다.

강낭콩 두 개, 콩알 1과 콩알 2가 식탁에 올려져 있다. '먹는다'를 ψ로 하고, 모든 콩알을 먹으면, ψ(콩알 1과 콩알 2)이다. 그럼에도 어떤 콩알을 먹으면, ψ(콩알 1 혹은 콩알 2)이다.

(3) 모든 콩알을 먹는다. = ψ(콩알 1과 콩알 2)이다.
(4) 한 콩알을 먹는다. = ψ(콩알 1 혹은 콩알 2).
(5) 어느 콩알을 먹는다. = ψ(콩알 1) 혹은 ψ(콩알 2)이다.

여기서 하나의 콩알을 먹을 것인지 어떤 콩을 먹을 것인지는, (4)과 (5)의 불일이불이의 논리에 따른다. 이들의 논리는 '또는'을 서로가 배척적으로 사용하였다. 이 콩을 먹으나 저 콩을 먹으나 이래저래 콩은 콩이다. 곧 불일이불이의 논리다. 그러나 불일이불이의 논리학은 아리스토텔레스의 계급의 논리학을 대치할 만큼 폭넓지는 않다. 하지만 이 논리학은 확실한 양의 안전장치가 직관적으로 보장되는 영역에서 진가를 발휘할 수 있다. 아리스토텔레스 논리학이 전통논리학의 대부분에 적용된 점을 감안하면 불일이불이의 논리는 동서양을 비교하는 관점에서는 아리스토텔레스 논리학을 대치할 수 있는 방편이다.

4. 술어논리의 구문론과 법칙

§58 술어구문론

술어논리의 구문론은 고정된 대상과 그리고 그와 관련된 변항의 규정으로 진행된다. 지금까지 우리는 빈 자리에 들어가는 술어 대상의 속성과 개념을 명확하게 구분하지 않았다. 속성이나 개념이나 여기서 큰 차이가 나는 것은 아니다. 속성은 자연적으로 주어진 사물의 대상에 의하여 드러나는 것이지만, 개념은 다소 외부의 사물의 대상에 대하여 내적인 지성으로 구성되는 것이다. ① 대상 상항을 먼저 규정하고 그 다음 ② 대상 변항에 대한 규정이 뒤따른다고 할 때, ③ 술어 상항은 하나의 개념의 표현이 L언어 어휘에 있는 하나의 n자리 술어문자로 상정된다. 여기서 n자리라 함은 개념이 지성적으로 구성할 수 있는 대상의 보통형식이다. 이에 반해 a는 P의 대상 상항이다. ① 대상 상항＝a, ② 대상 변항 ＝x, ③ 술어개념은 F, ', ¬, ⊃, ∧ 등에 의거한다.

명제논리학에서 보았듯이 이들의 조작개념은 거의 전기적 가치를 실현한다고 보아야 한다. 그러면 P는 알파벳이고 이 기호들의 모든 유한한 열을 우리는 P의 한 **표현**이라고 부른다. 이렇게 등장하는 표현들은 무엇이 어떻게 하여야 **대상 상항**이 되는 것인지, 이들은 곧 **대상들의 이름**으로 해석되어야 한다. 그렇게 된 대상의 이름은 확정기호들을 갖는다. 다음은 대상 상항, 대상 변항 그리고 술어 상항이 어떻게 구문론적으로 구성되는지를 잘 보여준다.

(1) P의 대상 상항
① a는 P의 한 대상 상항이다.
② a는 P의 한 대상 상항이면, a'도 대상 상항이다.
③ P의 대상 상항들은 ①과 ②의 표현들뿐이다.

여기서 이 규칙에 따라, a, a', a", a''', …도 대상 상항들이다.

(2) P의 대상 변항 : 전칭과 존재의 언명이 표현된다.
① x는 P의 한 대상 변항이다.
② y는 P의 한 대상 변항이면, y'도 대상 변항이다.
③ P의 대상 변항들은 ①과 ②의 표현들뿐이다.

여기서 이 규칙에 따라, x, x', x", x''', y, y', y", …도 대상 변항들이다.

(3) P의 술어 상항 : 여기서 개념이 표현된다.
① F는 P의 한 술어 상항이다.
② a가 P의 한 술어 상항이면, a'도 술어 상항이다.
③ P의 술어 상항들은 ①과 ②의 표현들뿐이다.

여기서 이 규칙에 따라, F, F', F", F''', …도 술어 상항들이다.

F', F", F'''는 각각 1, 2, 3 자리 술어라고 말한다. 이상은 P에 나타나는 대상 상황, 대상 변항 그리고 대상 술어 상항에 대한 일반 구문론을 이룬다. P의 구문은 단가 술어에서 다가 술어에 이르기까지 다양하다.

(4) P의 명제들
① F가 P의 n-자리 술어 상항이고 그리고 a1, …, an이 P의 대상 상항이면, F(a1, …, an)는 P의 으뜸명제이다.
② A가 P의 한 명제이면, ⌐A도 명제이다.
③ A와 B가 P의 한 명제이면, (A⊃B)도 P의 한 명제이다.
④ A[a]가 P의 한 명제이고 그리고 x가 A[a]에는 나타나지 않는 P의 한 대상 변항이면, ∀x A[x]는 P의 한 명제이다.

술어의 언어에서 두 사물의 동일성을 나타내기 위하여, 술어 문자, a = b를 통하여 그의 등가성을 보여줄 수 있다. a = b에서, a와 b에 관련되는 존재 나부랭이들은 이들이 서로 아주 밀접하게 닮고 있다는 의미에서 동일하다는 것을 의미하는 것이 아니라, a = b는 오히려 a와 b가 동일한 존재 나부랭이에 관련하고 있는지 어떤지에 한해서, 오직 그 경우에만 참이 된다. 그 경우 어떤 평가를 통한 $V_M(a = b) = 1$에서 참이다. 주어진 모델 M에서 $I(a) = I(b)$는 참의 경우를 갖는다.

§59 평가와 해석

술어 해석을 위하여 적어도 하나의 대상을 포함하여야 하는 대상영역으로 나아가 보자. F(a)의 경우를 보자. 대상 상항 a는 대상들의 이름을 갖는다. 술어 상항 F는 대상 상항 a가 관계하는 개념들의 범위를 망라한다. 한 자리 개념 혹은 하나의 속성의 범위는 그러한 대상의 속성을 갖는 모든 대상들의 집합이 거기에 속한다. 집합 F의 해석은, F를 집합으로 해석하면, 대상 상항 a, a', a'', a''', …에 대한 것이다. 이러한 하나의 대상영역 F에 술어논리 평가 V가 있다. 대상 영역 F에 나타나는 모든 대상 상항 a에 적용되는 대상의 평가 해석이 V(a)이다. 술어 상항은 G, G', G'', G''', …으로 나타난다. 술어문장 F(a)가 하나의 으뜸명제인지를 보여주기 위한 절차는, 만약 그리고 오직 만약 한 대상이, 대상영역 V에 대상 상항 a를 지정하고 있고, 그리고 그 대상 상항이 집합의 원소로서, V가 술어 F를 지정하고 있으면, F(a)는 으뜸명제이다.

$V(F(a)) = t$, iff $V(a) \in V(F)$

즉 a가 F에 대한 원소로서 평가된다면, F(a)에 대한 평가는 참이다.

전칭 술어논리식 $\forall xF(x)$를 해석해 보자. 술어 F에 지정한 개념 x가 대상영역의 모든 대상들에 관계한다. x의 대상영역의 모든 대상들이 술어 F의 개념의 범위에 속하면, 하나의 평가 V를 준다. 여기서 단순히 되지 않는 경우가 $V(\forall xF(x)) = t$, iff $V(F(a)) = t$. 즉 $V(\forall xF(x)) = f$, iff $V(F(a)) = t$이다. V 해석에 근거하여, 대상영역의 모든 대상들에 대하여 이름이 하나도 없을 수도 있다. 그렇기 때문에, 즉, $V(F(a)) = t$가 모든 대상 상항 a에 대하여 타당할지라도, 대상 변항에 대한 평가 $V(\forall xF(x))$은 거짓일 수도 있다. 이에 반하여 다음 경우를 보자.

G는 자연수의 집합

M은 짝수의 부분집합

V는 대상 상항 a, a', a", a''', …에 대한 평가

F' 는 술어 상항

$V(a) = 1$, $V(a') = 2$, $V(a") = 3$, …, $V(F) = G$. $V(a) = 2$, $V(a') = 4$, $V(a") = 6$, …, $V(F') = M$. 그러면 $V(F'(a)) = t$는 모든 대상 상항 a 에 대하여 타당하다. 만약 F'(a)가 참이고, 어떤 대상이 a를 나타내 는지 독립적으로 참이라면, 참이다. 그러나, $\forall x$ F' (x)는 V 해석 에 따라서 거짓이다.

$\underline{V}$를 대상 상항 a의 해석까지 V와 같다고 하자. 그러면 $\underline{V}(a) = 1$ 이고, 그러면 $\underline{V}(F'(a)) = f$이다. V와 $\underline{V}$가 술어 해석에서 일치하기 때문에, a의 대상 상항이 1을 나타내면, V에 따른 F'의 속성은 a로 나타낸 대상에 적중하지 않는다. $\forall x$ F(x) = t, iff F(a) = t일 때 $\underline{V}$ $= {}_aV$(최대한의 대상영역 a까지). $\forall x$ F(x) = t, iff 모든 $\underline{V}$ 그리고 $\underline{V} = {}_aV$의 해석에 대하여 타당하고, $\underline{V}(F(a)) = t$이다. 다음의 술어 언어의 대상영역 G에 대한 해석 V를 지정하면, 다음과 같은 정리 가 성립한다.

(1) $V(F(a_1, …, a_n)) = t$, iff. $V(a_1)$, …, $V(a_n) \in V(F)$

(2) $V(\neg A) = t$, iff. $V(A) = f$

(3) $V(A \supset B) = t$, iff. $V(A) = f$ 혹은 $V(B) = t$

(4) $V(\forall x\ A[x] = t$, iff. 모든 $\underline{V}$ 그리고 $\underline{V} = {}_aV$의 해석에 대하여, $\underline{V}(A[a] = t$가 타당하고, 그리고 여기서 a가 대상 상항이고, a가 $\forall x\ A[x]$에는 나타나지 않을 때이다.

§60 술어논리학의 근본법칙

이상과 같이 우리는 술어문장 F(a)는 전칭 술어문장 공식 $\forall$x F(x)과는 차이가 있음을 알았다. 술어논리학에는 규칙들과 근본법칙이 있다. 술어논리학의 세 가지 근본법칙은,

(1) $\forall$x A(x)⊃f(a)
(2)   f(a) = $\forall$x A(x)
(3) $\forall$x A(x)⊃ $\exists$x f(x)

동치법칙

(4) $\forall$x F(x) = ⌐$\exists$x⌐F(x)
(5)   ⌐$\forall$x F(x) = $\exists$x⌐F(x)
(6) $\forall$x⌐F(x) = ⌐$\exists$x F(x)
(7)   ⌐$\forall$x⌐F(x) = $\exists$x F(x)

술어양화사 추이법칙

(8) $\forall$x (F(x)∧G(x)) = $\forall$x F(x)∧ $\forall$x G(x)
(9) $\forall$x (F(x)⊃G(x)) = $\forall$x F(x)⊃ $\forall$x G(x)
(10) $\exists$x (F(x)∧G(x)) = $\exists$x F(x)∧ $\exists$x G(x)
(11) $\exists$x (F(x)∨G(x)) = $\exists$x F(x)∨ $\exists$x G(x)
(12) $\forall$x (F(x)∨p) = $\forall$x F(x)∨p
(13) $\exists$x (F(x)∨p) = $\exists$x F(x)∨p
(14) $\forall$x (p⊃F(x)) = p⊃ $\forall$x F(x)
(15) $\exists$x (p⊃F(x)) = p⊃ $\exists$x F(x)
(16) $\forall$x (F(x)⊃p) = $\forall$x F(x)⊃p
(17) $\exists$x (F(x)⊃p) = $\exists$x F(x)⊃p

술어 모순율과 배중률

(18) $\forall x\ (A(x) \wedge \neg A(x))$

(19) $\forall x\ (A(x) \vee \neg A(x))$

술어삼단논법의 법칙

(20) $\forall x\ (((A(x) \supset B(x)) \wedge (B(x) \supset C(x))) \supset (A(x) \supset C(x)))$

(21) $\forall x\ (((F(x) \supset G(x)) \wedge F(x)) \supset G(x))$

개별 상항 법칙

(22) $\forall x\ ((F(x) \supset G(x)) \wedge F(a)) \supset G(a)$

(23) $\forall x\ ((F(x) \supset G(x)) \wedge \neg G(a)) \supset \neg F(a)$

양화사 순서추이법칙

(24) $\forall xy\ F(x,\ y) = \forall yx\ F(x,\ y)$

(25) $\exists xy\ F(x,\ y) = \exists yx\ F(x,\ y)$

(26) $\exists x\ \forall y\ F(x,\ y) \supset \forall y\ \exists x\ (x,\ y)$

여기서 (26) 항은 약간의 설명을 필요로 한다. 이 공식은 동치가 아니라 단지 함축을 띄고 있다. 이의 역 함축은 $\forall x\ \exists y(x,\ y) \supset \exists y\ \forall x\ F(x,\ y)$이다.

(27) $\exists x\ \forall y\ F(x,\ y) \supset \forall y\ \exists x(x,\ y)$

(27) 공식의 역 함축은 거짓이다. 예를 들어 x와 y는 닮았다. 함축자는 모든 x에 대하여 최소한 하나의 y가 있어서, 그래서 x는 y와 닮아 있다. 피함축자는 최소한 하나의 y가 있어서 이는 모든 x에 대하여 타당하므로, 그래서 x는 y와 닮았다. 전자는 최소한 그

자신을 닮은 하나의 사물이 있다는 것인 데 반하여 후자는 하나의 최소한 하나의 사물이 있어서 그는 다른 사물과 다르다는 것이다. 그래서 전자에서 후자로 가는 함축은 가능하지만, 후자에서 전자로 가는 역함축은 불가능하다는 것이다.

이와 같은 술어논리학의 법칙은 상대적으로 명제논리학의 법칙에 비하여 빈약하다. 그 까닭은 술어논리학은 양화사를 다루어야 하고, 이러한 양화사를 다룰 수 있는 계산이 없다는 데에 있다.

§61 술어논리의 공리이론

술어논리의 공리이론 역시 명제논리와 같은 형식을 가지나 특별히 양화사를 동반하는 공리를 갖는다. 위에서 술어논리학의 근본 세 가지 법칙을 언급하였는데, 술어논리학도 이러한 근본법칙에 의하여 공리화될 수 있으며, 양화규칙에서는 전칭과 개별상황과의 함축의 순서만이 주의를 요구한다. 다음은 힐베르트와 아커만에 의한 술어논리학의 공리이다.

A1) $A \supset (B \supset A)$

A2) $(A \supset (B \supset C)) \supset ((A \supset B) \supset (A \supset C))$

A3) $(\neg A \supset \neg B) \supset (B \supset A)$

A4) $\forall x\ A[x] \supset A[a]$

L의 연역규칙들은 다음과 같다.

R1) A와 $A \supset B$로부터 B 명제를 얻는다.

R2) $A \supset B[a]$ 명제로부터, 만약 대상 상항 a가 이 규칙에 따른 결론

에 나타나지 않으면, A⊃∀x B[x]가 얻어질 수 있다.

이 규칙으로부터 다음과 같은 보조정리를 얻는다.

(1) ∀x (A⊃B)⊃((∀x A⊃∀x B))
(2) (∀x A[x])⊃A[t], 단, t는 A 속에서 자유.
(3) A⊃(∀x A), 단, x는 A 속에서 속박.
(4) A가 공리이면, ∀x A도 공리이다.

L 계산에서 증명은 명제들의 하나의 유한한 귀결이다. 여기의 모든 명제는 하나의 공리이거나 혹은 앞서 나간 명제들로부터 규칙들의 적용으로부터 생겨나는 귀결이다. 일정한 가정공식들로부터 생긴 하나의 도출에는 여전히 이 가정공식들이 나타난다.

정리 1 : ∀x A[x]⊃∀y B[y]
증명 : 공리 4에 따라 ∀x A[x]⊃A[a]는 공리이다. 대상 상항 a가 ∀x A[x]에 나타나지 않는다 하자. 그러면 규칙 R2)에 따라 ∀x A[x]⊃∀y A[y]이다.

정리 2 : A[a] ⊢ₐ∀x A[x] / a는 ∀x A[x]에 나타나지 말아야 한다.
증명 :
1) A[a]   가정공식
2) A[a]⊃((B⊃B)⊃A[a])   공리 1 a는 B에 나타나지 말아
                                 야 한다.
3) (B⊃B)⊃A[a])   규칙 R1
4) (B⊃B)⊃∀x A[x]   규칙 R2
5) (B⊃B)   정리

6) $\forall x\ A[x]$.   규칙 R1(4,5)

정리 3 : $A[a] \supset C \vdash_a \exists x\ A[x] \supset C$ / a는 결론 $\exists x\ A[x] \supset C$에 나타
   나지 않는다.

증명 :

1) $A[a] \supset C$ 가정공식
2) $\neg C \supset \neg A[a]$ 명제논리
3) $\neg C \supset \forall x \neg A[x]$ 규칙 R2
4) $\neg \forall x \neg A[x] \supset \neg \neg C$ 명제논리
5) $\neg \forall x \neg A[x] \supset C$ 명제논리
6) $\exists x\ A[x] \supset C$ $\exists x\ A[x]$의 정의

정리 4 : $\vdash (\forall x\ A[x] \supset C) \supset \exists x\ (A[x] \supset C)$ / 변항 x는 C에 나타나
   지 않는다.

증명 :

1) $\forall x \neg (A[x] \supset C)$ 가정공식
2) $\forall x \neg (A[x] \supset C) \supset \neg (A[a] \supset C)$ 공리 4 / a는 $\forall x\ A[x] \supset C$에
                                          나타나지 않는다.
3) $\neg (A[a] \supset C)$ 규칙1 (1,2)
4) $\neg (A[a] \supset C) \supset A[a]$ 명제논리
5) $\neg (A[a] \supset C) \supset \neg C$ 명제논리
6) $A[a]$ 규칙 1(3,4)
7) $\neg C$ 규칙 1(3,5)
8) $\forall x\ A[x]$ 정리 2(6)
9) $\forall x\ A[x] \supset (\neg C \supset \neg (\forall x\ A[x] \supset C))$ 명제논리
10) $\neg C \supset \neg (\forall x\ A[x] \supset C)$ 규칙 1(8.9)
11) $\neg (\forall x\ A[x] \supset C)$ 규칙 1(7.10)

$\forall x \neg (A[x] \supset C) \vdash \neg (\forall x\ A[x] \supset C)$는 타당하다. 연역공리로

$\forall x \ulcorner (A[x] \supset C) \supset \ulcorner (\forall x \ A[x] \supset C)$를 얻는다. 여기서 정리 4가 나온다.

5. L 문장술어의 두 접근

§62 L 문장과 T 할당

L 문장유형은 문장이거나 문장으로부터 그 속에 직접적으로 나타난 이름들 일부 혹은 모두를 변항으로 대치해서 얻을 수 있는 표현이다. 다음의 문장형식을 보자.

임진왜란 시절 이순신은 한 명의 병사가 능히 천명의 적병을 무찌를 수 있다는 병법을 사용하였다. 지금 천명의 적병이 쳐들어온다. 그런데 이순신은 47x로 표기하였다. 그리고 이순신은 47x 전법을 쓰면 우리는 승리한다고 표현하였다. 이러한 이순신의 전략에 대하여 두 가지 표현이 있다. 하나는 모든 x에 대하여 47x 전법이 승리를 가져온다는 문장과, 이 전법에는 반드시 이순신의 전략을 만족시키는 어떤 x가 있다고 확신하는 참된 문장이 있다. 전자가 이 47x 전법을 만족시키기 위하여서는 소위 보편양화를 도입한 것인데, 이런 보편양화에는 이 x의 빈 ( ) 자리를 거짓인 문장으로 만들게 하는 경우가 있다. 반면에 47x 문장표현에 대하여 어떤 x를 존재양화사로 정하는 경우에는, 빈 ( ) 자리에 채울 참된 문장을 만들어야 한다. 그렇다면, 여기서 문장형식 47x로부터 참된 문장을 얻기 위하여서는, 모든 x에 대하여서라고 하는 보편양화나 혹은 적어도 한 x가 있다는 존재양화를 하여야 할 것이다.

참된 문장을 얻기 위하여 대입이나 양화를 필요로 하면, 그것은 변항을 자유롭게 나타나게 하는 경우이고, 반면에 변항을 고정시켜 두고 있으면 이는 변항이 속박되었다고 부른다. 이와 같이 L 문장은 여하한 표현이라도 술어문장의 표현에 대하여 참된 귀결로 가져가는 문장집합의 언어로 규정하고자 한다. 가령 x < y에 대하여 x가 있다는 존재양화를 갖고, y는 양화되거나 대치되어야 한다면, x < 1,000으로 적을 수 있다.

그런데 이제는 모든 x에 대하여, 하나의 y가 있다. x는 y와 다르다. 즉 x ≠ y이다. 한 병사는 능히 천명의 적병을 무찌른다는, 이 병법에 따르면, 천명의 적병에 대하여 x1, …, xn, 모든 x에 대하여, 하나의 y가 있어서, x는 y와 다른 x ≠ y의 식을 얻을 수 있다. 이 경우 x1, …, xn까지는 논의 자리에 존재양화될 수 있는 값은 갖고 있지만, 변항이 구속되어 있다. 이 중에 하나의 y에 대하여, y = 1,000이라면 이에 대한 논의값은 존재양화로서, x ≠ y이다. 이에 반하여 반면에 하나의 y가 있어서, 이는 모든 x에 대하여 다르고, 그래서 x ≠ y라고 한다면, 이는 틀린 술어양화식이 된다. 이 경우는 양화전략의 실패를 의미하게 될 것이다. 곧 전자는 이순신의 47x 전략을 만족시키는 진리조건을 표현한 것이고, 후자는 그렇지 못한 상황의 진리조건이 표현된 것이다.

이와 같이 술어의 식이란 양화전략에 따라 감추어져 있거나 혹은 드러나 있는 경우에 따라, 전칭과 존재의 양화가 뒤바뀔 경우가 허다하게 일어난다. 그래서 술어논리식은 외적인 상황에 따른 그 사정을 나타내기 위하여 종종 이름을 사용하기도 한다. 그러나 술어가 대부분 계사와 일정한 존재 내지 보편 양화사와 함께 조작이 되는 것과는 달리, 일상언어에서 생생하게 사용되는 언어에서의 술어의 역할이 구체적 개별적 존재자들에 관계한다. 보편양화 문제는 나중의 것으로 개별양화와 관계를 갖는다. 그럴 경우 우리는 '∼이다', '∼아니다', 혹은 '있다', '없다'에 대하여 술어인지 아닌지를 구별하기 힘든 상황에 도달한다. 또한 '틀리다', '맞다', '좋다', '나쁘다'에 대해서도 불명료한 이해상황에 들기도 한다.

여기서 말하는 L 문장은 이전에 명제논리학의 일정한 검증을 거쳐서 새롭고 더 넓은 영역으로 도달한 문장집합이다. 그러한 이러한 문장집합으로서, 가령 문장 Φ가 있다. 이 문장이 특정한 관점에서만 참이었다가, 지금 모든 해석 하에서 참이면, 그 경우에만 타당 혹은 논리적으로 참이라고 말할 수 있다. 앞에서 보았듯이, 감마에서 오는 모든 문장명제들이 참이고, 그 다음 델타 문장이 참으로 쌓이면, 델타는 감마로부터 온다. 상류에서 오는 물은 하류에서 필히 만나게 되듯이, 감마와 델타 문장의 흐름은 상류에서 하류로 내려가므로 '귀결된다'. 곧, 이 말의 뜻은 이러한 흐름을 통하여 생겨난 추론의 결론을 의미한다.

먼저 L 문장 Φ는 문장집합 Γ에 대하여, Γ의 모든 집합을 참이게끔 하면서 Φ를 거짓이지 않게 하는 T 해석이 존재할 경우, 그 경우에만 Φ는 Γ로부터 귀결된다. 이때 귀결은 대단히 조심스럽게 이끌어야 한다. 마치 상류에서 내려온 강물이 하류에서 금을 가지고 쓸어 내려오듯이, 또는 소중한 보석을 다루듯이 귀결을 살펴야 한다. 이를 위하여서는 추론이 '일관적' 혹은 '만족가능'하게 이루어져야 한다. 문장 집합 Γ는 Γ의 모든 문장을 참이게 하는 T 해석이 존재할 경우, 오직 그 경우에만 '일관적'이다. 혹은 '만족 가능하다'. 여기에서는 문장 Φ가 {Ψ}의 귀결이라고 말하는 대신 Φ는 Ψ에서 귀결된다고 말하는 것이 허용된다. T를 L 문장의 해석이라고 하고, φ를 L 문장의 양화 없는 문장이라고 하자. L 문장에 대한 T 해석에는 통상적으로 하나는 양화 없는, 다른 하나는 양화 있는 개체 상항의 문장들이 생겨난다. φ를 L 문장의 양화 없는 문장이라고 한다면, 양화 있는 문장의 해석을 위해서는 T에서 T'의 해석이 있어야 한다. T와 T'를 L의 해석이라 하면, β는 개체 상항이다. T와 T'가 β에 무엇을 할당하는 것만을 제외하고 서로 똑같을 경우, 오직 그 경우에만, T는 T'의 β 변형이다. φ를 L의 문장이라 하고, α를 변항, β를 φ에 나타나지 않는 첫 개체 상항이라고 하면, 여기에는 다음의 양화 있는 문장이 들어 있다.

(1) φ가 문장문자이면, φ가 T 하에서 참인 경우 오직 그 경우에만 T 가 φ에 참을 할당한다.

(2) φ가 문장문자가 아닌 원자문장이면, φ가 T 하에서 참인 경우 오직 그 경우에만 T가 φ의 개체 상항에 할당되는 대상들이 T가 φ 의 술어에 할당한 관계를 맺는다.

(3) φ = ¬Ψ이면, φ가 T 하에서 참일 경우 오직 그 경우에만 Ψ가 T 하에서 참이 아니다.

(4) Ψ, χ가 문장이고 φ = (Ψ∨χ)이면, φ가 T 하에서 참일 경우 오직 그 경우에만 Ψ가 T 하에서 참이거나 χ가 T 하에서 참이거나 혹은 양쪽 다이다.

(5) Ψ, χ가 문장이고 φ = (Ψ∧χ)이면, φ가 T 하에서 참일 경우 오직 그 경우에만 Ψ가 T 하에서 참이고 χ가 T 하에서 참이다.

(6) Ψ, χ가 문장이고 φ = (Ψ→χ)이면, φ가 T 하에서 참일 경우 오직 그 경우에만 Ψ가 T 하에서 참이 아니거나 χ가 T 하에서 참이거나 혹은 양쪽 다이다.

(7) Ψ, χ가 문장이고 φ = (Ψ↔χ)이면, φ가 T 하에서 참일 경우 오직 그 경우에만 Ψ와 χ가 T 하에서 참이거나 혹은 둘 다 참이 아니다.

(8) $\phi = (\alpha)\Psi$이면, ϕ가 T하에서 참일 경우 오직 그 경우에만 Ψ가 α/β가 T의 모든 변형 하에서 참이다.

(9) $\phi = (\exists\alpha)\Psi$이면, ϕ가 T하에서 참일 경우 오직 그 경우에만 Ψ α/β는 최소한 하나의 T의 β 변형 하에서 참이다.

L 문장들에 대한 진리값 참과 거짓을 할당하는 방식을 U라 하고 그것의 할당이 보통으로 이루어지면 다음과 같이 그 보통할당을 보여줄 수 있다. L의 각 문장 ϕ에 대하여,

① U는 ϕ에 정확히 t, f의 하나를 할당한다.
② 문장 ϕ와 문장집합 Γ에 대해 Γ의 모든 문장들이 t를 보통으로 할당받고 그 다음에 ϕ가 t의 진리값을 받으면 ϕ는 Γ로부터 귀결된다고 한다.

문장집합 Γ는 Γ의 모든 원소들에 t를 할당하는 정상할당이 적어도 하나가 존재할 경우, 그 경우에만 진리함수적으로 일관적이다.

㉠ 문장 ϕ가 공집합의 동어반복 귀결일 경우, 오직 그 경우에만 ϕ는 동어반복적이다.
㉡ 문장 ϕ가 문장집합 $\{\Psi_1, \Psi_2, \cdots, \Psi_n\}$의 동어반복적 귀결일 경우, 오직 그 경우에만 조건문 $(((\cdots (\Psi_1 \wedge \Psi_2) \wedge \cdots) \wedge \Psi_n) \rightarrow \phi)$가 동어반복적이다.
㉢ 문장 ϕ가 (유한한 혹은 무한한) 문장집합 Γ의 동어반복적 귀결일 경우, 오직 그 경우에만
  ㉮ Γ가 공집합이고 ϕ가 동어반복적이거나 혹은,
  ㉯ Γ에 속하고 $(((\cdots (\Psi_1 \wedge \Psi_2) \wedge \cdots) \wedge \Psi_n) \rightarrow \phi)$가 동어반복적인 그러한 문장 $\Psi_1, \Psi_2, \cdots, \Psi_n$이 존재한다.

임의의 L 문장이 있다. 이에 대한 T 해석이 있다. 이 T 해석 하에서만 L의 문장이 참이 될 수 있다. 술어문장은 위에서 보았듯이 감추어진 양화범위를 어떻게 드러내느냐에 따라서 진리조건을 달리한다. 이순신의 47x 전략이 적병에게 넘어가면 동일한 양화대상이라도 아주 다른 상황이 생겨나는 것과도 같다. 우선 L의 임의의 문장은 φ의 (1), (2)이다. T 해석은 문장 φ에 나타나는 각각의 비논리적 상항에 지시체를 할당함으로써 L 문장을 참으로 만든다. 그런 점에서 T 해석은 일종의 진리 메이커 역할을 담당한다.

(1) 어떤 물은 맑다.
(2) 어떤 물은 잔잔하다.

(1)과 (2)가 관계하는 대한 대상은 각각 상항의 특수화를 포함한다. 곧, (1)과 (2)의 각각의 도메인 D에 있는 어떤 존재자의 속성은 φ에 상항에 따라 현실의 이름이 된다. φ에 투입되는 상항이 자신의 이름과 일치하게 만들어주는 것은, L에 대한 T 해석이다. T 해석은 곧 L에 있는 상항의 집합을 그의 도메인과 그리고 그의 반경범위에서 이들의 그러한 역할을 수행한다. 그러한 역할을 우리는 T의 해석기능 I라 부른다. I(c)는 지명이다. I( )는 해석 T 기능에 따라서 ( )에 c가 투입되었기 때문이다. I(c)는 지금 하나의 상항 c의 투입에 의하여 그의 지시 혹은 지명을 수행하였다. 이 지시 내지 지명은 하나의 값을 갖는다. 만약 e가 도메인 D에 있는 존재자라면, I(c) = e이 된다. 곧, c는 e의 한 이름이 되었다. 그런

데 e가 여러 이름들을 갖고 있는 경우가 있을 것이다. 즉 (1)과 (2)에서 어떤 물은 맑은 이름도 갖고 잔잔한 이름도 혹은 풍파의 이름도 갖고 있다.

(1)과 (2)의 존재양화를 해석하는 데에는 두 가지 접근방법이 있다. 하나는 (1)과 (2)에 나타나는 변항들에 이름을 주는 방법이다. L 언어의 각 표현들 (1)과 (2)에 나타나는 변항들에 모두 이름을 부여함으로써, 도메인 D의 영역에 대상들을 명시적으로 드러내게 하는 것이다. 이러한 접근방법을 유명이론의 접근이라고 한다. 다른 하나의 방법은 변항들을 그 자체로 환원되지 않는 내용으로 보고, 적절한 대치와 정의에 의하여, 각 (1)과 (2)의 표현들에 진리값의 배당을 만드는 접근방법이다. 이 방법은 이름을 주지 않고도 그에 합당한 진리값의 배당을 주기 때문에, 무명이론적 접근이라고 한다.

1) 유명이론의 접근방법

L 언어의 각 도메인의 각 원소를 말할 때, 그들 대상이 무엇을 의미하는지를 엄격하게 명시적으로 구분하여야 한다. 이때 I는 L의 ϕ의 상항에 대한 D로 향한(onto D) 일정한 하나의 해석기능을 갖는다. I가 한 상항 c의 투입을 통하여, 모든 원소 d에 D로 향한 하나의 해석기능을 수행하면 I(c) = d이다. I가 D로 향한 하나의 해석기능으로 적용되면, d는 c의 한 이름이다. 예를 들어 '어떤 물은 맑다.' 하나의 문장 표현 D에 대한 하나의 해석기능 I가 적용되면, 이 문장의 '어떤 물'은 '맑은 것'에 해당되는 하나의 상황을 수반하는 진리값을 얻는다. 구체적 상황으로서 좋은 '약수터'의 'c'에는 그러한 하나의 '맑은'이라는 하나의 이름 'd'를 갖는다.

(i) 일가 술어문자 A

이 일가 술어문자 A는 자신의 상항 a를 갖는다. 술어문자 A는 그의 도메인 D에 e의 모든 성질에 대하여 다음과 같이 관계한다. 상항 a에 대하여 A(a)는, I(a) = e이면, 참이다. 가령, '계곡물이 맑다'를 들어보자. 맑은 물에 관계하는 A(계곡물)은, 계곡물에 대한 해석을 거쳐, I(계곡물) = 맑으면, 참이다. A를 해석하여 보면 I(A), 다시 I(A) = {I(a) | A(a)는 참이다}이다. I(a)∈I(A)이면, A(a)는 참이다. 왜 일가 술어문자에 유명론적 접근이냐 하면, 맑은 계곡물에 대한 상항으로서 a가 곧장 이름이기 때문이다.

(ii) 이가 술어문자 B

이가 술어문자 B는 도메인 D에 d와 e의 결정에 대하여 타당한 영역이다. 이가 술어문자의 상항 a와 b에 합당한 해석기능 I가 있다. 이가 술어문자에 대하여 '푼수는 말순이를 사랑한다'라고 해보자. 그러면 B(a, b)가 참이 되는 조건은, I(a) = d이고, I(b) = e이다. 즉, B의 해석은 D의 부분집합에 대한 것으로, B의 상항 a와 b에 대한 이름의 값으로, D의 d가 주어지는 경우 정의의 대상영역에 지정된 어떤 사람과 치역의 대상영역의 지정된 어떤 사람이 지명 혹은 지정되는 것을 의미하게 된다. 그러므로 먼저 D의 부분집합으로서 B에 있는 상항들에 대한 I 해석기능이 있어야 한다. B에 있는 상항에 대하여 지정된 명명으로 대치될 수 있다. 그렇다면 '어떤 사람이 어떤 사람을 사랑한다'는 문장표현에 대한 확정값으로서 '푼수는 말순이를 사랑한다'는 문장표현의 대치를 얻는다. 이러한 방법을 유명론적 접근이라 한다.

I(B) = {I(a), I(b) | B(a, b)는 참이다}. B(a, b)는, (I(a), I(b))∈

I(B)인 경우에 참이다.

정리 :

한 L의 술어논리언어에 대한 해석모델 M이 있다. 이 모델에는 도메인 D와 L의 어휘인 술어 상항 문자에 대한 해석기능 I가 있다.

① c가 L의 상항이다. c를 해석하면 이것은 D의 원소이다. 그러므로
   $I(c) \in D$
② B가 L의 n가 술어이다. 그러면, $I(B) \subseteq D^n$

L 술어논리언어의 도메인 D에 대한 L의 상항 기능으로 해석기능 I를 줄 때 생기는 M 평가모델을 일컬어 V_M이라 한다. 이 평가모델은 A에 술어논리적으로 적용할 수 있다.

㉠ A(a1, ⋯, an)은 L의 원자문장이다. 그러면, $V_M(Aa1, ⋯, an) = 1$,
   iff. $((I(a1), ⋯, I(an)) \in I(A)$이다.
㉡ $V_M(\neg \phi) = 1$, iff. $V_M(\phi) = 0$
㉢ $V_M(\phi \wedge \Psi) = 1$, iff. $V_M(\phi) = 1$ 그리고 $V_M(\Psi) = 1$이다.
㉣ $V_M(\phi \vee \Psi) = 1$, iff. $V_M(\phi) = 1$ 혹은 $V_M(\Psi) = 1$이다.
㉤ $V_M(\phi \supset \Psi) = 1$, iff. $V_M(\phi) = 0$ 혹은 $V_M(\Psi) = 1$이다.
㉥ $V_M(\phi \equiv \Psi) = 1$, iff. $V_M(\phi) \equiv V_M(\Psi)$이다.
㉦ $V_M(\forall x\ \phi) = 1$, iff. $V_M(c/x)\phi = 1$은 모든 L의 상항에 타당하다.
㉧ $V_M(\exists x\ \phi) = 1$, iff. $V_M(c/x)\phi = 1$은 적어도 L의 한 상항에 타당하다.

(iii) 이가 술어모델

어떤 사람은 서로 사랑한다 : $\exists x \exists y(L(x, y) \wedge L(y, x))$이다.

이가 술어모델을 취하는 이 식에 유명론적 접근을 하자면, x와 y는 결코 그들의 도메인 D에 그냥 변항으로 있지 않다. 오히려 이들은 단순히 비어있는 변항이 아니라 상항으로 대치되어야 된다. 그런 점에서 이들 변항은 지명되어야 한다. 그러한 지명으로서 철수와 영희를 상항으로 받아들이자. 그러면 철수는 영희를 사랑한다.

이 문장 식에 대하여 각각 a104과 a105의 상항으로 대리하게 한다면, (I(a104), I(a105))∈I(L)이고, (I(a104), I(a105))∈I(L)이다. 모델 평가는 $V_M(L(a104, a105)) = 1$, $V_M(L(a105, a104)) = 1$이다. 고로 $V_M(L(a104, a105) \land L(a105, a104)) = 1$이다. 만약 이와 같이 명약관화한 이름으로 대리된 문장형식이 나타나면 다시 이들은 변항에 의한 문장구조로 평가모델에 따라 다음과 같이 잠복한다.

ⓐ $V_M(\exists y(L(a104, y) \land L(y, a104))) = 1$
ⓑ $V_M(\exists x \exists y(L(x, y) \land L(y, x))) = 1$

(iv) 삼가 술어모델

삼가 술어문자는 R이다. 곧 R는 자신의 빈 자리에 세 개의 변항 내지 상항을 갖는다. 여기서는 유명론적 접근하고 있으므로, 상항으로서 a1, a2 그리고 a3를 갖는다. 이에 석 점 집합 P1, P2, P3가 모델의 도메인 D에 속해 있다. 여기서 이 모델의 도메인의 상항을 a1, a2, a3가 갖는 운동의 성질을 해석하면, 이 상항에 해당되는 석 점의 집합이 구성된다. 즉 I(a1) = P1, I(a2) = P2, 그리고 I(a3) = P3이다.

집과 교회와 학교라는 삼각편대를 이루는 석 점을 중심으로, 집에서 출발하여 교회에 가고 학교에 갔다가 다시 집으로 돌아오는 회귀의 질서를 생각해 보자. 이들의 순환과정을 분명히 해주기 위하여서는 하나의 회귀점은 스스로 돌 수 있어야 한다. 이를 표기하는 방법은 R를 해석하는 I는 이들의 집합이 처음과 끝을 돌아가는 반환점을 지정하는 일이다.

처음을 ↝, 그리고 끝을 ↜으로 정한다. 그러면, I(R) = {↝ (P1, P2), (P2, P3), (P3, P1), (P1, P1) ↜}. 여기에 삼가 술어문자 R(P1, P2, P3)에 속한 술어상항들이 출발에서 종점으로 돌아가는 a1, a2, a3에 대한 평가는 V(R(a1, a2)) = 1, V(R(a2, a3)) = 1, V(R(a3, a1)) = 1 그리고 V(R(a1, a1)) = 1, iff. I(R) = {↝ (P1, P2), (P2, P3), (P3, P1), (P1, P1) ↜}. 이를 도해하면 아래의 도표와 같다. ◎은 곧 스스로 회전하는 모델이다.

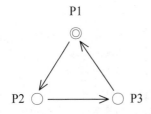

이번에는 '모든 점은 자신으로부터 벗어나 한 점을 향하여 나간다'. 출발점에서 시위를 떠난 화살은 종착점으로 회귀하지 않는 집중공격 모델이다. 오로지 하나의 고지를 향하여 달려가기 위하여서는 모든 점은 한(어떤) 점을 향하여 나간다. 이것은 모든 x에 대하여 x에 대한 하나의 y가 있음을 의미한다. 그러면 ∀x∃y R(x, y)이다.

삼가 술어문자 R의 빈 항에 속한 모든 술어문자는 변항 R(x, y)

에 일정한 술어해석 모델이 있다. 모든 술어 상항 200a, 104a 그리고 303a에 하나의 해석기능 I가 있다. 그래서 이들의 모든 술어 상항의 해석은 I(R) = {(((104a, 104a)∧(200a, 104a)∧(303a, 104a)) 이다. 술어상항 104a와 200a 혹은 303a는 다음과 같은 평가모델을 갖는다.

$V_M(\exists y(R(104a,\ y))) = 1$, iff. $V_M(R(104a,\ 200a)) = 1$

$V_M(\exists y(R(200a,\ y))) = 1$, iff. $V_M(R(200a,\ 303a)) = 1$

$V_M(\exists y(R(303a,\ y))) = 1$, iff. $V_M(R(303a,\ 104a)) = 1$

그러므로, $V_M(\forall x \exists y\ R(x,\ y)) = 1$.

여기에 반하여 모든 점은 자기 자신으로 향하는 한 점을 향하여 달려간다. 이것의 진리값은 다음과 같이 결정될 수 있다. $\forall x \exists y$ $R(y,\ x)$

$V_M(\exists y(R(y,\ 104a)) = 1$, iff. $V_M(R(104a,\ 104a)) = 1$

$V_M(\exists y(R(y,\ 200a)) = 1$, iff. $V_M(R(104a,\ 200a)) = 1$

$V_M(\exists y(R(y,\ 303a)) = 1$, iff. $V_M(R(200a,\ 303a)) = 1$

이 경우는 특별히 하나의 모델 $V_M(\forall x\ \phi x) = 1$, iff. $V_M([c\ /x]\ \phi)$ = 1에서 L 언어 안에서, 모든 상항 c가 타당하게 되는 경우에 성립한다. 이 점에서 104a는 상기 상항 c에 대한 유명론적 접근법을 만족시킨다.

여기에 반하여 모든 다른 점으로 달려가는 한 점이 있다. 그 한 점의 화살에서 모든 다른 점으로 달려간다. 이를 표현하면 $\exists x \forall y$ $R(x,\ y)$이다. 이를 나타내어 보자.

$V_M(\forall y(R(104a, \ y)) = 0, \ iff. \ V_M(R(104a, \ 303a)) = 0$

$V_M(\forall y(R(200a, \ y)) = 0, \ iff. \ V_M(R(200a, \ 200a)) = 0$

$V_M(\forall y(R(303a, \ y)) = 0, \ iff. \ V_M(R(303a, \ 303a)) = 0$

따라서 $V_M(\exists x \forall y(R(x, \ y)) = 0$

2) 무명이론의 접근방법

술어언어 L의 상항들에 대하여 도메인 D에서, 모든 존재자에게 이름을 주는 하나의 해석 I가 일반 타당하게 존재함을 보증할 수 있는 방법은 없다. 무심코 지나친 들판의 꽃들은 특별히 불러서 이름을 주기까지는 이름이 없다. $\exists x \ \phi$와 $\forall x \ \phi$는 더 이상 $[c/x] \ \phi$ 형식의 문장표현으로부터 환원되거나, 혹은 역이 성립하지 않는다. 의미합성의 원리는 하나의 표현의 의미, 그의 진리가 그의 구성요소로 환원될 수 있다는 것을 요구한다. 그러나 술어논리 문장에서, 의미 합성의 원리는 이 환원에 더 이상 매력을 갖지 않는다. 대부분의 경우에 술어논리학은 명제논리학보다 훨씬 더 강력하고 풍부한 힘을 갖는다. 확실히 $\exists x \ \phi$와 $\forall x \ \phi$는 더 이상 $[c/x] \ \phi$ 형식의 구성요소에 큰 중요성을 갖지 않는다. 그러므로 많은 점에서 무명이론적 접근은 의외로 좋은 결과를 가져올 수 있다. 예를 들어,

① 어떤 것은 희다.

'x는 희다'가 모든 눈송이를 구성하는 도메인에서 해석될 수 있다. x는 그 자체로서의 의미는 별로 없으므로, 그 상항으로서 도메인에 어떤 고정된 존재자를 상정하여야 할 필요는 없다.

② 어떤 것은 물이다.

x는 물이다. 여기 x도 더 이상 고정된 의미의 지시체를 갖지 않는다. x는 상항으로서 그의 도메인에서 어떤 고정된 존재자에 지시되지는 않는다. 지시대명사로서 '이 물은 맑다', '저 물은 맑다'의 x는 단지 어떤 존재자에 대한 항시 시간적 이름(temporary name)을 가질 뿐이다. 맑은 물에 대한 것뿐만 아니라 풍파가 일어나는 물에 대한 속성에 대한 대응도 가능하기 때문이다. 그러므로, 눈송이에서와 같이 모델 M은, x에 한 엑스트라 명명속성을 주고 이에 대한 변항을 고려할 수 있다. 그러면 x는 도메인 D의 한 원소로서 항시 시간 해석을 받는다. 눈송이에서와 같이 'x는 희다'는, 만약 그리고 오직 만약 x에 대한 모든 눈송이의 도메인에 한 지명의 속성이 있다면, 'x는 희다'는 참된 문장이 된다. 가령 'x는 물이다'의 경우에도 마찬가지이다. 하늘에서 내린 눈은 순간적으로 희다. 그러나 시간이 지나면 눈은 녹아서 물이 될 것이다. 거기서 x의 명명속성이 있다면, x에 대한 도메인 D의 원소에 어떤 특정한 진리가를 배당할 수 있다.

③ 어떤 사람은 서로 사랑한다 : $\exists x \exists y(L(x, y) \wedge L(y, x))$

술어 변항 x와 y는 술어문자 L에 대하여 x는 y이고 그리고 y는 x에 대하여 이가 술어로 대응하는 술어문자식에 대한 진리배당은 일정한 평가를 거친다.

먼저 이 문장공식 $\exists x \exists y(L(x, y) \wedge L(y, x))$의 하위공식인 $(L(x, y) \wedge L(y, x))$을 보자. 이 하위공식은 자유 변항을 갖는다. 이러

한 자유 변항이 순간적 지명(temporary denotation)을 받으면, 모든 자유 변항들에 대하여 동시에 하나의 지명의 경계를 갖는다. 고려 중에 있는 도메인의 이러한 자유 변항에 대하여, 그들에게 지명을 일괄적으로 배당하는 것을 무명이론적 접근이라고 한다. 유명이론적 접근은 이에 반하여 모든 양화사의 범위에 이름을 대치하는 것이고, 무명이론적 접근은 이름의 대상의 술어의 속성을 지명으로 배당한다.

이러한 술어공식에 대한 지명에 의한 배당의 평가절차는 g, 평가는 $V_{M,g}$으로 표기한다. 평가절차 g는, 술어문자 A의 용어 t1, …, tn에 대하여 타당하다. 술어문자 A는, 오르지 변항만을 포함하고 더 이상 상항은 갖지 않는 원자공식들이다. $V_{M,g}(A(x1, …, xn))$ = 1, iff g(x1), …, g(xn)∈I(A)이다. 이 공식을 풀어서 읽자면, '(x1), …, (xn)을 갖는 용어가, 이들의 술어문자 A의 해석을 거치는 한에서만, A(x1, …, xn)의 평가 $V_{M,g}$는 참이다'이다.

여기서 우리는 상항에 대한 지명 해석 대신에 변항에 대한 지명을 귀인시키는 g의 배당을 하였다. 변항이나 혹은 상항을 포함하는 At1, …, Atn의 공식들을 살펴보면, 이들은 L 언어에 대한 집단 명칭의 용어(term)이다. 명백한 것은, 만약 t가 L의 한 상항이면, $[[t]]_{M,g}$= I(t)이고, 만약 t가 한 변항이면. $[[t]]_{M,g}$= g(t)이다.

이제 위의 A(x) 대신 t로 대치하자. $V_{M,g}(A(t1, …, tn)) = 1$, iff $([[t1]]_{M,g}, …, [[tn]]_{M,g})∈I(A)$이다.

여기서 L(x, y)와 L(y, x)의 양자는 동치인, 이 진리조건을 유지하자면, 만약 y가 용어 t1, …, tn에 나타나지 않으면, $V_{M,g}(A(t1, …, tn)) = 1$은 g(y)의 가치에 의존할 필요가 없어야 한다. 마찬가지로, L(x, y)를 φ라 하면, (∃y φ) 의미는 g(x)는 어떤 사람을 사랑하고, 그리고 그러한 어떠한 y가 있다. $V_{M,g}(\exists y\ L(x,\ y)) = 1$, iff d∈H이고, (g(x), d)∈I(L)이면 그러하다. 즉, 임의의 변항의 진리값의 도메인 d가 술어식 H의 원소를 이루고, 지정된 g(x)가 L 언어의 한 I 해석기능에 속하면, $\exists y\ L(x,\ y)$에 대한 g 평가절차는 참이다.

$$V_{M,g}(\exists y\ L(x,\ y)) \doteq 1,\ iff\ V_{M,g}(L(x,\ y)) = 1$$

왜냐하면 $V_{M,g}(L(x,\ y)) = 1$, iff (g(x), g(y))∈I(L), iff g(x)가 g(y)를 사랑한다 이기 때문이다. g(x)가 g(y)를 사랑한다 이라면, g(y)는 L 언어의 해석의 가늠 아래에, 평가절차를 거쳐 $V_{M,g}(L(x,\ y)) = 1$이 된다. $V_{M,g}(Ax1,\ \cdots,\ xn) = 1$ iff g(x1), $\cdots$, g(xn)∈I(A).

M이 모델이면, D는 도메인이고, I는 해석기능일 때, g의 D의 배당은 다음과 같다.

㉠ $V_{M,g}(At1\ \cdots\ tn) = 1$, iff $([[t1]]_{M,g}\ \cdots\ [[tn]]_{M,g} > \in I(A)$

㉡ $V_{M,g}(\neg\phi) = 1$, iff $V_{M,g}(\phi) = 0$

㉢ $V_{M,g}(\phi \wedge x) = 1$, iff $V_{M,g}(\phi) = 1$ 그리고 $V_{M,g}(\Psi) = 1$

㉣ $V_{M,g}(\phi \vee x) = 1$, iff $V_{M,g}(\phi) = 1$ 혹은 $V_{M,g}(\Psi) = 1$

㉤ $V_{M,g}(\phi \supset x) = 1$, iff $V_{M,g}(\phi) = 0$ 혹은 $V_{M,g}(\Psi) = 1$

㉥ $V_{M,g}(\phi \equiv x) = 1$, iff $V_{M,g}(\phi) = V_{M,g}(\Psi)$

㉦ $V_{M,g}(\forall x\ \phi) = 1$, iff 모든 d∈D에 대하여, $V_{M,g}[x,\ d](\phi) = 1$이면 그러하다.

㉧ $V_{M,g}(\exists x\ \phi) = 1$, iff d∈D이 적어도 하나 있고, $V_{M,g}[x,\ d](\phi) = 1$이면 그러하다.

$V_{M,g}(\phi)$가 의존하는 g의 유일한 가치는 ϕ에 자유 변항으로 나타나는 가치들에 배당되는 g의 가치이다. ϕ는 ϕ의 한 문장이 극단적 경우에 모든 g에 대한 동일한 가치를 갖는다. ϕ 문장에 대하여 $V_M(\phi)$라고 쓸 수 있다. 만약 M 도메인에 있는 모든 원소가 이름을 갖는다면, 어떤 ϕ에 대하여 유명의 접근과 무명의 접근은 $V_M(\phi)$에 대하여 동일한 가치를 갖는다.

g(x)는 변항 x에 대하여 푼수가 지명된 것이고, g(y)는 변항 y에 대하여 순이가 지명된 경우이다. 그러면, $V_{M,g}(L(x, y)) = 1$. 이것은 ([[x]]$_{M,g}$, [[y]]$_{M,g}$) = <g(x), g(y)> = (푼수, 순이)$\in$I(L). 유추적으로 $V_{M,g}$ L(y, x) = 1이다. 그러므로, $V_{M,g}(L(x, y) \wedge L(y, x)) = 1$. 이것은, $V_{M,g}(\exists y(L(x, y) \wedge L(y, x)) = 1$이다. 왜냐하면, g = g[x / 푼수]이고, 그리고 g = g[y / 순이]이므로, $V_{M,g}(\exists x \exists y(L(x, y) \wedge L(y, x))) = 1$이다.

6. 술어논리학의 확장

§64 진리나무와 양화사 범위

명제논리학에서와 같이 술어논리의 공식들도 진리나무의 가지의 열매를 흔들 수 있다. 술어논리적 표현들은 일정한 진리나무의 흔들기를 통하여 현안이 되는 공식들의 최종구성요소도 바닥에 떨어뜨릴 수 있다.

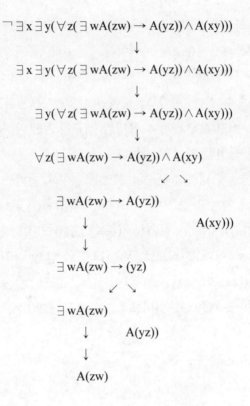

$$\neg \exists x \exists y(\forall z(\exists wA(zw) \rightarrow A(yz)) \wedge A(xy)))$$
$$\downarrow$$
$$\exists x \exists y(\forall z(\exists wA(zw) \rightarrow A(yz)) \wedge A(xy)))$$
$$\downarrow$$
$$\exists y(\forall z(\exists wA(zw) \rightarrow A(yz)) \wedge A(xy)))$$
$$\downarrow$$
$$\forall z(\exists wA(zw) \rightarrow A(yz)) \wedge A(xy)$$
$$\swarrow \quad \searrow$$
$$\exists wA(zw) \rightarrow A(yz))$$
$$\downarrow \qquad\qquad A(xy)))$$
$$\downarrow$$
$$\exists wA(zw) \rightarrow (yz)$$
$$\swarrow \quad \searrow$$
$$\exists wA(zw)$$
$$\downarrow \qquad A(yz))$$
$$\downarrow$$
$$A(zw)$$

술어논리에서는 문장과 공식이 서로 일치하지 않는다. 두 가지 종류의 공식은 이것이다. 하나는 소위 문장이라고 부르는 명제를 표현하는 것들에 대한 공식이다. 다른 하나는 명제적 기능이라고 부를 수 있는 것으로 관계나 속성을 표현하는 공식들이 그것이다. 명제논리학에서와 같이 공식 ϕ의 부분공식들이 위와 같다. 이 공식은 그들 자신이 공식인 ϕ로부터 취한 연속적 상징의 끈으로 이어졌다.

문장이라고 부를 수 있는 공식을 결정하기 위하여, 공식들을 해석하여야 한다. 이를 위하여, 하나의 주어진 공식이 어떻게 그 안

260

에 드러나는 어떤 양화사에 의하여 지배될 수 있는가를 살펴보아야 한다. 만약 $\forall x\ \Psi$가 ϕ의 부분공식이라면, Ψ는 ϕ 안에서 양화사 $\forall x$가 별개로 나타남의 범위(scope)를 갖는다. 같은 것이 $\exists x$에 대해서도 적용된다. 이러한 양화사의 범위의 지배와 구속을 보여주는 보기를 보자.

양화사	범위
$\exists w$	$A(z,\ w)$
$\forall z$	$\exists w\ A(z,\ w) \rightarrow A(y,\ z)$
$\exists y$	$\forall z(\exists w\ A(z,\ w) \rightarrow A(y,\ z)) \wedge A(x,\ y)$
$\exists x$	$\exists y((\forall z(\exists w\ A(z,\ w) \rightarrow A(y,\ z)) \wedge A(x,\ y))$

가령 $\forall x\ A(x) \wedge \forall x\ B(x)$를 보라. 첫 번째 $\forall x$는 그의 범위가 $A(x)$이고 두 번째에서는 $B(x)$가 그 범위이다. 이것은 첫 번째 양화사의 나타남은 x를 오직 $A(x)$에만, 두 번째 양화사는 x를 오직 $B(x)$에서만 지배하겠다는 뜻이다.

정의 :
(1) 공식 ϕ에서 한 변항 x의 나타남은, 만약 x의 나타남이 $\forall x$의 양화사의 범위에 혹은 $\exists x$의 존재양화사 범위 안에 떨어지지 않으면, ϕ 안에서 자유롭다고 말한다.
(2) 만약 $\forall x\ \Psi$가(혹은 $\exists x\ \Psi$)가, ϕ의 부분공식이고 그리고 x가 Ψ에서 자유로우면, 그러면 이 x의 나타남은 $\forall x$ 혹은 $\exists x$의 양화사에 의하여 구속되었다고 말한다.

변항은 한 공식에서 자유롭거나 혹은 구속되어 있다. 자유 변항을 갖는 하나의 공식은 명제논리적 기능을 갖는다. 즉 $T(x) \to F(x)$에서 x는 자유 변항이다. 이 자유 변항을 j로 대치하면, $T(j) \to F(j)$이다. $T(x) \to F(x)$는 하나의 기능을 갖고, 그의 도메인으로 L 언어의 c가 상항이라면, $T(x) \to F(x)$는, c를 논의로 갖는 하나의 문장 $T(c) \to F(c)$이다. 다음 경우를 보자.

y는 x가 존경하는 모든 사람을 존경한다.
① $\forall z(R(x, z) \to R(y, z))$

이 경우 양화사 z의 범위는 $R(x, z)$뿐만 아니라 $R(y, z)$까지 미친다. 그래서 $R(x, z)$의 조건 하에서 $R(y, z)$가 있다. 그러므로 $R(y, z)$이라고 하더라도, $R(x, z)$가 뒤따르지 않는다. 여기서 (x, y) 대신 (p, j)로 대치한다면,

② $\forall z(R(p, z) \to R(j, z))$

이다. 이것은 '존은 피터가 존경하는 모든 사람을 존경한다'이다.

§65 술어논리학의 확장

술어논리학의 제1단계는 오직 사물에 공언되는 명제들만 취급한다. 그러나 논리학의 제2단계는 사물에 대한 속성과 사물들 사이의 관계들에 대한 해명에 공헌한다.

가령 사물 A는 속성 F를 갖는다. 그래서 사물 a는 속성 F와 관계를 갖는다. 이러한 상황에서는 계급의 도입과 계급의 제거가 일

어난다. 그 단계 술어논리학을 위하여서는 집합과 집합을 잇는 중요한 개념이 있는데 이것이 곧 사상(寫像)이라는 개념이다. 사상은 두 집합 사이의 대응관계라 할 수 있다. 이러한 사상의 개념은 오늘날 수학에서 사용하는 함수의 개념에 해당된다. 함수란 블랙박스와 같은 것이다. 일정한 성질의 값이라도 이 블랙박스를 통하여 나오면 그 입력과 출력이 일정한 값을 유지한다. 가령 집합 A와 B가 있다. 집합 A는 집합 B에 대하여 대응이 있을 것이다. 그러면 이것은 $f : A \rightarrow B$, '즉 집합 A는 집합 B로 하나의 대응을 가지라'는 의미이다. 이를 $A^f \rightarrow B$로 적기도 한다. 하나의 집합이 출발하는 지점을 출발영역이라고 부르고 도착하는 영역을 도착영역이라고 부른다.

x와 y가 하나의 일정한 관계에 들어갔다고 하자. 그러면 이 x는 y에 대한 관계이므로 x R y라고 표시할 수 있다. x는 바로 뒤 y에 대한 하나의 관계에 들어선다. 그렇다면 $<x, y> \in$ R로도 나타낼 수 있다. x와 y는 R의 원소이고 R는 x와 y를 그의 원소로서 갖는다. 이것은 전형적인 이항관계 R로서, 이항관계 R의 정의역(domain)은 어떤 y에 대해 x R y인 모든 대상 x의 집합이다. 이에 반해 이항관계 R의 치역(converse domain)은 어떤 x에 대해 x R y인 모든 대상 y의 집합이다. 이와 같이 이항관계 R의 전체 영역은 그 정의 역과 치역의 합집합으로 이루어진다. 이 이항관계 S는 이항관계 R의 역이면 $(S = \breve{\ } R)$이다. 이러한 표현에 대하여서, 모든 대상 x, y에 대해 x R y일 경우, 오직 그 경우에만 y S x가 타당하다. 따라서 S가 R의 역이고, 순서쌍 <x, y>가 R에 속할 경우, 오직 그 경우만 역 순서쌍 <y, x>는 S에 속한다. 이항관계가 전이적이라면, 이항관계 R는 모든 대상 x, y, z에 대해, x R y이고

x R z이면, y = z이다. 집합 A가 집합 B와 같은 개수의 원소를 가질 경우에, 오직 그 경우에만, A가 R의 정의 역이고 B가 R의 치역인 1 대 1의 관계가 존재한다. 또한 n 항 연산(n-ary operation)의 개념은 함수 개념의 자연스런 확장이다. (n + 1) 관계항 R는 집합 D에 대하여, n 항 연산일 경우, 오직 그 경우에만 D의 각 대상들의 각 n 순서 <x1, x2, …, xn>에 대해, <x1, x2, …, xn, y> ∈ R인 대상 y가 정확히 하나 존재한다.

1) 동일성

짝은 동일하다. 동일한 것은 짝으로서, 젓가락, 양말 등에 해당된다. 짝 이외에도 동일한 대상은 많이 있다. 이를 표현하는 술어를 P 언어의 술어라고 부르고, 여기서 P의 두 자리 술어 상항을 적용할 수 있다. a = b. a = b는, a로 나타낸 대상 상항이 b로 나타낸 대상 상항들과 동일하면, a와 b는 동일한 대상으로 나타내어진다. 만약 a, b가 P의 대상 상항이면, a = b는 P의 한 명제이다. 여기에는 하나의 해석이 필요하다. 모든 평가 V에 대하여, V(a = b) = t, iff V(a) = V(b). V($\lnot$a) = V(b) iff V($\lnot$a = b) 혹은 V(a ≠ b). 모든 해석 V에 대하여, V(a = b) = w, iff V(a) = V(b). $\lnot$a = b의 경우는 a ≠ b이다. 이러한 동일성의 도움으로 다음과 같은 술어 식들을 정리할 수 있다.

(1) 최소한 두 개의 사물이 있다 : $\exists$x y(x ≠ y)
(2) 최소한 세 개의 사물이 있다 : $\exists$x y z(x ≠ y ∧ y ≠ z ∧ x ≠ z)
(3) 최소한 n 사물이 있다 : $\exists$x1, …, n(x1 ≠ x2 ∧ … ∧ xn−1 ≠ xn ∧ x1 ≠ xn)

(4) 기껏해야 한 사물이 있다 : $\forall x\ y(x = y)$

$\exists x(Ax)$란 적어도 하나의 속성이 술어 A를 만족시키는 것을 의미한다. 예를 들어 A를 술어 속성이라 하자. 기껏해야 어느 하나가 이 술어식을 만족시킨다면, Ax이고 Ay이나, x = y이다. $\forall x \forall y$ $((Ax \wedge Ay) \rightarrow x = y)$.

(5) 기껏해야 두 사물이 있다 : $\forall x\ y\ z(x = y \vee x = z \vee y = z)$
A는 미인이면, $\forall x \forall y \forall z((Ax \wedge Ay \wedge Az) \rightarrow (x = y \vee x = z \vee y = z))$.
예를 들어, 기껏해야 A 속성을 갖는 다른 세 명이 있다.
$\forall x \forall y \forall z \forall w((Ax \wedge Ay \wedge Az \wedge Aw) \rightarrow (x = y \vee x = z \vee x = w \vee y = z$
$\vee y = w \vee z = w))$.
(6) 기껏해야 n 사물이 있다 :
$\forall x1 \ \cdots \ xn(x1 = x2 \vee x2 = x3 \vee, \cdots, \vee xn - 1 = xn)$
(7) 적어도 두 개의 x가 있어서 Ax이다 : $\exists x \exists y(x \neq y \wedge Ax \wedge Ay)$
(8) 적어도 세 개의 x가 있어서 Ax이다 : $\exists x \exists y \exists z(x \neq y \wedge x \neq z$
$\wedge y \neq z \wedge Ax \wedge Ay \wedge Az)$
(9) 꼭 하나의 변항이 A이다 : $\exists x \forall y(Ax\ y \leftrightarrow y = x)$
(10) 꼭 두 변항이 A이다 : $\exists x \exists y(x \neq y \wedge \forall z(Az \leftrightarrow z = x \vee z = y)))$
(11) 꼭 세 변항이 A이다 : $\exists x \exists y \exists z(x \neq y \wedge x \neq z \wedge y \neq z \wedge \forall w$
$(Aw \leftrightarrow (w = x \vee w = y \vee w = z)))$

2) 어느 궁사의 동일성

궁사가 활을 메고 사냥을 나갔다. 광활한 땅으로 말을 타고 달린다. 궁사는 논리사냥을 위해 활시위를 잔뜩 당겨서 목표를 향하여 조준한다. 그러면 이 경우는 다음과 같이 말할 수 있다. '만약 한 화살이 한 방향에서 두 점을 연결하면, 그러면 그것은 그 목표물의 조준방향에 대하여 역시 하나의 대칭이 있다는 것을 의미한다.' 이것은 대칭적이다. 궁사의 화살이 조준하여 출발한 시위점은 조준된 과녁으로서 목표점 사이에는 하나의 대칭이 발생한다.

① $\forall x \forall y(R(x, y) \to R(y, x))$ 　　　　　 대칭적

자 시위를 떠난 화살은 어디로 갈까? 일단 당긴 이 화살은 되돌아가지도 못하고, 추진력이 떨어질 때까지 어느 중간 지점에서 쉬고 있지도 못한다. 화살들은 뒤로 돌아가지도 않고 그리고 점들 사이에 놓여 있지도 않다. 한번 목표물을 향하여 당긴 화살은 돌아오지 못한다. 쏜 화살이 깊숙하게 박힌 곳은 이미 회귀할 수 없고 돌이킬 수 없는 점이다. 이러한 돌아올 수 없는 점은 비대칭적이다.

② $\forall x \forall y(R(x, y) \to \neg R(y, x))$ 　　　　 비대칭적

그런데 일단 궁사가 방향을 잡아서 쏜 화살은 분명히 어느 하나의 쏜 점을 갖게 마련이다. 분명히 어디론가 향하는 바로 원인을 갖는 부분은 그 자체로서 이미 결과 또한 가지고 있다. 그 지점은 하나의 반성적인 국지적 점이다. 예를 들어, 궁사가 활을 들고 두리번거리며 시위를 당기지 않고 있다. 그러나 활의 줄은 팽팽하게 당겨져 있다. 줄은 탄탄한 탄력을 갖고 있지만 여전히 그 자체의 국지점에서 맴돈다. 그러한 점은 그 자체에서 하나의 화살의 점을 갖는다.

③ $\forall x \, R(x, x)$ 재귀적

일단 당긴 화살은 시위를 떠나자마자 그 자신이 떠난 자리에 멈추어 서 있는 법이 없다. 어떤 벡터를 갖기 때문이다. 그러므로 시위를 당기면 그대로 나가는 것이고 누가 다시 되쏘지 않는 한에서 되돌아오지 않는다. 어떠한 점도 그 자체에서의 한 화살점이란 없다. 한번 당긴 시위의 화살이 가는 쪽에 적어도 화살이 옆으로 살짝 비켜가면 안심이다. 매 순간 그 자체의 국지점에 머무는 점은 이미 재귀적이 아니다. 한번 쏜 화살은 자기 자신의 자리에 머무르지 않는다. 이것은 비재귀적이다.

④ $\forall x \, \neg R(x, x)$ 비재귀적

만약 한 화살이 세 번째 점들의 첫 번째에서 두 번째로 방향을 잡고 나가고 그리고 한 화살이 두 번째 점에서 세 번째 점으로 방향을 잡고 나가면, 그러면 첫 번째에서 세 번째로 방향을 잡고 나간 화살점이 있다. 궁수는 동서남북 어느 한 방향으로 시위를 정한다. 이 화살이 떨어지는 곳에 다시 동일한 방법으로 목표한 곳으로 쏜다. 이것이 곧 전이점이다.

⑤ $\forall x \forall y \forall z (R(x, y) \wedge R(y, z)) \rightarrow R(x, z))$ 이행적

궁수가 활을 쏜 쪽은 항상 같은 점들 사이의 선상에서 진행되기 때문에, 만약 옆에서 화살이 박힐 경우 그 화살이 어떤 다른 점을 경과하여 다른 옆자리로 옮아가지도 않는다. 화살들은 뒤로 돌아

가지도 않고 그리고 다른 점들 사이에 놓여 있지도 않다. '아이쿠 화살이 바로 옆자리에 박혔구나.' '다행히 나는 피해 나갔구나.' '그런데 이 화살이 날아온 방향을 보면 저기서 이쪽으로 날아와서 이곳에 박힌 것이구나.' 영화를 임의의 비디오를 통해 감상하는 사람은 스크린의 내용에 대하여 반대칭적으로 만들 수 있다. 그래서 이러한 반대칭을 말하는 이론은 바로 이러한 연결고리가 같다는 점을 말하는 것이다. 대칭과 다른 점은 이 화살을 뺄 수도 있다는 것이다. 마치 슬로비디오처럼 처음 출발점에서 도착점을 되돌려 놓으면 이는 반대칭이다. 독화살을 맞으면 그 화살촉을 빼 독의 유무를 살펴보고 치료하여야 한다.

⑥ $\forall x \forall y(R(x, y) \wedge R(y, x) \rightarrow x = y)$ 반대칭적

궁수의 화살은 언젠가는 어느 곳에서든 연결된다. 어떤 두 다른 점들은 적어도 하나의 화살에 의하여 연결된다.

⑦ $\forall x \forall y(R(x, y) \vee x = y \vee R(y, x))$ 연결성

이상 우리는 ① 대칭적, ② 비대칭적, ③ 재귀적, ④ 비재귀적, ⑤ 이행적, ⑥ 반대칭적, 그리고 ⑦ 연결성의 관계를 알아보았다. 이들이 자연어에서 어떻게 작동되는지를 다음 보기에서 알아보자.

㉠ 나와 할아버지의 관계
㉡ 나와 조상의 관계
㉢ 나와 남의 키의 '보다 작다'의 관계

ⓔ 나와 남의 키의 '똑같이 크다'의 관계

ⓜ 나와 남의 나이가 '정확히 12살이 적은' 관계

	재귀적	비재귀적	대칭적	비대칭적	반대칭적	이행적	연결성
㉠	아님	예	아님	예	예	아님	아님
㉡	아님	예	아님	예	예	예	아님
㉢	아님	예	아님	예	예	예	아님
㉣	예	아님	예	아님	아님	예	아님
㉤	아님	예	아님	예	예	아님	아님

이들 사물의 속성을 표시하는 방법 중에 가장 단순한 것이 관계의 속성들이다. 관계란 그러그러한 사이를 말하는 것이다. 가령 사물의 전이성으로서, 첫 번째 것은 두 번째보다 많다. 두 번째 것은 세 번째보다 많다. 그러므로, 첫 번째 것은 세 번째보다 많다. 이러한 경우 관계의 술어 L은 보다 더 '크다'의 관계로 해석하고, 이를 기호식으로 나타내면,

⑧ $\forall x \forall y \forall z ((L(x,\ y) \land L(y,\ z)) \rightarrow L(x,\ z))$

그런데 이러한 표현에 대하여 타당할 수 있는 어떤 계산 모델을 수행하기 위하여, 우리는 여기서 하나의 모델 M을 도입한다. 이 모델 M에 따라, 이 표현을 참으로 받아들이게 한다.

⑨ $V_M(\forall x \forall y \forall z ((L(x,\ y) \land L(y,\ z)) \rightarrow L))$

모델 M의 각 변항은, 일정한 도메인 D에서 각각의 지명된 값을

갖는다. 그래서 다음의 식이 성립한다. 만약 d1, d2, d3∈D에 대하여, if d1, d2 ∈D 그리고 d2, d3∈D이면, d1, d3∈D는 모델 M 안에서의 관계 I(R)가 전이적이다. 만약 $\forall x \forall y \forall z((L(x, y) \land L(y, z)) \rightarrow L(x, z))$이면, 모델 M 안에 $V_M(\forall x \forall y \forall z((L(x, y) \land L(y, z)) \rightarrow L(x, z)))$ 참이다. 반면에 $\forall x \forall y(R(x, y) \rightarrow \neg R(y, x))$가 모델 M 안에서 참이면, 우리는 I(R)는 M 안에서 비대칭이다.

7. 복합양화의 해석과 평가

§66 복합양화

복합양화란 주어뿐만 아니라 술어 부분의 양화가 일어나는 경우를 의미한다. 주어와 술어 양쪽에 일어나는 복합양화의 보기를 다음과 같이 들어보자.

(1) 모든 인간은 모든 인간을 사랑한다.
(2) 모든 인간은 어떤 인간을 사랑한다.
(3) 어떤 인간은 모든 인간을 사랑한다.
(4) 어떤 인간은 어떤 인간을 사랑한다.

이 보기는 중세 이래로 전형적인 복합양화의 경우이다. 먼저 (1)이 성립하면 (2)가 성립한다. (2)와 (3)은 다르다. 이 양자는 관계를 나타내는 계급언어로 구성되어 있다.

① $\forall x \forall y\ L(x,\ y) \equiv \forall y \forall x\ L(x,\ y)$

  y 1 2 3 4 ··················· n

  x $L(x1,\ y1) \wedge L(x1,\ y2) \wedge L(x1,\ y3),\ \cdots,\ \wedge L(x1,\ yn)$

  1 $\wedge L(x2,\ y1) \wedge L(x2,\ y2) \wedge L(x2,\ y3),\ \cdots,\ \wedge L(x2,\ yn)$

  2 $\wedge L(x3,\ y1) \wedge L(x1,\ y2) \wedge L(x1,\ y3),\ \cdots,\ \wedge L(x3,\ yn)$

  .

  n $\wedge L(xn,\ y1) \wedge L(xn,\ y2) \wedge L(xn,\ y3),\ \cdots,\ \wedge L(xn,\ yn)$

② $\exists x \exists y\ L(x,\ y) \equiv \exists y \exists x\ L(x,\ y)$

  y 1 2 3 4 ························ n

  x $L(x1,\ y1) \vee L(x1,\ y2) \vee L(x1,\ y3) \vee L(x1,\ yn)$

  1 $\vee L(x2,\ y1) \vee L(x2,\ y2) \vee L(x2,\ y3),\ \cdots,\ \vee L(x2,\ yn)$

  2 $\vee L(x3,\ y1) \vee L(x1,\ y2) \vee L(x1,\ y3),\ \cdots,\ \vee L(x3,\ yn)$

  .

  n $\vee L(xn,\ y1) \vee L(xn,\ y2) \vee L(xn,\ y3),\ \cdots,\ \vee L(xn,\ yn)$

③ $\exists x \forall y\ L(x,\ y)$

  y 1 2 3 4 ·························· n

  x $[L(x1,\ y1) \wedge L(x1,\ y2) \wedge L(x1,\ y3),\ \cdots,\ \wedge L(x1,\ yn)]$

  1 $\vee [L(x2,\ y1) \wedge L(x2,\ y2) \wedge L(x2,\ y3),\ \cdots,\ \wedge L(x2,\ yn)]$

  2 $\vee [L(x3,\ y1) \wedge L(x1,\ y2) \wedge L(x1,\ y3),\ \cdots,\ \wedge L(x3,\ yn)]$

  .

  n $\vee [L(xn,\ y1) \wedge L(xn,\ y2) \wedge L(xn,\ y3),\ \cdots,\ \wedge L(xn,\ yn)]$

④ $\forall y \exists x\ L(x,\ y)$

  y 1 2 3 4 ·························· n

  x $[L(x1,\ y1) \wedge L(x2,\ y1) \wedge L(x3,\ y1),\ \cdots,\ \wedge L(xn,\ yn)]$

  1 $\vee [L(x2,\ y1) \vee L(x2,\ y2) \wedge L(x2,\ y3),\ \cdots,\ \wedge L(x2,\ yn)]$

  2 $\vee [L(x3,\ y1) \vee L(x1,\ y2) \wedge L(x1,\ y3),\ \cdots,\ \wedge\ L(x3,\ yn)]$

  .

  n $\vee [L(xn,\ y1) \vee L(xn,\ y2) \wedge L(xn,\ y3),\ \cdots,\ \wedge L(xn,\ yn)]$

관계와 계급의 언어에서 ③과 ④는 구분되지 않는다. 그러나 ③과 ④는 등가가 아니다. ③의 함축은 존재에서 전칭으로 나아 간다. 이것은 적어도 y의 전칭에 대한 x의 존재를 인정하는 것이다. 요컨대 $\exists x \forall y\, L(x,\ y) \rightarrow \forall y \exists x\, L(x,\ y)$은 성립한다. 그러 나 요컨대 $\forall y \exists x\, L(x,\ y) \nrightarrow \neg \exists x \forall y\, L(x,\ y)$이다.

§67 술어논리와 고유명사

술어논리의 논의식에서의 추론은 술어의 구조에 의거한다. 술어 의 구조란 술어가 대상으로 취하는 사물의 양을 일정한 방식에 따 라 추론하는 데에 있다. 고유명사가 술어의 대상으로 등장하는 경 우 그는 진술의 대상이나, 고유명사는 스스로가 술어화되지 못한 다. 고유명사는 술어대상으로서 술어의 자리에 들어올 수 없다. 아 울러 술어 자리에서의 고유명사는 분배가 될 수 없다. 또한 아울 러 서로 다른 술어의 양에 대하여서는 추론이 성립하지 않는다. 예를 들어, 똑같이 많다는 술어를 사용하더라도 쌀이 많으냐, 지식 이 많으냐는 술어는 비교가 되지 않는다. 마찬가지로 나무가 긴가, 밤이 긴가 역시 비교가 되지 않는 술어이다. 같은 속성에 대한 술 어의 공식이라 할지라도 술어논리식의 상항에 대한 비교가 되지 않는 경우도 있다. 다음의 보기는 술어논리식에서 어떻게 고유명 사가 작동되는가의 보기이다.

푠스는 푼수보다 크다.
푼수는 픈스보다 크다.
_____
푼수는 픈스보다 크다.

이 문장에 대전제의 나타나는 술어식은 '크다'이고 이를 B로 정하고 각각의 이 술어문자 B가 취하는 논의를 p, f, s라고 정하자. 그리고 나서 이 술어명제식을 직접적으로 번역하면 다음과 같다.

(1)   B(p, f)
       B(f, s)
       ─────
       B(p, s)

그러나 이 술어논리식은 자명하지 않다. 그 자체로서 술어 상항이 술어문자 뒤에서 등장하고 있지만 투명하게 명시적으로 말하는 바가 없다. 그러나 이 식은 변항에 의한 전이성을 보여준다. 그래서 이 식을 이용하면 논의에 대한 추론의 자명성을 확보한다.

(2) $\forall x \forall y \forall z((B(x, y) \wedge B(y, z)) \rightarrow B(x, z))$

그러나 술어논리의 공리 4)에 따라서 $\forall x\, A[x] \supset A[a]$이므로 이 논의는 자명하다. 이것은 논의도식을 어떻게 설정하느냐에 따라서 이러한 추론의 자명성이 드러난다. 그래서 우리는 이러한 술어문자를 해석하는 모델 M을 찾아야 한다. 이러한 모델 M을 찾으면, 이 모델은 각 술어문자에 의미론적 뜻을 부여하게 된다.

이 상황을 이렇게 표현하겠다. $\phi_1, \cdots, \phi_n / \Psi$는 술어식이다. 이 식은 의미론적으로, 모델 M 하에 이들 술어문자와 상황을 해석하면, 자명하다. 이 모델에서는 $\phi_1, \cdots, \phi_n, \Psi$이 나타나고, 이들은 각 평가를 받아야 한다. 이들 평가는, $V_M(\phi_1) =, \cdots, = V_M(\phi_n) = 1$이고, $V_M(\Psi) = 1$일 경우에 자명하다. 다른 말로, $\phi_1, \cdots, \phi_n / \Psi$은 의

미론적으로, 만약 $V_M(\phi 1) =, \cdots, = V_M(\phi n) = 1$이고, $V_M(\Psi) = 0$이 불가능할 경우에 자명하다. $\phi 1, \cdots, \phi n$의 진리를 받아들이면, Ψ의 진리도 받아들여야 한다.

$\phi 1, \cdots, \phi n / \Psi$는 구문론으로도 말할 수 있다. $\phi 1, \cdots, \phi n / \Psi$은, 만약 $\phi 1, \cdots, \phi n$부터 Ψ의 도출이 있으면 구문론적으로 자명하다. 이러한 구문적 접근을 자연적 연역이라고 부르는데, 이는 명제논리학의 식과 같다. 이러한 추론관계가 성립하면 ϕ는 Ψ으로부터 도출되고, Ψ은 ϕ으로부터 도출되는 경우를 살펴볼 수 있다. 만약 그렇게 된다면 ϕ와 Ψ는 같은 의미를 가질 것이고, ϕ와 Ψ는 갖은 연장적 의미를 갖는다. 여기서 우리는 술어논리학의 연장성의 원칙에 도달한다. ϕ와 Ψ의 속성들은 그들이 동일한 한에서 자유로이 대치될 수 있는 속성을 갖게 하는 것이다.

§68 추론의 적합성

술어논리식의 추론의 적합성은 의미론적 건전성이 먼저 확보되어야 한다. 그러자면 먼저 의미론적 적합성을 살펴야 한다. 그래서 하나의 모델 M이 있어서 이 모델은 논의도식 $\phi 1, \cdots, \phi n / \Psi$에 대하여, 만약 모든 술어문자, 상항 그리고 함수 기능 상징들이 $\phi 1, \cdots, \phi n$에 나타나고, 혹은 Ψ 안에 나타나고 M에서 해석될 수 있으면, 적합하다. 의미론적 자명성은 다음과 같이 살펴볼 수 있다. $\phi 1, \cdots, \phi n / \Psi$는 ($\phi 1, \cdots, \phi n \vDash \Psi$), 만약 모든 모델 M에 대하여 $\phi 1, \cdots, \phi n / \Psi$가 적합하고, 평가 $V_M(\phi 1) =, \cdots, = V_M(\phi n) = 1$이고, $V_M(\Psi) = 1$이라면, 자명하다. Ψ는 $\phi 1, \cdots, \phi n$의 의미론적 귀결이다. $\phi 1, \cdots, \phi n / \Psi$가 자명하지 않으면, $\phi 1, \cdots, \phi n \nvDash \Psi$이다. $\phi 1, \cdots, \phi n /$

Ψ의 자명성은, 만약 n = 0이면, Ψ의 보편적 자명성으로 환원된다. 그렇기 때문에 기호 ⊨은 하나의 확장이다.

φ1, ···, φn, Ψ의 공식에 대하여 φ1, ···, φn ⊨ Ψ은 곧 모든 평가 V에 대하여, $V_M(φ1)$ =, ···, = $V_M(φn)$ = 1이고, $V_M(Ψ)$ = 1이라면, 유지된다. 물론 φ1, ···, φn / Ψ이고 이들은 φ1, ···, φn, Ψ에 나타나는 모든 명제문자들을 0과 1에 지도투사를 하는 것이다.

§69 술어의 해석과 평가모델

명제논리학과 술어논리학의 차이는 해석과 평가에서 나타난다. 어떤 유한한 수의 평가는 명제논리학의 논의도식의 자명성을 결정하기에 충분하다. 반면에 술어논리에서 무한한 모델들의 평가는 그렇지 못하다. 주어진 술어논리학의 논의도식에서는 유한한 단계의 평가의 개수로 자명한지 아닌지를 결정할 방법이 없기 때문이다. 이것이 술어논리학의 논의도식의 자명성을 검증할 방법이 없다는 1936년 처치 테제의 핵심이다. 모든 술어논의도식에서 하나의 유한한 단계에 적극적 혹은 부정적 귀결을 보증할 수 있는 방법은 없다.

'어떤 거짓말쟁이가 있다'는 술어문장 표현과 '모든 사람은 한 거짓말쟁이다'의 술어문장 표현의 차이를 검토해 보자. 어떤 사람이 거짓말쟁이면, 유한한 범위에서 찾아내지 못할 길은 없다. 그런데 모든 사람이 거짓말쟁이인지는 무한한 범위에서는 알 수 없다. 다음의 양자의 식은 어떤 모델 M에서 자명한 논의도식이 아니다.

1)

① ∃x L(x)

② ∀x L(x)

증명 :

먼저 모델 M을 세운다. 이 모델 M에 따라서, $V_M(∃x\ L(x)) = 1$, 그러나 $V_M(∀x\ L(x)) = 0$이다.

①의 경우 모델 M의 도메인에 즉, D = {1, 2}를 주자. L에 해석을 주고, 1이라는 원소를 만들면, I(L) = {1}이다. 상항 a1, a2에 대하여, I(a1) = 1, I(a2) = 2이다. 그런데, $V_M(∃x\ L(x)) = 1$이다. 왜냐하면 1 ∈I(L)이고, $V_M(L(a1)) = 1$이기 때문이다.

②의 경우는 $V_M(∀x\ L(a2)) = 0$이고, 2∉I(L)이기 때문에, $V_M(∀x\ L(x)) = 0$이다.

이로써 ①과 ②는 모델 M에서 자명할 수 없다.

M' 모델을 도입하자. 이제는 $D_{M'}$ = {풍수, 푼수}이다. $I_{M'}(L)$ = {풍수}이다. 그러면 상항 a1과 a2에 대하여 $I_{M'}(a1)$ = 풍수, $I_{M'}(a2)$ = 푼수이다. 이것은 곧 $V_M(∃x\ L(x)) = 1$이고, $V_M(∀x\ L(x)) = 0$임을 보여준다. 더 나아가 M″에 대하여 $D_{M''}$ = '모든 사람들의 집합'으로 규정하면, $I_{M''}(L)$ = '모든 거짓말쟁이의 집합'으로 확장할 수 있다. 여기서 다시 풍수는 거짓말쟁이고, 푼수는 아니라고 상정하자. 그러면, 모든 사람에게 그밖에 역시 하나의 이름을 주기 위하여 다른 상황들의 광범위한 수를 도입한다. 다시 $V_{M''}(∃x\ L(x)) = 1$이고, $V_{M''}(∀x\ L(x)) = 0$을 얻는다.

이와 같이 우리는 술어논의도식에서 하나의 유한한 단계 이내에 적극적 혹은 부정적 귀결을 보증할 수 없는 반례를 보았다.

2)

$\forall x\ S(x)\ /\ S(a1)$이 자명한 논의 도식임을 밝혀라. 모든 인간은 죽는다. 그러므로 소크라테스는 죽는다. 여기서 우리가 보여주어야 하는 것은 모든 적합한 모델 M에 대하여 $V_M(\forall x\ S(x)) = 1$인 것에 대하여 $V_M(S(a1)) = 1$이라는 것에 있다.

증명 :

모든 상항에 대하여 a는 M에서 해석된다고 하자. 그러면 $V_M(Sa) = 1$이다.

a1도 M에서 해석된다면, M은 $\forall x\ S(x)\ /\ S(a)$에 대하여 적합하다. 그러면 $V_M(S(a1)) = 1$이다. 그러므로 $\forall x\ S(x) \vDash S(a1)$이다.

3)

$\forall x(M(x) \rightarrow S(x)),\ M(a1)\ /\ S(a1)$ 이것이 자명한 논의도식인 점임을 보여달라. 모든 인간은 죽는다. 소크라테스는 한 인간이다. 그러므로 소크라테스는 죽는다.

M이 $V_M(\forall x(M(x) \rightarrow S(x))) = V_M(M(a1)) = 1$에 적합하다고 해보자. 그러면 모든 상항에 대하여 a는 M에서 해석될 수 있다. 그러므로 $V_M(M(a) \rightarrow S(a))=1$이다. 그래서 특별히 $V_M(M(a1) \rightarrow S(a1)) = 1$, iff. $V_M(M(a1)) = 1$이고, $V_M(S(a1)) = 1$이다. 그런데, $\forall x(M(x) \rightarrow S(x))$이다. 그러므로, $M\ (a1) \vDash S(a1)$이다.

§ 70   연장성의 법칙

술어논리의 표현은 서로 대치될 수 있는 속성들이다. 이들을 취급하는 원칙이 연장성의 원칙이다. 연장성의 법칙은 전제로부터 결론까지 논의들, 그리고 전건에서 후건에로의 질료적 함축으로 링크된다.

술어논리학 연장성의 법칙은 대치성의 속성에 타당하다. 이런 속성의 존재는 증명될 수 있어야 한다. 예를 들어, 신장을 갖는 모든 동물의 원소와 심장을 가진 모든 동물의 개념은 다르다. 그러나 신장도 갖고 그리고 심장도 갖는 모든 동물의 집합을 구성해 낼 수 있다. 동물은 신장도 갖고 그리고 심장도 갖는다. 이와 같이 원 개념에서 다른 개념으로 연장하여 개념을 만들어내는 원칙을 연장성의 법칙이라 한다.

연장성의 법칙 : $\forall x \forall y (\forall z (z \in x \equiv z \in y) \supset x=y)$

정리 1 :

a) $\phi \models \Psi$ iff. $\phi \rightarrow \Psi$

b) $\phi 1, \cdots, \phi n \models \Psi$ iff. $\phi 1, \cdots, \phi n - 1 \models \phi n \rightarrow \Psi$

증명 :

$\Rightarrow \phi 1, \cdots, \phi n \models \Psi$이라고 하자. 적합한 평가 V에 대하여, $V(\phi 1) =, \cdots, = V(\phi n - 1) = 1$이다. 보여주어야 하는 것은 $V(\phi n \rightarrow \Psi = 1$이다. 이 경우가 아니면 $\rightarrow$에 대한 진리테이블로부터 $V(\phi n) = 1$이고, $V(\Psi) = 0$이다. 이것은 아니다. 그러면 저 경우 $V(\phi 1), \cdots, V(\phi n)$ 모두가 1일 수 있다. 그 경우 $\phi 1, \cdots, \phi n \models \Psi$이 귀결된다. 그 경우 평가 V는 $V(\Psi) = 1$이지 0은 아니다.

$\Leftarrow \phi 1, \cdots, \phi n - 1 \models \phi n \rightarrow \Psi$이라고 하자. 평가 V에 대하여 $V(\phi 1), \cdots, V(\phi n) = 1$이다. 그러면 필연적으로 $V(\Psi) = 1$임을 보여주어야 한다. 지금 $V(\phi 1), \cdots, V(\phi n) = 1$이면, 그러면 $V(\phi 1), \cdots, V(\phi n - 1) = 1$이다. 상정에 따라 $V(\phi n \rightarrow \Psi) = 1$이고, $V(\phi n) = 1$이다. 이것은 곧 V

(Ψ) = 1이다.

증명 끝

정리 2 : $\phi1$, ⋯, $\phi n \vDash \Psi$, iff, $\vDash \phi1 \rightarrow (\phi2 \rightarrow (\cdots \rightarrow (\phi n \rightarrow \Psi)\cdots))$, iff,
$\vDash (\phi1 \wedge$, ⋯, $\wedge \phi n) \rightarrow \Psi$.

증명 : 정리 1의 증명의 반복

정리 3 :

  i) $\phi \vDash \Psi$ 그리고 $\Psi \vDash \phi$,

 ii) ϕ는 Ψ와 등가이다.

iii) $\vDash \phi \equiv \Psi$

증명 :

i) $\Rightarrow$ ii) $\Rightarrow$ iii) $\Rightarrow$ i)

정리 4 : ($\phi1$, ⋯, ϕn, $\Psi \vDash x$ 그리고 $\phi1$, ⋯, ϕn, $x \vDash \Psi$), iff, $\phi1$, ⋯,
     $\phi n \vDash \Psi \equiv x$

정리 5 : 만약 $\phi1$, ⋯, $\phi n \vDash \phi \equiv \Psi$이면, 그러면 $\phi1$, ⋯, $\phi n \vDash x \equiv [\Psi / \phi]\ x$

정리 6 : $\forall x1$, ⋯, $\forall xn(\phi \equiv \Psi) \vDash x \equiv [\Psi\ /\ \phi]\ x$

정리 7 : 만약 $\phi1$, ⋯, $\phi m \vDash \forall x1$, ⋯, $\forall xn(\phi \equiv \Psi)$이면, $\phi1$, ⋯, ϕm
     $\vDash x \equiv [\Psi./ \phi]\ x$

연장성의 원칙에 따르면 술어공식 $\forall x(A(x) \wedge B(x))$는 술어공식 $\forall x\ (A(x)) \wedge \forall x\ (B(x))$와 동일하다. $\forall x(A(x) \wedge B(x)) \vDash \forall x(A(x)) \wedge \forall x(B(x))$과 $\forall x(A(x)) \wedge \forall xB(x)) \vDash \forall x(A(x) \wedge B(x))$는 동일하다. 만약 x로서 $\forall x(A(x) \wedge B(x)) \rightarrow \exists x \neg C\ (x)$으로 취하면, $\forall x\ (A(x)) \wedge \forall x\ (B(x)) \rightarrow \exists x \neg C(x)$는 동치이다.

§71 술어논리적 의미요청

다음은 '보다 크다'라는 술어로 나타내어진 동치문장이다.

(1) 푼수는 푼슈다 크다.
   푼슈는 푼수보다 작다.

번역하기를 x는 y보다 크다: $B(x, y)$, 그리고 x는 y보다 작다: $S(x, y)$로 놓는다.

(2) $\forall x \forall y(B(x, y) \equiv S(y, x))$

M 모델 하에, $V_M \forall x \forall y(B(x, y) \equiv S(y, x)) = 1$. $B(x, y)$와 $S(y, x)$는 동치이다.

정리 7에 따라 $B(z, w)$와 $B(w, z)$도 임의 변항 w와 z에 대하여 등가이다. 왜냐하면 실제로 임의 a와 b에 대하여 $B(a, b)$이면, 임의의 B의 i와 j에 대하여서도 동치이다. a가 푼수 b가 푼슈이면, a가 b보다 크고, 임의 i인 아이와 j인 제이에 대하여서도 아이는 제이보다 크다. 따라서 이 명제는 $\forall x \forall y(B(x, y) \equiv S(y, x)) \models \forall z \forall w(B(z, w) \equiv S(w, z))$이다. 이와 같이 임의의 동치 상정을 술어논리적 의미요청이라고 한다.

(3) 푼슈는 한 총각이다.
   푼슈는 한 결혼하지 않은 남자이다.

B(x) : x는 총각이다. W(x) : x는 결혼하였다. M(x) : x는 남자
이다.

(4) $\forall x(M(x) \wedge \neg W(x)) \equiv B(x))$

이 역시 의미요청에 따른 것이다. 이 의미요청이 하는 것은 단
어가 의미하는 것에 대한 정보를 그대로 전해 준다.

기하학에서도 이와 같은 의미요청이 이루어진다. 예를 들어
P(x) : x는 한 점이다. L(x) : x는 한 선이다. O(x, y): x는 y 위에
있다. 이 경우는 한 선분에 있는 점을 나타낼 수 있다. 그러면 모
든 x와 모든 y에 대하여 x와 y가 다른 점이라면, 이 두 점 사이가
이어지는 선분이 있다. 아래의 기호 !은 특정한 지칭으로 자동차
번호판과 같이 다른 것과 확연하게 구분될 수 있는 고정된 표시를
의미한다.

(5) $\forall x \forall y((P(x) \wedge P(y) \wedge x \neq y) \rightarrow \exists z!(L(z) \wedge O(x, z) \wedge O(y, z)))$

이 문장을 다시 해석 M을 통하여 새로운 의미요청을 해보자.
여기에는 적어도 두 인격이 있다고 한다. 이 두 인격은 서로 다르
다. P를 인격이라 하면, $V_M(P(x) \wedge P(y) \wedge x \neq y) = 1$, iff, $V_M(P(x))$
$= 1$과 $V_M(P(y)) = 1$ 그리고 $\forall xy$에 대하여 $x \neq y$이면, 그러하다. x
가 하나의 인격이고 y가 다른 하나의 인격인 이들은 하나의 약속
을 상호 실현하려 한다. 이러한 '실현한다'를 O로 해석하고 하나의
약속에 속한 것은 L 술어라고 한다. 그러면 이 두 인격은 하나의
약속을 (5)의 해석처럼 실현한다. 다시 기하학의 명제에 따라서 다

음은 두 개의 상이한 선이 있다면, 이 두 선분을 공통으로 연결하는 한 점이 있다.

(6) $\forall x \forall y((L(x) \wedge L(y) \wedge x \neq y) \rightarrow$
$\forall z \forall w((P(z) \wedge P(w) \wedge O(z, x) \wedge O(z, y) \wedge O(w, x) \wedge O(w, y)) \rightarrow$
$z \equiv w)$

이 문장에 해석 M을 통하여 새로운 의미요청을 하기 위하여, 여기에는 적어도 두 인격이 있고, 이 두 인격은 서로 다르나, 하나의 약속 가운데 있다면, 모든 다른 인격 z와 w에 대하여, z가 x를 실현하고, z가 y를 실현하며, 아울러 w가 x를 실현하고, w가 y를 실현하는 z와 w는 똑같다.

8. 의미계산테이블

§72 의미론의 테이블 계산

술어논리학에 진위 결정방식이 존재하지 않음에 대하여 네덜란드 논리학자 베트(Beth)는 특별히 의미계산테이블이라는 계산방식을 고안하였다. 이 계산은 하나의 기계적인 결정방식이 결여될 때 사용되는 가장 가시적인 방식에 속한다. 만약 한 명제 A가 증명될 수 있다면, 이 명제를 결정할 수는 없다. 그러나 A 명제가 증명될 수 있다면, 도식적인 규칙을 적용하여 무한하게 많은 단계에 이르러 명제 A에 대한 증명을 발견한다. 그러한 단계의 증명이 얼마나 길게 가야 하는지는 알 수 없지만, 그러한 결정방식은 있긴 있다. 많은 단계를 거친 다음에도 여전히 증명을 발견하지 못하는 경우가 나올 수도 있다. 그리고 얼마나 많은 단계를 여전히 더 거쳐야 되는지 알 수 없는 경우도 있다. 그러한 경우는 증명을 이끌 수 없는 구성의 경과를 보여주어야 한다.

모든 형식적 절차에는 하나의 순수한 기계적인 증명절차를 고지하여야 한다. 그러나 이런 방식은 실천적 목적을 위하여 일반적으로 사용될 수는 없다. 대체로 증명은 그들의 계산의 증명의 길이에 따르거나 어떤 알파벳의 배열로 하거나, 혹은 증명할 수 있는 공식을 언명하는 것이다. 이런 증명의 열을 통과하다 보면 앞서 달려간 증명의 마지막 공식이 A인지를 결정할 수 있을 것이다.

베트의 의미테이블 계산은, 증명단계들은 자연적·논리적 추론들의 단계들에 일치한다는 점에 주목한다. 자연적·논리적 추론이란 논리적 조작자들의 진리가에 대한 의미론적인 확정에 기인한다. 베트 계산의 근본 아이디어는 추론 A1, …, An → B를, 이를 반박하는 것이 실패하게 됨을 보여줌으로써 증명하는 데에 있다.

이를 위하여 우리는 먼저 보아왔던 해석 V를 구성하여 명제들 A1, A2, …, An 의 가치를 참으로, 그러나 B의 가치를 거짓으로 만들기를 시도한다. 이러한 시도는 테이블을 만들어봄으로써 거기에서 하나의 해석을 주는 것이다. 이 테이블의 좌측에는 해석 V를 통하여 참이 되는 명제들을 기입한다. 이 테이블의 우측에는 해석 V를 통하여 거짓이 되는 명제들을 기입한다. 이제 해석 V를 자르는 선 좌측에 참인 A1, An의 명제들을 기입하고, 자르는 선 우측에 명제 B를 기입하는 것이다.

```
t          f
A1         B
  .
  .
  .
An
```

다음은 이의시되는 추론식이다. ㄱ(A⊃B) → ㄱA∨B

의미테이블 (1)

	t	f
①	ㄱ(A⊃B)	ㄱA∨B
②		ㄱA
③		B
④	A	
⑤		A⊃B
⑥	A	B

　의미테이블 (1)은 단계별로 ①에서 이의시되는 추론식을 기입하였다. ②와 ③은 우측 칸의 기입에 따라서 그리고 ④와 ⑤ 역시 자동적으로 나오는 식이다. 만약 A⊃B이 참이면, A는 참이고 B는 거짓이다. 해석 V(A) = t, V(B) = f는, V(A⊃B) = t라는 추론의 가정에 반례이다. 따라서 이 의미테이블 (1)의 추론은 일반 타당하지 않다.

　다음은 둘째 의미테이블의 추론식이다. ∀x ㄱ(F(x)⊃G(x)) → ∃x(F(x)∨ㄱG(x))

의미테이블 (2)

	t	f
①	$\forall x \neg (F(x) \supset G(x))$	$\exists x(F(x) \vee \neg G(x))$
②	$\neg (F(a) \supset G(a))$	
③		$F(a) \supset G(a)$
④	$F(a)$	$G(a)$
⑤		$F(a) \vee \neg G(a)$
⑥		$F(a)$
⑦		$\neg G(a)$

9. 인도논리학

§73 불교논리학

고대 인도인의 사유체계는 고전적인 텍스트(Sutra)에서 알려진
다. 이 텍스트에 따르면 모두 여섯 가지 갈래의 브라만 방향이 있
다. 그 중에 형식논리학의 체계는 기원후 3세기 경에 근본형태를
갖추었다. 브라만에는 두개의 종교공동체가 있다. 하나는 불교이
고 다른 하나는 힌두교이다. 이 양자는 이미 기원전 6세기에 고도
의 사유체계를 형성하여 발전하였다. 불교는 그 자체로 크게 두
가지 방향으로, 하나는 히나야나로 다른 하나는 마하야나로 발전
하였다. 전자를 소승불교, 후자를 대승불교라고 한다. 본격적인 고
대 인도의 논리학은 기원전 2세기에 시작된다. 이후 토론(tarka-
sastra)의 방법론을 통하여 체계적인 형식논리학(Nyaya-sutra)으로

발전하였다. 기원전 1세기의 그리스의 왕 메난트가 지금의 펀잡 지방을 지배할 때 현인과 토론하였다. 그가 현인과 벌인 토론은 다음과 같이 전해진다.

왕 : 존경하는 나가세나여, 그대는 나와 여전히 토론하려 하시는가?

나가세나 : 오, 왕이시여, 당신이 한 현인의 방식으로 토론하고 싶으면, 나는 좋소. 그러나 당신이 하나의 왕의 방식으로 토론하려 하면, 안 하겠소.

왕 : 존경하는 나가세나여, 어떻게 토론하려 하시오?

나가세나: 오, 왕이시여, 현인과의 토론에서는. 하나의 감아올리기와 풀어내기, 설득하기가 있고, 인정하기가 나타난다오. 옆으로 세우기가 있고, 맞은편에 세우기가 만들어진답니다. 그리고 현인들은 역시 그 자신을 벗어나서 분규에 휩싸이지 않습니다. 오, 왕이시여, 그렇게 현인들은 토론한답니다.

이 토론은 인도논리학의 변증법적 성격을 잘 나타낸 것으로 보인다. 철학의 불꽃이라고 부를 정도로 정치한 인도논리학은 처음에 열 가지 지절을 갖는 논증 틀에서 시작하였다. 이 열 가지 지절을 갖는 십지작법 다음 다섯 가지 논증 틀을 갖는 오지작법으로 발전하였다. 인도의 형식논리학은 기원후 2세기 무렵에 불교 논리 사상의 기초로서 다져졌다. 5~6세기에 이르자 진나(480~540년경)는 이전의 오지작법의 논리학을 체계적으로 개선하기 시작하였다. 오지작법의 논리학은 최종적으로 세 가지의 지절을 갖는 삼지작법으로 완성되었다. 그래서 진나 이전의 오지작법의 논리학은 구인명학이라 하고, 진나 이후의 삼지작법은 신인명학으로 분류한다. 인도논리학에서 비량이란 추론을 뜻한다. 비량이란 감각에서 벗어나 언어를 통하여 추론한다는 것이다. 비량에는 자기 자신에게 해당되는 자비량이 있고 남을 위한 타비량이 있다. 삼지작법의 특색은 배척적으로 타비량에 타당한 논증식을 세운 데에 있다. 그러므로 삼지작법의 논증방식은 필연적으로 자방의 논리적 입장을 세우는 능립과 타방의 입장을 부수기 위한 능파를 세우는 작업으로 진행되었다. 이러한 추세는 6세기의 동북아시아의 논리지도를 바꾸었다. 곧 진나가 세운 신인명론은 곧장 중국의 현장, 신라의 원효에 의하여 크게 발전하게 되었다.

1) 오지작법

오지작법을 구성하는 순서는 주장, 이유, 실례, 종합 그리고 결론이다. 이는 ① 종, ② 인, ③ 유, ④ 합, ⑤ 결이라는 논증 틀을 갖는다. 다음의 보기를 통하여 살펴보자.

① 종 : 저 산 너머 불이 있다.
② 인 : 연기가 보이잖니.
③ 유 : 연기가 있는 곳에 불이 있다. 부엌에 불이 있으면 연기가 나기 때문에.
④ 합 : 저 산 너머 연기가 보이니.
⑤ 결 : 그러므로 산 너머에 불이 있을 것이다.

① 종 : 소리는 무상하다.
② 인 : 왜냐하면 소리는 소작된 것이기 때문에
③ 유 : 소작된 항아리 같은 것은 무상하다.
④ 합 : 이와 같이 소리도 소작된 것이다.
⑤ 결 : 고로 소작된 것이기 때문에 소리는 무상하다.

오지작법의 변증법적 형식을 분석하기 위하여 다음의 대화식으로 열거하여 보자.

① 갑 : 나는 P가 S에 온다고 주장한다.
② 을 : 왜?
　갑 : M이 S에 오기 때문이야.
　을 : 그 다음은?
　갑 : 야, 당신은 오직, X는 M이 오고 그리고 동시에 또한 P에 온 것을 본다.
③ 　　Y에게는 M이 오지 않고 그리고 또한 P에 오지 않는다.
④ 　　여기에 지금 그러하다.
⑤ 　　그러므로, P는 S에 온다.

이 대화에는 오르지 갑과 을만이 오지작법을 이끌어간다. 그러나 최종결론은 갑이 가져간다. 갑이 가져가는 이유는 그가 주장명제를 세웠고, 또 이유와 실례를 거쳐 종합한 후에 결론을 맺어갔기 때문이다. 갑은 ①을 주장하고 매개념 M을 이용하여 이유와 예시를 든 다음 종합을 통하여 ⑤에서 처음 주장을 반복한다. ⑤는 ①의 반복이다. ②는 주장명제가 왜 성립할 수 있는지에 대한 근거를 대어주는 이유이다. 이러한 이유가 성립하는 실례를 제시하는 것이 ③이다. 반면에 ④는 ②와 ③의 합이다. 때문에 오지작법은 ① 종, ② 인, ③ 유의 세 지절만 남기고 나머지는 제거되어 삼지작법으로 발전하였다.

2) 삼지작법
진나는 오지작법에서 합과 결을 제거하고, ① 종, ② 인, ③ 유

288

에 의한 삼지작법으로 신인명론을 창시하였다. 이 삼지작법은 아리스토텔레스의 삼단논법과 유사하나 그 성립 동기와 의도가 다르다. 삼단논법은 처음에 모놀로그에서 다이알로그 그리고 마지막의 종합으로 함께 추론함으로써 말 그대로 syllogism의 발전이다. 곧 독백에서 대화, 그리고 대화를 넘어서 종합하는 과정을 거친 것이 삼단논법이다. 학문을 확립하고 학문의 근거를 추론하기 위한 수단으로서 삼단논법은 일종의 추론형식이다. 그래서 아리스토텔레스는 제학문의 성립근거와 증명이론을 다루는 학문으로서 『분석전서』, 학문의 발전의 수단으로서 논리적 추론의 형식을 취급하는 『분석후서』로 구분하였다. 반면에 삼지작법은 스스로 자신을 위한 추론이 아니라 남을 위하여 남에게 전하기 위한 추론이다. 진나에 따르면 지식은 현량과 비량이라는 방법에 의존한다. 전자는 감각에 의한 직접지각에 관계하고, 후자는 사유에 의한 추론과 관련된다. 현량은 분별을 제거하고(제분별) 말을 떠나야 한다(이언)고 하였다. 그래서 말로 표현하기 이전의 단계는 자상이고 이 자상이 현량에 관계한다. 말로 표현한 것은 공상이고, 이 공상은 비량에 의거한다.

이러한 배경에서 일체만법은 식이라는 유식학에서는 식을 나누는 단계를 만들었다. ㉮ 상분은 마음의 작용으로 마음 앞에 떠오르는 상의 모양이다. 마음 앞에 떠오르기만 하지 별다른 도리가 없어서 상분은 소연으로 머무른다. ㉯ 마음 자체가 스스로 변전하여 경을 만드는 데 이 경을 분이라 하고 여기서 견분이 일어난다. 견분은 상분을 대상으로 바라보며 조망하는 작용이다. 그러나 견분은 견분 자신을 인식하지 못한다. 때문에 인식대상인 상분을 인식가능하게 하는 능연이 필요하다. 이러한 상분과 견분의 관계는 객관과 주관으로 정립된다. 진나는 견분은 견분 자신을 알지 못하기 때문에 ㉰ 자증분을 첨가하였다. 진나 이전의 호법은 4분설, 난타는 2분설을, 그러나 원효는 진나를 이어받아 3분설을 발전시켰다. 문제는 인식객관을 인식주관에 매개하는 양에 국한시켜 추론하는 '알음알이'에서 시작된다. 알음알이가 인식객관인 소연에 대하여 인식주관에 의한 능연의 지식이 된다면, 호법은 식을 4분한다. 이것이 4분설이다. 4분설은 ㉮ 상분, ㉯ 견분, ㉰ 자증분(자체분), ㉱ 증자증분이다. 자증분(자체분)은 상분과 견분의 의지하는 곳으로서 주관적 견분을 증명한다. 증자증분은 자증분의 존재를 증명하면서 자증분에 의하여 그 존재가 다시 증명된다. 이러한 네 가지 위계 중에 처음에서 자증분의 존재만을 인정하는 입장을 3분설이라 한다.

삼지작법의 보기를 통하여 위에서 설명한 인식론적 과정을 이해하여 보도록 하자. 삼지작법에서의 ①의 종은 '근거주기', ②의 인은 '입증'과 '반증', ③의 유는 '근거실례'이다.

(1) (종) 근거주기 : 산에 연기가 있다.
(2) (인) 근거입증 : 부엌에 불이 있는 같이(부뚜막의 연기같이)
근거반증 : 연못에 불이 없는 같이
(3) (유) 근거실례 : 고로, 산에 불이 있다.

이 논의를 형식적 도식을 통하여 보여주면 다음과 같다.

1-1) M은 S에 있다.
2-1) M은 X P에 있다.

2-2) M은 X 비 P가 없다.
3)　고로, P는 S에 있다.

여기서 근거주기(hetu)란 증명하고자 하는 비량에 증명하고자 하는 자에 현존하는 주어의 특질이 인(linga)에 현존하면 동품, 아니면 이품이다.

3) 구구인

불교학자들에 따르면 베다의 권위를 두고 소리를 상주한다는 입장과 그렇지 않고 무상하다는 입장이 대립하였다. 그 점에서 삼지작법에서 하나의 주장하고자 하는 주장테제는 적극적 그리고 소극적 두 가지 방식의 논증정립이 가능하다. 이 양자의 입장은 다음의 삼지작법의 형식적인 틀에서 보여줄 수 있다.

가. 적극적 논증
(1) 소리는 무상하다.
(2) 소작된 것이기 때문에.
(3) 항아리 등 같이.

나. 소극적 논증
(1) 소리는 상주한다.
(2) 들리기 때문에(소문이 나니까).
(3) 소리성과 같이.

여기서 진나는 가 논증을 지지하였다. 이 이유는 소리는 소작된 것이라는 것이다. 이 두 가지 대립이 언명화될 수 있는 것은, 종에서 주장명제가 서로 다르며, 인에서 서로 다른 근거, 마지막 유에서는 그 실례를 달리 갖다댈 수 있기 때문이다. 애초의 종의 성립에 인이 증명으로 받아들여지는지 어떤지의 문제는 동품이나 이품이냐의 문제이다. 주어의 질에 종이 현존하고 있으면 동품이고 그렇지 않으면 이품이다.

진나는 이미 이러한 비량의 함축이 성립하기 위한 세 가지 조건을 내걸었다. 이 조건을 일컬어 삼상이라 한다. 이 인이 성립하기 위한 조건은 ① '소리'가 동일한 주제에 속하여야 하고, ② 동품에 존재하거나, ③ 이품에 존재하거나이다. 진나논리학의 함 형식에서, 유법(dharmin)은 주장하고자 하는 종의 명제의 주어이고, 법(dharma)은 주장하고자 하는 종의 술어이다. 유법은 소속물의 소유함, 법은 그의 소속물이다. 그렇기 때문에 유법과 법의 함 형식은 사건 술어적이라는 것이다. 구체적인 실례를 주는 유에도 동유와 이유가 있다.

다. 동유

동유 : 연기를 지닌 것은 불을 지닌다. 예를 들어 아궁이처럼

동유 : 소리는 소작된 것으로 무상하다. 예를 들면 항아리처럼

라. 이유

이유 : 연기를 지니지 않은 것은 불을 지니지 않는다. 예를 들어 호수처럼.

이유 : 소리는 소작되지 않은 것으로 상주한다. 예를 들면 허공처럼.

진나는 종의 주어가 동품이나 혹은 이품이냐를 두고 소리의 소작성이 적용되는 범위에서 추론이 옳은지 혹은 그른지를 판별하는

구구인을 만들었다. 대상언어에서 소리의 소작성을 검증하기 위한 양화의 범위로서는 '모두'를 의미하는 '유', '약간'을 의미하는 '구', 그리고 '없음'을 의미하는 '무'를 설정하였다. 종의 성립에 대해 동품인 경우에 이 세 가지 양화범위에 소리의 소작성에 타당한 인이 등장한다. 이품의 경우에도 마찬가지로 세 가지 양화범위에 타당한 인이 생긴다. 소리의 소작성에 대하여 생겨날 수 있는 추론의 가지 수는 $3 \times 3 = 9$이다. 이를 구구인이라 한다. 진나가 만든 이 구구인에서 타당한 경우는 오직 두 가지뿐이고, 나머지 일곱 가지는 모두 오류이다. 그러므로 구구인은 거의 오류를 적발해 내는 이론이라 할 수 있다.

아리스토텔레스의 명제의 양에 해당되는 전칭은 진나에서는 유, 존재에 해당되는 특칭은 구이다. 구는 엄밀하게 어떤 것은 있고 그리고 어떤 것은 없는 경우로서, 아리스토텔레스의 양화개념에는 없다. 구는 '최소한 몇몇은 있으나 모두는 아니'라는 의미이다. 이러한 존재의 양화개념은 중세 스콜라 철학의 오캄의 경우에 등장한다. 없음으로서 무는 아리스토텔레스의 경우 전칭의 양에 대한 질적인 부정의 조합되어 생겨난 전칭부정과 비교된다. 그러나 이 비교 역시 존재론적인 불일이불이의 미묘함이 개재되어 있다. 진나의 인명논리학의 유, 무, 그리고 구는 동품에도 그리고 이품에도 각각 나타나고 있다.

구구인을 형식적으로 도해하기 위하여, 양화의 범위로서 있음을 A, 없음을 E, 그리고 약간 그러나 모두는 아닌 경우를 I라고 축어 하겠다.

마. 구구인표

	이품		
	A	E	I
동품 A	① A A	② A E	③ A I
E	④ E A	⑤ E E	⑥ E I
I	⑦ I A	⑧ I E	⑨ I I

구구인에서 올바른 인은 두 가지 ②와 ⑧의 경우이다. ②의 '소리는 무상하다'에 대하여 모두 무상하고, 그리고 아무도 무상하지 않는 A E이다.

종 : 소리는 무상하다.
인 : 소작된 것이기 때문에.

실례로서 동품에서는 모두 그러하고, 이품에서는 아무도 무상하지 않은 것이 없다. 그것은 정인이다.
⑧의 '소리는 무상하다'에 대하여 어떤 것이 있고 그리고 모두는 아닌, 그리고 아무도 무상하지 않는 I E이다.

종 : 소리는 무상하다.
인 : 소작된 것이기 때문에.

실례로서 동품으로 어떤 것은 무상하고 어떤 것은 무상하지 않은 것이 있고, 이품에서 아무것도 무상하지 않은 것이 없다.

이것은 의지적 노력의 직접적 소산으로 생겨나는 작위의 소리
에서 일어나므로 이를 근 용 무 간 소 발 이라고 부른다.

⑧에는 다음의 보기도 있다.

종 : 저 산 너머 불이 있다.
인 : 연기가 있기 때문에.

실례로서 동품에는 불이 있는 곳에 연기가 있기도 하고 없기도
하다. 불이 있는 부뚜막 아래 아궁이에는 연기가 있고, 잘 달구어
진 숯불에는 연기가 없다. 이품에는, 실례로서 불이 없는 호수 한
가운데에 연기가 없는 경우를 들 수 있다.

진나의 인명논리학에서 ②와 ⑧만이 정인이다. 나머지는 제 1
상을 어기면 불성인, 2상을 어기면 불공정인, 3상을 어기면 공부
정인, 그리고 2상과 3상을 어기면 상위인으로 불렀다. 곧 ①, ③,
⑦, ⑨은 공부정인, ⑤는 불공부정인, ④, ⑥은 상위인의 규칙을
어긴 사인이라 부른다. A, E, I 이외에, 모든 것에도 없고 그리고
아무것도 없는 것에도 없는 경우에 대하여, 6세기 후반의 우드요
타카라(Uddyotakara)는 구구인의 아홉 가지에 여덟 가지 경우를
더 첨가하여 구구인을 완성시켰다.

§74 한국불교의 판비량론

5~6세기 진나의 신인명론은 중국인인 당의 현장에 의하여 산
스크리트어에서 한문으로 옮겨지면서 동북아 불교논리학에 급속
한 발전을 가져왔다. 그 중 가장 대표적인 논리학자인 신라의 원

효(617~686)는 그의 나이 54세 되던 671년『판비량론』을 탈고하여 중국과 일본을 비롯한 국제 불교계에 큰 영향을 끼쳤다. 플라톤은 젊어서 논리학을 하면 존재의 틀을 아무 생각 없이 마구 부수기 때문에 일찍부터 논리학을 배우는 것을 경고하였다. 그래서 그는 논리학은 나이가 들어서 할 것을 권고하였는데, 이는 원효에 대하여 들어맞는 말이다. 원효의 논리는 인도에는 통하고 중국에는 통하지 않고 신라에는 통하는데 일본에는 통하지 않는 그런 논리가 아니라, 한마디로 동북아 전체에 두루두루 통용되고 관통하는 논리다. 그의 논리는 동북아의 보편논리다. '우리 겨레의 정신적 유간 가운데 최고의 걸작이고, 겨레의 영광'인 이『판비량론』의 주요쟁점은 진나의 구구인의 추론이론을 비판하고 능립과 능파의 변증법적 논증의 자신감을 보여준 데에 있다. 특히 원효의 학문적 연구는 중국으로 역수출되었기 때문에 이미 당대에 국제적 주목을 받은 것으로 평가되고 있다. 이 저작은 '가로 55.6센티미터, 세로 27.4센티미터로 된 3장의 두루마리에, 제 7 절에서 제 14 절'까지만 우리에게 한문으로 전해온다. 현존하는 사본은 전체의 약 8분의 1 분량으로, 6~7세기 한국논리학의 시조로 손꼽을 수 있을 것이다.『판비량론』에 나타난 대표적 삼지작법의 두 가지 논증식을 각각 토끼뿔 논증과 계동(階同) 논증이라 명명하고 이를 검토하겠다.

1) 토끼뿔 논증

토끼뿔은 이 세상에 존재하지 않는 존재물이다. 하지만 도깨비방망이와 같은 논리적 대상인 것만은 분명하다. 이러한 논리적 존재에 대한 문법형식의 토론은 현대 분석철학의 언어분석 대상의 중심을 이루어온 것도 사실이다. 프레게도, 달이긴 달인데 영(零) 달을 논리적 존재로 간주하였다. 원효는 이러한 가상적 존재를 통하여 전통 유식론의 호법의 4분 인식이론을 비판한다.

가 논증
종 : 자증분은 즉체능증을 필요로 한다.
인 : 심분에 포함되기 때문에
유 : 마치 상분같이

나 논증
종 : 자증분은 결코 심분에 포함되지 않아야 한다.
인 : 즉체즉능이 필요 없기 때문에
유 : 마치 토끼 뿔같이

먼저 원효는 이 가 논증과 나 논증을 소개하고 이 양자를 비판한다. 이 양자는 부정인의 오류를 범하고 있다고 지적한다. 나 논증은 가 논증을 귀류법으로 구성하고 있는 점이 눈에 띈다. 무엇보다 가 논증은 ①의 동품유 이품무의 공부정인 오류를 범하고 있다. 비유를 들어 a, b, c, 그리고 d가 있다. a는 상분, b는 견분, c는 자증분, 그리고 d는 증자증분이라는 전통 호법 유식학에서의 구분이라고 한다면, 원효는 가 논증에서 d'에 해당되는 증체즉능을 끌어들여 비판한다. 그래서 나 논증에서는 d'를 필요로 하지 않는 것은 마치 토끼가 뿔을 갖지 않는 것과 같다고 실례를 든다. 토끼의 뿔은 현실에 존재하지 않는 사물의 대상이다. 이러한 논리적 대상은 현실에 존재하는 것은 아니나 현실의 양을 적재적소에 규정하는 도깨비의 방망이와도 같다.

2) 계동 논증

인도에는 소리를 보는 두 가지 관점이 갈라져 있다. 바라문 계통의 성론사는 소리란 허공에 내재 상주한다는 입장이고, 같은 바라문 계통의 승론사는 무상하다는 입장이다. 베다에서 말하는 모든 소리는 영원하고 절대적이므로 영원하다는 입장과 무상하다는 입장이 대립한다. 어느 입장도 소리의 상주에 대한 삼상의 어느 한 원인이 직면하는 어려움에서 피할 수 없다. 그래서 인의 측면에서 근거주기를 시도하는 주장명제가 어느 한편에 쏠려 있는 경우를 지적하는 삼지작법이 등장하게 된다. 그래서 삼상 가운데 어느 한 상이 빠져 있는 경우를 말하는 소위 일향리 논증에 대하여, 원효는 다른 위계에서 이 일향리 논증을 비판한다. 그러나 원효는 자신이 세운 논증도 넘어서서 어느 품에도 한결같이 — 즉, 계동 — 관통되는 이론을 발견한다. 즉, 계동 논증 이론에 따르면, 모든 소리에 대한 종은 상위하고, 그러한 인은 부정인일 수밖에 없음이라는 것이다.

아 논증
종 : 소리는 상주한다.
인 : 귀에 들리기 때문에(소문이 나니까)
유 : 마치 항아리같이

야 논증
종 : 소리는 무상하다.
인 : 귀에 들리기 때문에(소문이 나니까)
유 : 마치 소리의 성질같이

아 논증과 야 논증은 서로가 어긋난 삼지작법이다. 이 양 논증은 인도논리학의 성론사와 승론사의 입장을 대변한다. 동일한 원인으로서 소리가 귀에 들리면, 종의 주어는 자기 밖에서 실례를 구하여야 한다. 이를 외주연이라 하는데, 그러나 외주연은 주어 밖에서 소리를 들을 수 없다. 때문에 종의 주어 안에서 소리를 듣는 실례를 찾아야 한다. 이 경우를 내주연이라 한다. 그러므로 상기 아 야 논증에는 내외주연의 문제가 개재하고 있다. 항아리는 두들겨보면 소리가 나니 외주연이 되지만, 소리의 성질은 술어의 사건에 함축되어 있다. 그래서 사건 존재론적으로 일어나는 이 소리의 성질을 매개로 발견된 것이 대우법이다. 이 대우법은 진나가 발견한 것으로 알려져 있다.

어 논증
종 : 소리는 무상하다.
인 : 소작성 때문에
동유 : 소작된 것은 무상하다. 예를 들면 항아리같이
이유 : 상주하는 것은 소작되지 않았다. 예를 들면 허공같이

이 보기의 논의의 기호논리 형식은 다음과 같다.

동유 : $P \supset Q$
이유 : $\neg Q \supset \neg P$
동유 $\equiv$ 이유 $= : P \supset Q \equiv \neg Q \supset \neg P$

여 논증
종 : 소리는 소문이 나지 않는다.

인 : 의지적 노력의 직접적 소산이라는 성질 때문에

동유 : 의지적 노력의 직접적 소산은 소문이 나지 않는다. 예를 들면 항아리같이.

이유 : 소문성은 의지적 노력의 직접적 소산이 아니다.

여 논증은 소리를 의지의 노력의 직접적 소산으로서 '들리는 것' 과 '들리지 않은 것'을 만들고 있다. 들리기도 하고 들리지 않기도 하므로 동품구이다. 소리는 소리가 소문성이든 비소문성이든, 이 품에서는 무이다. 이것은 이품무이다. 동품구 이품무는 8구 정인 이다.

그런데 진나의 논리학이 도달한 심각한 문제는 바로 소리의 비 소문성이다. 진나의 논리학은 나중에 '북소리', '바람소리' 등을 이 용한 실례를 세워 불공부정의 오류를 제거하려 하였으나, 원효는 이러한 문제를 꿰뚫어보고 '소문성'에서 다단계 논리위계를 세웠 고 그리고 최종적으로 동계를 만들었다. 원효는 으 논증으로 잠정 적 대안을 세웠다.

으 논증

종 : 소리는 무상하다.

인 : 눈에 보이기 때문에.

여기에 소리에 대한 보이는 것, 즉, 소견(所見) 성(性)은 삼상 중 일상에 어긋난다. 이 소견성은 동품으로 항아리에는 있지만 이품 으로 허공에는 없다. 그래서 동품유 이품무로 정인이나, 일상을 어 기므로 불성인이다.

이 논증

종 : 소리는 무상하다.

인 : 눈에 보이기 때문에

유 : 마치 색 등과 같이

동품유 : 소견성 경우 무상한 것 가운데 눈에 보이는 것이 있다.

이품무 : 무상하지 않은 가운데 눈에 보이는 것은 없다.

때문에 원효는 다음의 **가 나** 논증 양자의 불공이 동등하게 성립한다고 단정한다. 이를 일향리 논증이라고 부를 수 있을 것이다.

어 논증

종 : 귀에 들리기 때문이라는 인은 의인이 아니다.

인 : 동품이 없기 때문에.

유 : 예를 들어 상위인 같이

여 논증

종 : 귀에 들리기 때문이라는 인은 부정이다.

인 : 상반된 주장을 동등하게 내세울 수 있기 때문에

유 : 예를 들어 공부정인과 같이

동품유 : 부정인 중에 상반된 주장을 동등하게 내세울 것이 있다(공부정인)

이품무 : 부정인이 아닌 것 중에 상반된 주장을 동등하게 내세울 것이 있는 가(무).

원효의 동계 논증에 대한 철학적 배경은 하이데거의 『횔더린 시 해명』의 서문으로 대치할 수 있을 같다.

시나브로 내리는 눈에도,
저녁식사를 알리는 종소리는
제 가락을 잃는다.

이러한 시에 대하여서는 어떠한 해설도 아마 그 종 위에 떨어지
는 눈에 불과하리라.

제 3 장   연습문제

[문제 1]
다음의 문장표현들을 술어논리식으로 만들라.

(1) 정수를 홍미롭게 하는 모든 것은 철수를 지루하게 만든다.
(2) 어떤 사람에게 어떤 것을 약속한 사람은, 그것을 행하여야 한다.
(3) 어떤 사람은 자전거를 빌렸고 그리고 그것을 타고 다닌다.
(4) 여러 교수님들이 산책한다.
(5) 누군가 너를 사랑한다.
(6) 어떤 것은 붉다.
(7) A는 B를, B는 C를, C는 D를, D는 A를 이기면, 어느 누구는 A, B, C, D 모두를 이긴다.
(8) 예외 없는 규칙은 없다.
(9) 어떤 인간은 모든 인간을 사랑한다.
(10) 모든 인간은 어떤 인간을 사랑한다.
(11) Everything is better or sweet.
(12) 어떤 사금은 금이다.
(13) 어떤 돌도 금은 아니다.
(13) 모든 사람이 달린다.
(14) 소크라테스는 사람이다.
(15) 고로, 소크라테스는 달린다.

[문제 2]
전칭긍정명제 : 모든 인간은 기쁘다. $\forall x(H(x) \supset F(x))$
특칭긍정명제 : 어떤 인간은 기쁘다. $\exists x(H(x) \wedge F(x))$

전칭부정명제 : 어떤 인간도 기쁘지 않다.　　$\forall x(H(x) \supset \neg F(x))$
특칭부정명제 : 어떤 인간은 기쁘지 않다.　　$\exists x(H(x) \land \neg F(x))$

아리스토텔레스의 네 가지 명제유형에 대하여 각각 한 가지씩 예시문을 들고 술어논리식으로 나타내어라.

[문제 3]
다음을 P L화하라.

(1) 짓는 개는 물지 못한다.
(2) i는 어떤 것을 h에게 선물하였다.
(3) 모든 사람은 어떤 것을 철수에게 주었다.
(4) 임금님은 한 깨무는 개를 가졌다.
(5) 뉴욕을 방문한 모든 사람들은 뉴욕을 좋아한다.
(6) 두 사람이 이층에 앉아 있다.
(7) 두 사람이 어떤 것을 위하여 싸우면, 제삼자가 그것을 얻는다(어부지리).

[문제 4]
다음의 술어논리 기호 공식을 전철보통형식(pre-nex normal form)으로 나타내어라.

(1) $\forall x F(x)$
(2) $\neg \exists x \neg F(x)$
(3) $\forall x \neg F(x)$
(4) $\exists x \neg F(x)$

(5) $\neg \forall x \neg F(x)$

(6) $\neg \exists x F(x)$

(7) $\exists x F(x)$

[문제 5]

다음의 술어논리 기호 공식의 같은 진리값을 갖는 항들을 괄호 안에 묶어라.

(1) $\neg \Leftrightarrow \wedge \neg q)$

(2) $\neg(\Leftrightarrow \wedge \neg q)$

(3) $\neg \forall x F(x)$

(4) $\Leftrightarrow \rightarrow \heartsuit$

(5) $\neg \Leftrightarrow \vee \heartsuit$

(6) $\neg \exists x F(x)$

(7) $\exists x F(x)$

(8) $\forall x F(x)$

(9) $\neg \exists x \neg F(x)$

(10) $\forall x \neg F(x)$

(11) $\Leftrightarrow \wedge \neg q$

(12) $\exists x \neg F(x)$

(13) $\Leftrightarrow \vee \neg q$

(14) $\neg(\neg \Leftrightarrow \vee q)$

(15) $\neg \Leftrightarrow \vee q$

(16) $\neg \forall x \neg F(x)$

(17) $(\neg \Leftrightarrow \rightarrow \neg q)$

(18) $(\neg q \rightarrow \neg \Leftrightarrow)$

[문제 6]

봉달이네 사무실 사람들이 있다.

봉달이: b, 어니: i, 봉자: j, 앉아: k

L(x, y): x는 y를 좋아한다. B(x): x는 잔디에 눕기 좋아한다.

T(x, y): x는 y보다 크다. 다음을 P L화하라.

(1) 모든 사람은 잔디에 눕기를 좋아한다.

(2) 아무 누구도 어니를 좋아하지 않는다.

(3) 모두 봉달이를 좋아한다.

(4) 봉달이는 모두를 좋아한다.

(5) 봉자는 어느 누구는 좋아하지 않는다.

(6) 어느 누군가는 앉아를 좋아한다.

(7) 어느 누구도 자기 자신보다 크지 않다.

(8) 봉달이는 앉아를 좋아하나 앉아는 어니를 좋아한다.

(9) 앉아는 봉자를 좋아하고 봉자는 봉달이를 좋아한다.

[문제 7]

다음 문장을 P L(Predicate language)화하라.

U D(Universal discourse) 영역의 인물은 다음과 같다:

천 방 지 축 마 골 피 　　　서울 수원 대구 광주 분당 오산

a b c d e f g 　　　　 o p q r s t

B(x, y): x는 y에서 태어났다. 　 L(x, y): x는 y에서 산다.

A(x, y): x는 y보다 많다. 　　 T(x, y): x는 y보다 크다.

(1) 마는 분당에서 태어났다.

(2) 골은 서울에서 태어났다.

(3) 천은 주에서 태어났다.

(4) 축은 수원에서 태어났다.

(5) 방은 대구에서 태어났다.

(6) 어느 누구도 오산에서 태어나지 않았다.

(7) 서울은 대구보다 크고, 대구는 광주보다 크고, 광주는 오산보다 크
다.

(8) 수원은 분당이나 혹은 오산보다 크다.

(9) 모두가 서울에 산다.

(10) 아무 누구도 오산에서 태어나지 않았다.

[문제 8]

다음을 P L 문장화하라.

U D 영역: 아녀 = i, 어서 = j, 아니 = k, 줄서 = l, 벌서 = m

B(x): x는 예쁘다.   G(x): x는 튼튼하다.

R(x): x는 부유하다.   S(x): x는 섹시하다.

A(x, y): x는 y에게 매력적이다.

L(x, y): x는 y를 사랑한다.

K(x, y): x는 y보다 작다.

(1) 아녀는 예쁘고 섹시하나 튼튼하지는 않다.

(2) 아니는 섹시하고 부유하지만, 예쁘지는 않다.

(3) 어서는 아니를 사랑하지만, 아니는 줄서를 사랑한다.

(4) 줄서는 부유하지도 않고, 튼튼하지도 않고, 섹시하지도 않다.

(5) 아녀는 줄서에게 매력적이지만, 그녀는 어서와 줄서 둘 다 사랑한다.

(6) 아니가 줄서에게 매력적이면, 줄서도 아니에게 매력적이다.

(7) 아녀는 줄서보다 작고, 줄서는 어서보다 작다.

(8) 줄서는 아니를 사랑하고, 어서는 벌서를 사랑한다.

(9) 벌서만이 튼튼하다.

[문제 9]

다음을 양화 없이 P L화하라.

U D 영역: 논리와 비판적 사고의 아리(i)와 어리(r).

P(x): x는 합격할 것이다.   S(x): x는 공부할 것이다.

(1) 아리가 합격하면 모든 학생이 합격할 것이다.

(2) 아리가 합격하지 못하면, 아무누구도 합격하지 못할 것이다.

(3) 만약 어느 누군가 합격하면, 아리와 어리 둘 다 합격할 것이다.

(4) 모든 학생은 공부한다. 그러나 모든 학생이 합격하지는 못한다.

(5) 만약 모든 학생이 공부하면, 그러면 모든 학생은 합격할 것이다.

(6) 만약 모든 학생이 공부하면, 어떤 학생은 합격할 것이다.

[문제 10]

다음을 P L 문장으로 바꾸어라.

U D 영역: (j), (s), (m)

(1) j는 s를 사랑하나 j는 어떤 다른 사람을 사랑한다.

(2) j는 m을 사랑하지 않고 어떤 다른 사람을 사랑한다.

(3) s는 어느 누구도 사랑하지 않지만 그러나 오직 j만 사랑한다.

(4) 어느 누구도 아닌 j만이 m을 사랑한다.

(5) j는 m을 제외한 모든 사람을 사랑한다.

(6) j를 제외한 모든 사람이 m만 사랑한다.

[문제 11]

다음의 추론식이 술어논리적으로 타당함을 해석 I를 통하여 증명하라.

(1) $\forall x(A(x) \supset B(x)) \rightarrow \forall x A(x) \supset \forall x B(x)$

(2) $\forall x(A(x) \supset B(x)) \rightarrow \exists x(A(x) \supset \exists x(B(x)$

[문제 12]
다음 명제들이 타당함을 평가 V를 통하여 입증하라.

(1) 모든 A(a)⊃∃x A(x) 형식의 명제들이 술어논리적으로 타당하다.
(2) 만약, A(a)⊃B가 술어 논리적으로 참된 명제이면, 그리고 대상 상항 a가 마지막 명제에서 나타나지 않으면, ∃xA(x)⊃B이다.

[문제 13]
만약 ∃xA(x)⊃B를 채우지 못하는 해석이 있으면, A(a)⊃B도 채우지 못하는 하나의 해석이 있다. 모든 해석들이 A(a)⊃B를 채우면, 모든 해석은 ∃x A(x)⊃B 명제를 채운다.
L 계산에서 다음 명제들을 증명하라.

(a) ⊢ A(a)⊃∃xA(x)
(b) ∀x(A⊃B(x))⊢(A⊃∀x B(x)), iff 대상 변항 x가 A에 나타나지 않는다.
(c) ∀x(A(x)⊃B(x))⊢∀x(A(x)⊃∀xB(x))

제 4 장

기 계 와 마 음

마음으로 생각하는 내용이 계산에 의하여, 적절한 답변을 얻는 적절한 절차가 기계적으로 결정될 수 있다면, 철학관의 관상쟁이나 점쟁이의 일거리를 대폭 줄일 수 있을 것이다. 원하는 것은 합당한 입력에 대한 올바른 추론과정을 거친 마땅한 출력이다. 이를 간단히 하기 위하여 개발된 방법이 자연적 연역으로서 연역체계이다. 이러한 연역체계의 가장 근본적 계산은 들어갔다 나오는 양을 컨트롤하는 이론적 장치이다. 웬만한 나라의 국력으로는 인공위성을 달나라로 쏘아올리는 일은 매우 힘들 것이다. 성공적으로 인공위성으로 달에 갔다가 다시 지상으로 내려온다는 것 자체가 연역적 가설의 수학적 실현이 가능했기 때문이라 하겠다.

아무리 거대한 수량을 갖는 하천이라도 이를 균일하게 조절할 있는 장치로서 댐이 만들어진다면 양적인 통제가 가능할 것이다. 따라서 연역체계는 공리들의 집합 A와 추론을 관장하는 추론규칙들로 이루어진다. 이러한 A의 집합에 대한 컨트롤 추론이론을 R이라 부른다. R 이론은 만들어진 댐의 전후의 수량조절 기능을 행사하는 것과 같다.

A가 비어 있지 않다면, 공리들과 도출된 정리들이 증명에서 다시 전제로서 사용될 수 있다. 이것이 공리적으로 정식화될 수 있으면 이를 논리체계라고 부르게 된다. 하나의 논리체계가 연역적으로 정립될 수 있다면 여기서 사용되는 추론은 기계적으로 결정할 수 있다. 우리는 명제논리학에서나 혹은 술어논리학에서 동일

한 연역정리에 의하여 논리체계 안에서 어떻게 정리들이 공리적으로 설명되는가를 고찰하였다.

1. 자연적 연역이론

§75 자연적 연역

추론의 관념을 순수한 구문론에서 접근해 보면 그 추론의 단계는 유한하다. 유한한 단계의 추론에는 하나의 **파생**이 발생한다. 파생은 그러나 한편으로는 하나의 일정한 논의 단계에 도달함으로써 생기는 형식적인 대위 지점이다. 그러한 하나의 대위 지점을 가능하게 하는 방법이 곧 자연적 연역이다. 거기서 파생으로 생기는 하나의 공식은 결국 결론으로 도출된다. 그러한 결론은 그의 중요한 표징으로서 연결사를 갖는 공식을 형성한다.

자연적 연역의 이해를 돕기 위하여 자연 사물의 속성으로서 늦가을의 제비들을 관찰할 수 있다. 제비들은 겨울채비를 위하여 흩어졌다가 모여든다. 강남으로 떠나기 위해 모여드는 제비들을 관찰하다 보면 자연적 속성에서 발생하는 자연적 연역의 관념을 발견할 수 있다. 나란히 빨랫줄에 찾아든 이들에게 계급의 도입이 혹은 계급의 제거가 일어난다. 여기에서 자연적 연역이란 가을밤 대형을 갖추어 행진하는 기러기의 코드와도 같은 것이다. 이러한 유한한 단계의 추론을 가능하게 하는, 곧 연결사를 불러들이는 도입규칙과 또한 그러한 연결사를 제거하는 소거규칙이 있다. 다음은 가정 혹은 계급 도입이다.

1) 가정도입(혹은 계급도입)

1. ϕ1
.   .
.   .
.   .
n. ϕn

각 단계에서 하나의 진술 ϕi의 발생은 어떠한 고정된 코드에서 획득된다. 이를 가정도입이라고 부른다. ϕi는 두 가지 다른 방식에서 획득된다. 하나는 ϕi가 일정한 주어진 열에서 하나의 상정으로 쓸 때이다. 그 경우 우리는 그 상정을 지정하고자 하는 열의 상하좌우를 잘 살핀 다음 그 뒤에 쓴다.

다른 하나는 ϕi는 이미 받아들여진 규칙의 하나의 수단으로 거기에 경쟁적으로 달려가는 공식으로부터 획득될 수 있다. 그 경우에 규칙의 이름이 주어져야 한다. 여기에는 계급의 속성에 대한 설명이 필요하다. 계급의 요소와 변수에 의하여 자유로운 명명의 조건이 생겨나도록 하여야 한다.

이렇게 ϕi로부터 획득된 공식들의 마지막 수들로부터 귀결되는 것이 결론으로서 ϕn이다. 이것은 곧 주어진 열의 결론으로서 곧 파생되었던 공식인 것이다. 예를 들어 ϕ1, $\cdots$, ϕm $\vdash$ ϕn을 보면, 우리는 상정 ϕ1, $\cdots$, ϕm으로부터 하나의 파생 ϕn이 있다고 말한다. 좌측은 곧 유한한 단계의 추론의 순서이다. 이 순서에 따라 내려갈 때 나타나는 공식은 곧 우측에 적는다. 이것은 ϕi 파생을 입증하는 중요한 증거이다. 가정도입의 역순이 곧 가정제거이다.

2) 가정제거(혹은 계급제거)

1.　　$\phi 1$

.　　　　.

.　　　　.

.　　　　.

n.　　ψ

이것은 마지막 n 줄에 ϕn가 들어서는데, 그 자리에 곧 ψ를 집어 넣음으로써 $\phi n \rightarrow \psi$가 된 경우이다.

가령 연결사 $\wedge$ 에 대하여서는 바로 도입과 소거의 양자의 규칙이 적용된다.

(1) $\phi \wedge \psi$의 공식은, 만약 ϕ와 ψ가 통용될 수 있다면, 하나의 결론으로 서술될 수 있다.

(2) ϕ와 ψ은, $\phi \wedge \psi$으로부터 둘 다 결론으로 기술된다. 여기서 하나의 파생이 유한한 그림을 생기게 한다.

$\wedge$ 의 연결사의 규칙은 다음과 같다. 우선 도입규칙(Introduction)을 도$\wedge$라고 적는다. 이에 따라 주어진 표현들에 대하여 어떻게 $\wedge$가 결론을 도출할 때 사용되는지를 살펴보겠다.

3) 연언도입

m1.　　ϕ

m2.　　ψ

.　　　　.

.　　　　.

.　　　　.

n.　　$\phi \wedge \psi$ 　　　　　　　도$\wedge$, m1, m2

먼저 여기서는 m1 유한한 단계의 추론에서 φ가 발생하고 m2 단계에 ψ가 발생하여 연언도입이 되었다. 연언도입 도∧이 가장 단순한 p와 q로부터 p∧q의 파생을 보여준다.

1.	p	상정
2.	q	상정
3.	p∧q	도∧, 1, 2

이러한 파생을 근거로 주장할 수 있는 것은 곧 ⊢ 이다. 그래서 p, q ⊢ p∧q를 주장할 수 있다. 다음은 복합적 형식의 도출이다.

1.	p	상정
2.	q	상정
3.	r	상정
4.	r∧q	도∧, 3, 1
5.	(r∧p)∧q	도∧, 4, 2

이러한 파생에 근거하여 우리가 주장할 수 있는 것은 p, q, r ⊢(r∧q)∧q이다.

다음은 연언소거이다. 이 규칙을 소∧라 쓰고, 이에 따라 φ ∧ ψ 식으로부터 φ와 ψ의 식들의 파생으로 도출될 수 있다.

4) 연언소거

① m.　　φ∧ψ

　．　　．

　．　　．

　n.　　φ　　소∧, m

② m. $\phi \wedge \psi$

 .   .

 .   .

 n. ψ 소$\wedge$, m

다음은 약간 긴 공식에서 연결사 $\wedge$의 제거와 $\wedge$의 도입을 통하여 ⊢ 이후의 파생을 살펴보자. 이 공식은 다음과 같다. $p \wedge (q \wedge r) \vdash (p \wedge q) \wedge r$.

1.	$p \wedge (q \wedge r)$	상정
2.	p	소$\wedge$, 1
3.	$q \wedge r$	소$\wedge$, 1
4.	q	소$\wedge$, 3
5.	r	소$\wedge$, 3
6.	$p \wedge q$	도$\wedge$, 2, 4
7.	$(p \wedge q) \wedge r$	도$\wedge$, 6, 5

함축에서는 →소거부터 다루도록 하겠다. 다음은 →의 문장연결의 경우를 살펴보자. 소→의 규칙은 아이디어는 먼저 ϕ가 통용되어야 한다. 그리고 그 다음에 $\phi \to \psi$가 주어진 경우에, MP식에 의하여 결론 ψ를 도출하는 것이다.

5) 함축소거

 m1. $\phi \to \psi$

 m2. ϕ

 .   .

 .   .

 n. ψ 소→, m1, m2

318

다음의 공식 p → q, p ⊢ q를 증명하여 보자.

1.   p → q   상정
2.   p   상정
3.   q   소→, 1, 2

p∧r, r → q로부터 p∧q의 도출을 보여주어라.

1.   p∧r   상정
2.   r → q   상정
3.   p   소∧, 1
4.   r   소∧, 1
5.   q   소→, 2, 4
6.   p∧q

　도→ 규칙은 약간 복잡할 수밖에 없다. 어떻게 Φ → Ψ의 형식의
결론이 도출될 수 있는지는 잘 알 수 없기 때문이다. 만약 A이면
B이라는 결론은 A라는 상정과 그리고 이 상정에 따라 B라는 결
론이 필연적으로 귀결되므로 이루어졌다. 함축의 도→ 규칙도 이
와 유사할 수밖에 없다.

　Φ → Ψ를 도출하기 위하여 Φ라는 상정에서부터 Φ는 떨어뜨려도
좋다. 즉 마지막 단계에서 n−1까지 가서 뒷자리는 떨어뜨리고 n
만 남는다. n으로 보았을 때는, 지금까지의 m+1도 n−1도 Φ에서
상정되었던 것에 연연할 필요는 없다. 그러나 마지막의 Φ → Ψ 자
체에는 이러한 것이 적용되지는 않는다.

6) 함축도입

m.   Φ   상정

.   .

.   .

n−1 Ψ

n   Φ → Ψ   도→

결론은 m과 n−1 사이의 열에서 함축의 고리를 위하여 완전히 분리되어 있다. 다음의 함축고리를 살펴보자. ⊢ p∧q → p.

1.   p∧q   상정
2.   p   소∧, 1
3.   p∧q → p   도→

이 경우는 전제 없이 도출될 수도 있다. 다음은 반대사례이다. $(p∧q) → r ⊢ (q∧p) → r$.

1. $(p∧q) → r$ 상정
2.   q∧p   상정
3.   q   소∧, 2
4.   p   소∧, 2
5.   p∧q   도∧, 4, 3
6.   r   소→, 1, 5
7. $(q∧p) → r$ 도→

여기서는 2에서 6까지 조심스럽게 내려왔다. 그 다음 7번째에서 함축의 고리를 갖는 결론을 도출하였다. 좀더 복합한 형태의 파생을 갖는 공식을 살펴보자. $((p \land q) \rightarrow r) \rightarrow (p \rightarrow (q \rightarrow r))$

1.	$(p \land q) \rightarrow r)$	상정
2.	p	상정
3.	q	상정
4.	$p \land q$	도∧, 2, 3
5.	r	소→, 1, 4
6.	$q \rightarrow r$	도→
7.	$p \rightarrow (q{\rightarrow}r)$	도→
8.	$((p \land q) \rightarrow r) \rightarrow (p \rightarrow (q \rightarrow r))$ 도→	

밑금을 친 5단계는 6단계로 가기 위한 절차이고, 거기서 7단계로 주어진 공식의 후건을 도출한다.

다음은 도입과 소거 이외에 반복의 규칙을 보여준다.

7) 반복

m. ϕ

n. ϕ 반, m

이 규칙은 있는 것으로부터 쉽게 도출을 만들 수 있는 쉬운 방법이다. 전제 없이 다음의 도출을 보여주어라.

1.	p	상정
2.	q	상정
3.	p	반, 1
4.	$q \rightarrow p$	도→
5.	$p \rightarrow (q \rightarrow p)$	도→

이 공식은 루이스의 항진명제의 하나이며 실질적 함축의 패러 독스로 알려져 있다.

8) 선언도입

다음은 선언의 식으로 넘어가자. 이 선언기호 ∨를 사용한 공식 Ψ∨Φ은 Ψ의 기초에서 결론을 이끌어낼 수 있다. Φ가 주어지면, 우리는 Ψ가 무엇을 하든 Φ∨Ψ가 유지된다는 점을 안다. 물론 여기에는 다소간의 어려운 문제가 게재되어 있긴 하다.

① m. Φ

. .

. .

n. $\Phi \vee \Psi$ 도∨, m

② m. Ψ

. .

. .

n. $\Phi \vee \Psi$ 도∨, m

$\Phi \vee \Psi$를 아는 것은 실제로 Φ도 아니고 Ψ도 아니다. 그래서 이 $\Phi \vee \Psi$가 어떤 x임을 아는 방법은 없는가라고 묻게 된다. x가 $\Phi \vee \Psi$로 귀결된다는 것을 안다면, 그러면 그 경우에는 x는 Φ로도 도출되고 그리고 Ψ로도 도출된다. 이런 경우는 $\Phi \vee \Psi$, $\Phi \rightarrow x$, $\Psi \rightarrow x$으로부터 하나의 결론 이런 경우는 x의 결론이 이끌어질 수 있다. 여기서 소거규칙 소∨가 요구된다.

9) 선언소거

m1. $\phi \vee \psi$

m2. $\phi \rightarrow \chi$

m3. $\psi \rightarrow \chi$

.   .

.   .

n. χ 소∨, m1, m2, m3

다음의 $q \vee p$로부터 $p \vee q$의 도출을 살펴보자.

1. $p \vee q$ 상정
2. p 상정
3. $q \vee p$ 도∨, 2
4. $p \rightarrow (q \rightarrow p)$ 도→
5. q 상정
6. $q \vee p$ 도∨, 5
7. $q \rightarrow (q \vee p)$ 도→
8. $q \vee p$ 소∨, 1, 4, 7

10) 부정

이 절에서는 부정의 도입과 제거에 관하여 다룬다. 먼저 $\neg\phi$의 결론을 보자.

여기서는 ϕ가 경우가 아니라는 점을 보여준다. $\phi \wedge \neg\psi$의 경우를 보면 어느 쪽을 택하여 모순이라고 말해야 하는지는 불분명할 것이다. 그래서 특별한 원자명제 $\bot$을 이런 목적을 위하여 도입한다. 이 $\bot$은 $0 = 1$과 같은 틀린 문장이나, 가령 '나는 존재하지 않는다'와 같은 문장을 가리키기 위한 것이다. 만약 ϕ과 $\neg\phi$을 둘

다 가지고 있으면, ⊥을 결론으로 이끌어내도 좋다. ⊥의 도출은
곧 부정 소거규칙으로도 볼 수 있다.

m1.　　¬φ
m2.　　　φ
.　　　　.
.　　　　.
.　　　　.
n.　　　⊥　　　　　　　소¬, m1, m2

⊥이 φ로부터 도출되면, 우리는 결론 ¬φ를 도출할 수 있다. 다
음의 도¬는 이 사정을 반영하고 있다.

m.　　　φ
.　　　　.
.　　　　.
.　　　　.
n-1.　⊥
n.　　　¬φ　　　　　　도¬

이 규칙에 따르면 ¬φ는 φ → ⊥으로 해석할 수 있다.

11) 전칭도입
m.　　　φ(a)
.　　　　.
.　　　　.
.　　　　.
n.　　　∀ξ φ(ξ)　　　　　　전도, a(⋯)

(1) a는 ∀ξ φ(ξ)에서의 모든 상항들과 자유 변항들의 특징에

324

의존하고 있다.

(2) [Φ(ξ), ξ/a, Φ(a)]로서 Φ(ξ) 명제는 ξ/a에 의하여 자유 명명되어 Φ(a)명제가 된다.

12) 전칭소거

　　m.　　∀ξ Φ(ξ)
　　.　　　　.
　　.　　　　.
　　n.　　　Φ(a)

[Φ(ξ), ξ/a, Φ(a)]로서 Φ(ξ) 명제는 ξ/a에 의하여 자유 명명되어 Φ(a)명제가 된다.

13) 존재도입

　　m.　　　Φ(a)
　　.　　　　.
　　.　　　　.
　　n.　　　∃ξ Φ(ξ)

[Φ(ξ), ξ, a, Φ(ξ)]에서 Φ(ξ) 명제는 ξ/a, 즉 ξ를 a의 대치를 통하여 Φ(a) 명제 획득은 자유 명명에서 이루어진다.

14) 존재소거

　　m.　　　∃ξ Φ(ξ)
　　.　　　　.
　　.　　　　.
　　n.　　　Φ(a)

(1) a는 ∃ξ φ(ξ)에서의 모든 상항들과 자유 변항들의 특징에 의존하고 있다.

(2) [φ(ξ), ξ, a, φ(ξ)]에서 φ(ξ) 명제는 ξ/a, 즉 ξ를 a의 대치를 통하여 φ(a) 명제 획득은 자유 명명에서 이루어진다.

자연적 연역은 하나의 방법론으로, 논리적 참된 명제들과 논리적 귀결관계들을 인식하기에 적합하게 되어 있다. 이 방법은 엄밀하고 명료하게 구축됨으로써 이 방법과 관련된 규칙이 올바로 적용될 수 있는지를 효과적으로 확정할 수 있다. 나아가 이 방법은 모순으로부터 자유로워야 한다.

이럼으로써 논리적으로 참된 명제들로부터 다른 명제들이 도출될 수 있게 한다.

2. 술어논리의 정리

§76 술어논리의 정리

술어논리의 건전성(Soundness)과 완전성(Completeness)은 도출의 규칙을 취급하는 언명체계이다. 두 정리들은 자연적 연역에서 규칙으로 등장하는 진술인데, (1)을 건전성의 정리라 부르고, (2)를 완전성의 정리라 부른다. 완전성의 정리의 오리지널 아이디어는 1930년 괴델에 의하여 증명되었다. 이들은 의미론과 관련하여 의미론적 자명성에 대하여서도 말한다. 이들은 자명한 논의도식은 엄격하게 형식적 체계에 있는 파생에 의하여 획득되는 것에 대하여 말한다. 하나의 주어진 논의도식이 자명한 것으로 일어나면, 주어진 전제들로부터 유한한 도출의 결론이 있음을 확언할 수 있다.

술어논리학의 건전성을 가장 먼저 보장해 주는 것이 술어논리적 타당성이다. 술어논리적 타당성은, L 술어논리의 명제들이 모순에서 자유롭다 할 경우이다. 모순에서 자유롭다는 말은, 오직 술어논리적으로 참된 명제들만, L 명제들로부터 증명될 수 있다는 뜻이다. A1, …, An ⊢ B로부터 A1, …, An → B 추론의 명제논리적인 타당성이 귀결됨이 타당하듯이, 같은 방식으로 이들을 술어명제논리로서 고찰하여, L 술어명제의 K 체계에서 타당하다고 간주할 수 있다. 이러한 술어명제논리의 타당성을 보이기 위하여서는, 만약 A1, …, An ⊢ B이 L에서 증명될 수 있으면, 결론 A1, …, An → B은 술어논리적으로 타당하다, 라고 말한다. A1, …, An ⊢ B로부터 A1⊃(A2⊃, …, An⊃B) …,)의 연역정리의 n번째 적용으로 귀결되기 때문에, 이 명제는 술어논리학적으로 타당하다. 그러면, 결론 A1, …, An → B은 술어논리적으로 타당하다.

(1) 건전성의 정리
어떤 L 술어언어의, 모든 문장 φ1, …, φn, Ψ에 대하여, 만약, φ1, …, φn ⊢ Ψ이면, 그러면 φ1, …, φn ⊨ Ψ이다.

(2) 완전성의 정리
어떤 L 술어언어의, 모든 문장 φ1, …, φn, Ψ에 대하여, 만약 φ1, …, φn ⊨ Ψ이면, 그러면 φ1, …, φn ⊢ Ψ이다.

이 양자의 정리는 규칙의 건전함과 완결성을 의미하는 것이므로, 어떤 모델 M에서 어떤 전제들 φ1, …, φn에 대하여 규칙의 적용이 건전하면 그리고 완전성을 갖고 있으면, 모든 것이 참이다. 가령 연언도입 ∧ 규칙이 건전하면, 그러면 모델 M 하에 평가 V 는 φ에 대하여 그리고 모델 M 하에 평가 V는 φ에 대하여 타당하면, 즉, $V_M(φ) = 1$ 그리고 $V_M(φ) = 1$이면, $V_M(φ) ∧ V_M(φ) = 1$이다.

건전성의 정리는 추론의 과정에서, 다른 방식으로 이끌어질 수 있는 원치 않는 모든 결론은 봉쇄하기 위하여 충분한 제한을 제공한다. 반면에 완전성의 정리는 우리에게 규칙들이 완결되어 있으면, 즉 $φ1, ···, φn ⊨ Ψ$이면, 즉 $φ1, ···, φn/Ψ$이면, 그러면 $φ1, ···, φn$으로부터 Ψ를 도출하게 할 수 있는 규칙이 있다는 것을 확신시켜 준다. 건전성의 정리와 완전성의 정리 역시 다른 하나의 정리를 필요로 하는데 그것이 지속정리(Consistency)이다.

(3) 지속정리(Consistency)
만약 x1, ···, xm의 문장 끈이 지속이면, 그러면 x1, ···, xm에 대한 하나의 모델이 있다.

(4) 만약 x1, ···, xm의 문장 끈이 하나의 모델을 가지면, 그러면 x1, ···, xm은 지속이다.

위의 (1)의 건전성의 정리를 업어치면 바로 이 지속정리가 되고, 이 지속의 정리를 메어치면 곧 건전성의 정리가 된다.

(5) 충족성

L이 술어논리적으로 충족적인 체계라는 것은 모든 술어논리적으로 참된 명제는 L에서 증명될 수 있다는 뜻이다. L의 속성은 K

체계의 명제논리적인 충족성의 도식과 같다. 하나의 명제집합 M이 있어서, 만약 M ⊢ ⌐(A⊃A)이면, 이 명제집합은 지속적이라 불린다. 명제집합 M은, 만약 ∀x A[x]가 항상 M 안에 포함되어 있고, 명제들 A [b]가 모든 대상 상항 b에 대하여 M 안에 포함되어 있으면, 보통(normal)이라고 부른다.

① 명제 A가 L에서 증명될 수 없다면, 오직 ⌐A만 포함하는 {⌐A} 집합은 지속적(consistent)이다.
② 모든 지속적 집합 M에 집합 M을 포함하는 하나의 최대 지속적 보통 M * 가 있다.

이것은 레온 행킨(Leon Henkin)에서 유래하며, 1930년대 괴델에서 의하여 증명되었다.

③ 모든 최대 지속 집합 M * 에 하나의 해석이 있다. 이 해석은 정확하게 M * 의 명제들의 집합을 만족시킨다. 그러므로 A가 L에서 증명될 수 없다면, ⌐A는 만족시키나, A는 만족시키지 못하는 하나의 해석이 있다. 따라서, A는 술어논리적으로 참이 아니다. 그렇지만 A가 술어논리적으로 참이면, A는 L에서 증명될 수 있다.

위의 지속정리는 문장집합이 지속적이고 그리고 그 문장집합에 대한 하나의 모델이 있으면 이를 증명할 수 있음을 보여준 것이 1949년 행킨 정리이다. 도메인 D는 유한하거나 혹은 무한하거나 인데, 무한하면 그 중에 어떤 것은 자연수같이 셀 수 있게 무한하거나 혹은 실수에서와 같이 셀 수 없이 무한하거나이다. 만약 하나의 추론이 하나의 무한 도메인에서 반대사례를 갖는다면, 그러면 그것은 셀 수 있는 무한 도메인에서 하나의 반대사례를 갖는다.
1936년 처치는 전체로서 취한 술어논리는 결정할 수 없다고 증명
하였다. 완전성의 정리를 다른 방식에서 보여주자면 다음과 같다.

㉠ $\phi 1$, …, ϕn의 비지속인 경우는, 만약 $\phi 1$, …, $\phi n \vdash \bot$인 때이다.
㉡ $\phi 1$, …, ϕn이 지속인 경우는, 만약 $\phi 1$, …, $\phi n \nvdash \bot$인 때이다.

정리 1
㉢ $\phi 1$, …, ϕn, Ψ이 비지속인 경우는, iff. $\phi 1$, …, $\phi n \vdash \neg \Psi$인 때이다.
㉣ $\phi 1$, …, ϕn, Ψ이 지속인 경우는, iff. $\phi 1$, …, $\phi n \nvdash \neg \Psi$인 때이다.
㉤ $\phi 1$, …, ϕn, $\neg \Psi$이 지속인 경우는, iff. $\phi 1$, …, $\phi n \nvdash \Psi$인 때이다.
증명 :
a) $\Rightarrow$
$\phi 1$, …, ϕn, Ψ이 비지속인 경우는, iff. $\phi 1$, …, $\phi n \vdash \neg \Psi$인 때이다.
이것은 $\phi 1$, …, ϕn, Ψ으로부터 $\bot$ 파생이라는 것이 있다는 뜻이다.
이 파생은 $\phi 1$, …, ϕn으로부터 도$\neg$을 마지막 단계에서 첨가하므로
$\neg \Psi$의 도출로 전환된다는 뜻이다.

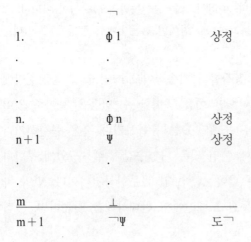

330

a) ⇐

ϕ1, $\cdots$, ϕn ⊢ ￢Ψ이라고 상정하자. 그러면 ϕ1, $\cdots$, ϕn로부터 ￢Ψ 의 파생이 주어졌다는 뜻이다. 파생의 출발은 ϕ1, $\cdots$, ϕn과 Ψ에서 발생하는 것이다. 이것은 ϕ1, $\cdots$, ϕn과 Ψ로부터 ￢Ψ가 파생되는 것 이니, 파생의 마지막 단계에 부정 도입 도￢에 의하여 이루어질 수 있다.

1.	ϕ1	상정
.	.	
.	.	
.	.	
n.	ϕn	상정
n+1	Ψ	상정
.	.	
.	.	
m+1	￢Ψ	도￢
m+2	⊥	상정

§77 고차 술어논리

표준 술어논리학의 체계는 언어표현들 사이에 드러나는 관계 일정한 논의도식으로 정식화함으로써 생겨난다. 주어진 해석체계 안에서 이들 논의도식의 상항과 변항에 대한 평가절차가 통용될 수 있다. 그러나 이러한 표준적인 논리체계를 확장하면 새로운 집 합을 열어나갈 수 있다. 논의도식의 자명성에 대한 확장에서 종전 표준논리학에서 사용한 도식을 본래 도식이라 부른다. 방법론적으 로 이러한 논의도식에서는 하나의 논리학의 체계로부터 동일한 논 리학의 상항을 사용하나, 이들을 새롭게 해석함으로써 생겨나는 편차를 인정한다. 다른 하나는 편차의 반대로써 하나의 논리학의 체계에 대한 변조를 이용한다.

표준논리학의 가장 기초적인 확장은 주어진 체계에 대한 해석을 변경함이 없이 하나의 더 많은 논리 상항을 사용함으로써 얻어진다. 그래서 먼저 동일성에 대한 것이 첫 번째이다. 동일성을 부가적인 논리 상황으로서 논의도식을 형성하는데, 예를 들어 양화사와 동일성을 이용하여 수를 정의할 수 있게 된다. 그 다음에는 제한된 기술을 이용하여 표준논리를 확장할 수 있다. 기술들은 개별자에 대하여 언급할 수 있는 복합적·논리적 표현들이다. 이들은 예를 들어 현재 대한민국 대통령과 같이 제한된 기술들로 나타낼 수 있다. 하나의 새로운 논리 상항으로서 여기에는 어떤 본질적 변화를 가져오지 않는 이오타 ι 조작자를 도입한다.

본질적인 변화를 포함하는 것은 2계 논리학으로 다음과 같이 술어논리학을 확장할 때 일어난다. 비슷한 개별 변항들은 개별 존재자들에 대하여 술어 변항으로 취급하는 것처럼, 술어 변항들은 속성들에 대하여 동일한 것을 행하는 것을 설명한다. 양화사는 개별 변항들 앞에서 설정될 수 있는 것과 같이, 술어 변항들 앞에 설정될 수 있다. 이것이 속성들을 넘어서 양화사를 만들게 한다.

3. Δ 결정이론

§78 Δ 결정이론

일정의 한정된 대상을 세어서 주어진 대상의 값을 결정하여 처리하는 방식이 곧 결정이론이다. 결정이론은 일정한 형식적·구문적 조작한 기호이론을 연산으로 처리함으로써 가능하기 때문에 성립한다. 일종의 기계적 절차에 의하여 한정된 대상을 세어서 처리하는 방식이 있다. 이런 방식에 의하여 다루어지는 명제들은 기계적 프로그램에 의한 계산기에 의하여 작동된다. 가장 기본적 경우로 구멍가게의 금전 등록기는 이러한 기계적 절차에 의하여 계산과제를 수행한다고 할 수 있다. 그러나 이런 일은 푼수라도 할 수 있는 아주 단순한 일이다. 계산과제를 기계적으로 수행하는 도구를 등록기계라고 부른다.

우리는 주어진 십진법 체계에서 유한한 단계 이후에 셈하고자 하는 대상이 존재하느냐 아니냐를 결정할 수 있다. 이러한 질문은 본래가 20세기 초에 시작되었던 논리주의의 논리가 그 증명부담을 수학에 떠맡김으로써 비롯하였다. 모든 수학의 문제가 논리적인 공식의 표에서 발원하고 있다는 것이다. 처치는 ① 모든 수학적 개념은 순수한 논리적 개념들과 관련하여 정의될 수 있다. 수학적 어휘는 논리적 어휘의 일부라는 것이다. 또한 ② 모든 수학적 상징의 공리의 요청은 응용적으로 잘 정돈된 추론의 순수한 논리적 양태로부터 도출될 수 있다. 처치의 정리는 이후 튜링에 의하여 언어를 일종의 기계적으로 계산하는 방법을 고안하는 데 영향을 미치게 되었다.

이에 따르면 알고리즘이 시작하기 이전에 주어진 가치 입력을 상정한다. 그 다음 주어진 일정 과정을 통하여 기록의 파일, 등으로 기록된 가치로서 출력이라는 것이 생겨난다. 이러한 알고리즘에 의하여 주어진 하나의 식에 대한 답을 구하려는 작업은 각 단계마다 유한한 조작에 의하여 기계적으로 수행된다. 빨래방망이 소리를 유한한 단계를 거쳐서 박자로 주어진다면, 그 셈의 과정은 기계적인 것과 마찬가지이다. 주어진 십진법 체계 안에서 산술적 조작의 수행은 유한한 단계 이후에 끝난다. 그런데 이러한 결정과정에서 유한하게 많은 상태에 마음이 처한다면, 비록 우리는 관찰될 수 없는 마음의 상태라도 셈 될 수 있다는 요구를 할 수 있게된다. 유한하게 주어진 방법으로 고전적인 수학적 지속을 증명하려는 시도는 결정 문제를 해결하기 위하여 미리 결정된 유한한 단계에서 미리 할당된 수학의 문제를 효과적으로 해결한 방법을 찾게 만들었다. 먼저 튜링머신은 블랙박스와 같은 하나의 추상적인 기계이다. 이 기계에는 유한한 숫자를 갖는 내적인 상태가 있다. 또한 이 기계는 엄격하게 유한한 지령을 갖는 집합으로 이루어진다. 지령을 더하거나 변경하는 것은 우리에게 하나의 새로운 기계를 만들 계기를 준다.

기계를 M이라고 하자면, M은 온전히 지령으로만 이루어진 명령부호의 집합이다. 이 M 기계 안에서의 추론이 건전하게 이루어지기 위하여서는 언어의 계산성의 직관적 관념인 도메인이 있어야된다. 그러한 기능은 추론을 자동화하여 주어진 가설로부터 결론을 논리적으로 피할 수 없이 귀결되게 하는 것이다. 또한 알고리즘을 올바로 수행하기 위하여서는, 모든 규칙을 모호하지 않게 하여야 한다. 인간은 이 알고리즘을 개선하는 기계를 완전하게 이해하고 있다. 이러한 속성은 하나의 컴퓨터에게는 매우 중요하다. 알고리즘은 유한한 단계 이후에 끝나며, 각 단계에서 알고리즘의 조작을 효과적으로 수행하기 위해서는 유한한 시간의 길이에서 실현되어야 한다. 이를 위하여서는 대치의 원리를 사용한다. 명제논리학에서 주어진 논의도식은 일정한 해석을 거쳐서 참과 거짓의 여부를 검사하는 방법은 진리테이블에 의존한다. 진리테이블을 약식으로 처리하는 방법은 일정한 계산과정의 최종 값의 산출을 일정한 절차를 통하여 이해하려는 시도에서 생겨난다. 명제논리학에서는 추론을 더 효과적으로 통제하고 정보를 채널화하기 위하여 '아니'나 '혹은'을 '만약, 그러면' 대신 사용할 수 있다.

그래서 명제군을 이루는 그룹의 명제 G에 대하여 이러한 셀 수 있는 셈의 절차를 설정해 가는 이론은 어떤 명제들이 G에 속하는지 아닌지를 판정하는 데 관심을 기울인다. 유한한 수 안에서 이런 결정절차를 가장 손쉽게 하는 방법은 경험 규칙에 의하여 결정하는 것이다. 결정절차는 어떤 으뜸이 되는 코드의 투입에 의하여 이루어진다. 이를 위하여 먼저 주어진 도식의 공식을 연언 보통형식으로 환원시켜야 한다. 주어진 도식의 자명성에 대한 결정력을 높이기 위하여서는 현안이 되는 이러한 형식을 갖는 각각의 연언들을 $A \vee \urcorner A$의 선언 형식으로 압축할 수 있어야 한다. 주어진 문장 A에 대하여 형식적 증명을 위하여 하나하나 체크하면서 유한한 단계에 이르러 주어진 완전성에 의하여 과연 A인지 혹은 A가 아닌지를 결정하여야 하는 것이다. 그렇지 않으면 결정과정의 도식이 자명하게 주어진 것이라고 말할 수 있는 것은 아니다. 이를 위해서는 다른 말로는 주어진 식을 결정하기 위하여서는 양화사를 제거하여야 한다. 주어진 이론 하에서 모든 공식은 그의 하위공식에서 일어나는 양화사들에 대하여 결정할 수 있게 만들어지면서 모두 동일하게 주어야 된다. 계급으로 말하자면, 모든 계급의 속성이 사상되어 동일하게 취급되는 계급의 제거가 일어나야 한다. 앞의 자연적 연역에서는 이러한 계급의 제거의 전형을 살핀 바 있다. 다음의 경우를 살펴보자.

(1) $\exists x\ [F(x) \wedge \neg G(x)]$

(2) $\neg \forall x\ [F(x) \supset G(x)]$

(1)은 존재양화사를 포함하고 (2)는 보편양화사를 갖는 공식이다. 이들 양자는 서로가 모순인 것으로 상정된다. 이를 나타내 보이기 위하여 $[F(x1) \wedge \neg G(x1)]$이 X로 압축되면, (1)의 식은 (3)의 식으로, (2)의 식은 (4) 그리고 (5)의 식으로 변형될 수 있다.

(3) $X1 \vee, \cdots, \vee Xn$

(4) $\neg(\neg(X1 \wedge, \cdots,\ Xn))$

(5) $(X1 \wedge, \cdots,\ \wedge Xn)$

여기서 1에서 n까지의 일반항에 의한 주어진 도식 (3)과 (5)에 대하여 x! F x로 유한하게 지정된 집합이 존재한다고 하자. 거기서 (3)과 (5) 각각의 서로 다른 모든 멤버들을 차례로 조사하면 x! F x로 지정 값이 어떻게 모순에 관련되고 있는지의 여부를 검토할 수 있다.

애초에 (1) 항은 존재양화가 X의 대상을 지배하고 있었고, (2) 항은 보편부정으로서 X의 대상의 보편적 양을 부정하기만 하면 되었다. 그러므로 x 대상에 대한 체계적인 셈은 각 단계들의 유한한 수에서 하나의 투입 경우(instance) x! F x가 있고, 거기서 호의시되는 투입 경우가 성립하면, 그 투입의 존재진술의 증명을 만족시킬 수 있다. 우리는 이를 도깨비 술래이론이라고 부르겠다. x! F x에 의하여 지정된 집합이 셀 수 없이 무한하면 상황이 달라지며, 보편진술을 부정을 증명하는 데 모든 멤버들을 일일이 체크하는

것은 하릴없는 짓이다. 존재진술은 모순을 포함할 수 있으므로, 그러므로

(6) $\exists x \ [F(x) \land \neg G(x)] \supset \neg \forall x \ (F(x) \supset G(x))$

(7) $(X1 \lor, \cdots, \lor Xn) \supset (X1 \land, \cdots, Xn).$

그러나 반박되는 것은 바로 (6)의 역 함축이다.

(8) $\neg \forall x \ (F(x) \supset G(x)) \not\supset \exists x \ [F(x) \land \neg G(x)]$이다.

(9) $(X1 \land, \cdots, Xn) \not\supset (X1 \lor, \cdots, \lor Xn)$

x! F(x)에서 모든 $\forall x$ 대한 A를 위한 $FA \land \neg GA$와 같은 것을 주장할 수 있는 A를 발견하기에 적합하지 않고, 또 그런 존재명제를 주장할 권리근거가 없다면, (8)과 (9)에서 경과되는 역 함축은 성립되지 않는다. (8)과 (9)의 역 함축의 경우에 도식 $p \lor \neg p$로 압축하여 적어도 어느 하나라도 결정될 수 없다면, 이것은 $\exists x \ [F(x) \land \neg G(x)]$와 $\neg \forall x \ (F(x) \supset G(x))$은 델타 Δ 계산체계에서는 차이가 없다는 뜻이다.

주어진 (8)과 (9)에서 경과되는 양화사의 결정문제는 델타 Δ '증명할 수 있다'는 체계에로의 환원을 요구한다. 유한한 범위에서도 무한한 범위의 대상을 셀 수 있는 델타 계산 Δ 이론은 처치 정리의 등장과 더불어 주로 회귀이론의 발전에서 그 빛을 발하게 되었다. 그 대표적인 방법이 양화사를 적절하게 보통형식으로 조절하고 잘 정식화된 항진명제의 구성이다.

§79 술래잡이에 의한 결정

주어진 공식의 양화사를 지배하는 도메인이 유한하면, 보편양화의 표현은 언제나 연언 대치되고 존재양화는 선언으로 대치된다. ∀x F(x) 공식은 그의 비어 있지 않은 도메인의 F의 모든 해석에서 ¬∃x ¬F(x)와 등가이다. 그렇다면 이 공식은 ∀x F(x)⊃F(a) 그리고 F(a)⊃∃x F(x)로부터 보편적으로 자명한 도식이다. 그러나 ∃x F(x)가 거짓인 경우, ∀x F(x)⊃∃x F(x)는 타당한 공식이 아니다. 비어 있지 않은 전칭 개별자의 도메인이 존재양화의 개별자의 범위에 의하여 제한될 수는 없다. 보편적으로 자명한 일반논리학의 공식은 원래 명제가 증명될 수 있다면 자명한 공식이다. 이를 보여주는 방법이 스콜렘 방식이다. 이 방식은 처음에는 존재양화사를 앞세우고 필요하면 뒤에 보편양화사를 설치한다. 즉, 보편양화사 앞에 존재양화사를 접두시키는 방식이 스콜렘 방식이다. 괴델의 완전성 정리의 기본 아이디어도 이 스콜렘 방식을 수학적 귀납으로 설명한 것이다. 존재양화된 도메인의 술래잡이를 지배하는 한 이론이 T이고, 일반적으로 보편양화될 수 있는 술어문장을 φ라고 하면, T⊢φ≡U(U⊨T⊃U⊨φ)이다.

1) 괴델의 회귀정의(recursion definition)

하나의 수 이론의 함수는, 만약 φ1, φ2, …, φn에서 φ로 끝나는 수 이론의 함수의 열이 유한하면, 회귀적이다. 하나의 시리즈를 갖는 모든 함수는, 그 시리즈 안에서 두 개의 앞서 가는 함수로부터 회귀적으로 정의된다. 시리즈에 있는 모든 함수는, 뒤에서 가는 어떤 함수들의, 혹은 다른 하나의 앞서가는 함수로부터의 공식에 대한 논의로서 도출된다.

① 수 이론의 함수 $\phi(x1, \cdots, xn)$의 논의와 가치는 자연수와 같다.
② $\phi(x1, \cdots, xn)$은 수 이론의 함수 $\Psi(x1, \cdots, xn-1)$ 그리고 $\mu(x1, \cdots, xn+1)$의 수 이론의 함수로부터 회귀적으로 정의된다. 그러면 모든 자연수 $x2, \cdots, xn$에 대하여 다음과 같은 회귀정리가 타당하다.
③ $\phi(0, x2, \cdots, xn) = \Psi(x2, \cdots, xn)$

다시 모든 자연수 $x2, \cdots, xn$ 그리고 k에 대하여 다음과 같은 회귀정리가 타당하다.

④ $\phi(k+1, x2, \cdots, xn) = \mu(k, \phi(k, x2, \cdots, xn), x2, \cdots, xn)$이다.

상기 식을 회귀정리에 따라 정열하자면, $\phi(k+1) = \mu(k, \phi(k, x2, \cdots, xn))$이다.

⑤ $\phi k(x1, x2) = \phi p(\phi q(x1, x2), \phi r(x2))$

즉, ⑤의 함수가 시리즈에 있고, 그리고 $p, q, r < k$이라면, ϕ 함수에 대한 μ 함수와의 관계가 보여준 대로, ϕ의 k는 ϕ의 p와 q와 그리고 r의 시리즈에 대하여 일정한 도출관계를 보여준다. ⑤의 좌측의 함수는 우측 함수에 이르러 공식의 논의로서 도출되고 있다. 따라서 시리즈의 모든 함수는 하나의 상항이거나 혹은 상속 함수이다.

명제함수로서 n 자연수의 관계 $R(x1, \cdots, xn)$은, 수 이론의 함수

ϕ(x1, …, xn)에서 회귀적이면, 회귀적이다.

x + y, x×y, xy의 함수와 x = y, x <y의 관계들은 모두 회귀적이다. 그럼으로써 회귀함수 ϕ(x)와 회귀적 관계 R(x, y)이 주어진다. 그러면 S(x, y) ≡ (∃z)[z≤ϕ(x)∧R(z, y)]이다.

2) 괴델의 스콜렘 보통형식

상기 회귀정리에 따라서 괴델의 아이디어는, 먼저 하나의 잘 정형화된 공식에 대한 논리적 명사 A에 스콜렘 형식을 도입한다.

① (∃x1), …, (∃xn) (y1), …, (ym) M(x1, …, xk; y1, …, ym)이다.

앞의 존재양화사는 유한한 항목의 도메인으로 x1에서 xn까지, 그리고 y1에서 ym까지가 걸쳐 있다. M(x1, …, xk; y1, …, ym)은 양화 없는 공식이다. 이 공식은 오직 도식적인 함수 문자들, 진리 함수적인 연결사들, 괄호, 그리고 가능한 도식적 명제문자들을 구성요소로 갖는다. 만약 k = 0이면, M(y1, …, ym)은 항진명제이다. 이 경우는 우리가 위에서 이미 토론한 델타 Δ 계산체계에서의 (F(y1)∨ ¬F(y1))∧(G(y2)∨ ¬G(y2))의 형태이다. 만약 A에 하나의 유일한 존재양화가 있어서 k = 1이면, M(x1; y1, …, ym)은 항진명제로서 전체 공식을 보편적으로 자명하게 만든다. 매트릭스에 의한 접수형식 (∃x1), …, (∃xn) (y1), …, (ym)에서, 변항 x1, …, xm은 회귀정리의 z1, …, zm에서 용어가 되며, 매트릭스의 모든 부분 원소는, 적어도 변항 z1, …, zn의 하나를 포함한다. 이가 함수 문자들과 다가 함수 문자들이 하나의 유한한 도메인에서 자명하다면, 보편적으로 자명하다. (x1), …, (xm) M(x1, …, xm)의

도식은, 만약 m 개별자들의 영역에서 자명하면, 보편적으로 자명하다. (x1), …, (xm) M(x1, …, xm)이 m 개별자보다 더 많은 영역에서 자명하지 않은 경우, A1, …, Am이라 불리는 개별자들은 M(A1, …, Am)을 거짓으로 만드는 것을 선택할 수 있다. 그런데 이것은 상정에 반대된다.

(∃x1), …, (∃xm) M(x1, …, xm)은, 만약 이것이 하나의 개별자의 도메인에서 자명하면, 존재양화는 보편적으로 자명하다. 만약 이것이 보편적으로 자명하지 않으면, 이것은 더 강한 공식 (∃x) M(x, …, x)이 아니고, M(A, …, A)을 거짓으로 하는 하나의 표현 A 원소의 어떤 도메인이 있음을 의미한다.

② (x1) ⋯ (xm) (∃y1) ⋯ (∃yn) M(x1, …, xm; y1, …, yn).

이 공식은, m 개별자의 도메인에서 이 식이 자명하면, 모든 존재양화사를 앞서 가는 보편양화사를 갖는 이 도식은 보편적으로 자명하다는 점을 말한다. 만약 본래의 도식이 m 개별자의 도메인에서 자명하면, (x1), …, (xm) N (x1, …, xm) 공식이 있어야 한다. 거기에 N (x1, …, xm)은 본래 도식의 변항 y1, …, yn이 x1, …, xm의 집합의 변항에 의하여 대치된 M(x1, …, xm ; y1, …, yn)의 모든 가능한 공식의 선언의 축약이다.

§80 결정불능이론

도깨비 이론은 체계의 무모순성을, 술래이론은 체계의 완전성을 설명하기 위한 것이다. 일반적으로 괴델은 산술체계의 무모순성과 완전성을 동시에 만족시킬 수 없다는 것을 증명하였다. 이러한 결과는 불완전성 정리로 나타난다. '0', '1', '+', '×'의 논리 외적 상징으로 빼아노의 산술을 구성할 때, 불완전성은 빼아노의 산술체계에 증명할 수 없는 문장이 존재한다는 것이다. 힐베르트의『기하학의 기초』(1899)는 점과 선에 대한 기하학적 정의를 내리기 힘들다는 점을 설명한다. 그리고 모든 정의를 단념하고 다음과 같이 설명한다.

"세 가지 종류의 모임을 생각한다. 첫 번째 모임에 속하는 것은 점이다. 이 점들은 문자 A, B, C, …으로 나타낸다. 두 번째 모임에 속하는 것은 선이다. 이 선들은 a, b, c, …으로 나타낸다. 세 번째 모임에 속하는 것은 평면이고, 이 평면들은 α, β, γ, …으로 나타낸다."

여기서 마지막 평면은 곧 공간을 구성하는 요소임을 알 수 있다. 그러나 힐베르트에 따르면 이 모임에 대하여 무엇을 상상하여도 상관할 것 없다고 한다. 이러한 자유로운 상상의 토대에서 수학이론을 공리적으로 구성할 수 있다면, 그 중심 조건은 체계의 독립성, 완전성 그리고 무모순성이다. 그러나 기하학의 공리계의 완전성의 물음은 어떤 문제 무더기를 풀 수 있는 알고리즘이 있는지 어쩐지 여부를 따지는 결정문제이다. 만약 문제 무더기에 대하여 하나의 알고리즘이 제시되면 그 결정문제는 긍정적으로 해결된다. 알고리즘이 존재하지 않는다는 것이 밝혀지면, 그 결정문제는 부정적으로 해결되었다고 말한다. 괴델이 논증한 것은, 자연수이론을 정식화하여 얻은 공리가 무모순이면, 다음의 A의 논리식이 성립한다.

(1) 논리식 A는 이 공리계로부터 증명할 수 없다.
(2) 논리식 ⌐A도 이 공리계로부터 증명할 수 없다.

공리계	
논리식 A는 이 공리계로부터 증명할 수 없다.	논리식 ⌐A도 이 공리계로부터 증명할 수 없다.

이 공리계 이론에 따르면 'A이다'와 'A는 아니다'라는 두 가지의 명제가 여기에 등장한다. 그렇다면 우리의 관찰에 따르면, 여기에는 두 가지의 결정할 수 없는 명제가 있다. A라는 논리식은 결정불능명제이다. 즉, 공리적 집합이 불완전하다.

A인지 아닌지를 결정할 수 없으면, 그러면 'A가 참이다'라고 하자. 이 공리를 덧붙이는 방식으로 공리계를 확장하면 다른 하나의 명제 B도 결정할 수 있는 것인지 아닌지를 물을 수 있다. 이에 대해서, 역시 B인지 아닌지를 결정할 수 없다. 그렇다면 자연수이론을 포함하는 공리계에서 '이 공리계는 무모순이다'라는 논리 H가 만들어진다. 이 논리식 H는 그 공리계가 무모순일 때 결정불능이다. 이러한 불완전성 정리의 증명단계는 다음과 같다.

1단계	논리식이나 그 증명식을 형식화하여 이들을 각각 하나의 기호 열로 나타낸다.
2단계	각 기호열에 괴델 수로서 자연수를 대응시킨다.
3단계	'괴델 수 p를 갖는 논리식은 증명 불가능하다' 명제가 나타났다면 이 명제는 논리식 G의 기호열을 부여한다.
4단계	논리식 G에 대응하는 괴델 수를 q로 한다. q의 크기는 p에 의존한다.

p에 값 p0를 대입하면 '괴델 수 p0을 갖는 논리식은 증명 불가능하다'. 이 논리식 G0의 괴델 수는 p0이다. 이 말을 바꾸어 적으면 다음과 같다.

G0 : 논리식 G0은 증명 불가능하다.	¬G0 : 논리식 G0은 증명 가능하다.

결국 G0는 참이라고 가정하여도 모순, 거짓이라고 가정하여도 모순이 일어난다. 다음은 괴델의 불완전성 공리의 괴델화 과정을 늘어 놓아보자.

상 항

기호열	x	y	z	···	p	q	r	···	P	Q	R	···
보기	0	s0	y	···	0 = 0	(∃x)(x = sy)	p⊃q	···	약수	솟수	작다	···
괴델 수	11	13	17	···	11^2	13^2	17^2	···	11^3	13^3	17^3	···

기호열	∀	f	¬	∨	∃	⊃	=	(	)	,
뜻	모두	상속함수	부정	선언	있음	함축	같음	왼쪽끝	오른쪽끝	쉼표
자연수	1	2	3	4	5	6	7	8	9	10

여기서 x, y, z는 수사 변항으로서 10보다 큰 솟수를 대응시킨다. p, q, r는 명제 변항으로서 10보다 큰 솟수의 제곱을 대응시킨다. 그리고 P, Q, R의 술어 변항은 10보다 큰 솟수의 세제곱을 대응시킨다. (∃x)(x = s(y))는 y를 상속자로 갖는 x가 존재한다는 뜻이다. 이미 우리가 취급하였던 술어논리학의 식의 괴델화를 살펴보겠다. 예를 들어, '사랑에 빠진 어떤 사람은 행복하다.'

$$\forall x \ \exists y(L(x, \ y) \ \supset \ H(x))$$

이 공식을 산술적으로 처리하면

1 11 5 13 8 11^3 8 11 10 13 9 6 13^3 8 11 9 9

를 갖는다. 이렇게 함으로써 기호논리적 상징의 끈을 인코딩하는 산술식으로 변형할 수 있다. 이런 방법은 형식적 논리체계에 적용될 수 있고, 여기서 자연수를 통하여 인코딩이 되는 체계의 다양한 메타수학이 발전이 일어날 수 있다. 슈퍼마켓에서 사용하는 물건의 바코드는 인코딩한 값에 따라서 가격을 입력되어 있기 때문에 전자빔을 비추면 액정화면에 값이 뜬다. 간단한 것이지만 슈퍼마켓 계산대에서 산술화와 논리적 상징의 차이는 이러한 원리와 유사하다. 체계 내에서 증명될 수 없는 명제라도 체계 밖에서는 증명될 수 있는 명제들이 있다면, 형식체계의 밖에서 보는 시각을, 증명이론으로서 초수학이라고 부른다.

4. 알고리즘

§81 알고리즘

알고리즘이란 라틴어의 **algorithmus**에서 출발한다. 이 단어는 중세 이래로 아라비아 수를 결합하는 기술을 지칭하고 있다. 그리스어에서도 역시 **arithmos**는 수를 의미하는데, 오늘날 알고리즘이란 어떤 문제를 해결하기 위하여 취해지는 행위의 귀결을 특수화하는 규칙의 집합의 조작을 의미한다. 이에 대한 일반적인 기술을 과정, 프로그램, 방법 등이라 부른다.

알고리즘은 특별히 엄격하게 조작된 대상들, 그리고 상정될 수 있는 가치의 집합을 두 가지 방식으로 특징화하고 있다. 이를 입력과 출력이라고 부른다. 입력은 알고리즘이 시작하기 전에 주어진 가치이다. 출력은 입력과 관련하여 서 있는 가치이다. 엄격하게 불 이래 수리적 기초로 주어진 질문과 답변에 대하여 계산을 수행하는 알고리즘 때문에 현대논리학은 극도로 논리주의의 길을 갔던 적이 있었다. 그래서 수학의 모든 문제를 논리적인 문제로 보는 논리주의의 힘입어 고도의 인간사고의 수행을 마치 기계처럼 다루려는 시도가 생겨났다. 이는 곧 알고리즘의 발생을 좀더 과학적으로 다루기 위하여 인간이 이를 수행하던 역할을 기계로 하여금 수행하는 시대가 도래하게 된 것이다.

먼저 인간의 사고의 기계적 수행이란, 거의 완벽하게 상호 이해 가능하게 되어야 함을 전제한다. 인간의 말을 알아듣고, 인간이 생각하고 느끼는 것까지도 눈치채어 문제를 해결해 주는 알고리즘을 수행하는 기계는 단적으로 로봇일 것이다. 과연 인간이 원하는 대로 기계가 모든 일을 수행하는 알고리즘이 가능하겠는가? 이런 알고리즘을 처음으로 기계에 적용한 사람은 튜링이다. 원래 튜링은 제 2 차 세계대전 때 잠수함의 암호 메시지를 푸는 과제를 해결하려고 하다가, 유한한 공간을 점하는 유한한 크기의 부분과 함께 작동되는 기계언어를 고안하게 되었다.

9세기의 페르시아 수학자 알 화리즈미(Mohammed ibn-Musa al-Khwarizmi)가 사칙연산으로 10진법체계를 계산하는 방법을 확립함으로써 알고리즘이 서방세계에 알려지게 되었다. 튜링은 먼저, 이러한 알고리즘은 한 인물이 전형적으로 규칙의 리스트에 따라서 엄격한 기계적인 방식으로 수행하여야 한다고 생각하였다. 이러한 조작을 수행하는 것은 기계이지만, 먼저 사람이 하던 것을 기계에 의하여 대치될 수 있다. 그래서 그는 이러한 계산이 수행되었을 때 그 인물이 실제로 규칙에 따라 무엇을 하였는지에 그 자신의 초점을 주목시켰다. 그러한 인물은 계산의 최종단계의 끝내기를 바꿈이 없이 하나의 아주 극단적으로 기본적인 행위에 자신의 역할이 한정되어야 한다.

그 다음 단계는 이러한 기본적 행위들을 개선할 수 있는 하나의 기계에 의하여 대치하는 것이다. 튜링은 하나의 가정된 결론이 프레게의 규칙을 사용한 주어진 전제들로부터 귀결되는지를 결정할 수 있는 기본적인 행위를 개선하는 기계란 없음을 증명함으로써 결정문제에는 알고리즘이 존재하지 않는다는 것을 결론지었다. 하지만 주변산물로서 그는 만능목적으로 계산하는 기계의 수학적 모델을 만들었다. 이를 위하여 튜링은 하나의 계산을 수행하는 과정을 1930년대 이와 같이 단순 작업을 하는 인물로서 여성을 상정하였다. 지금 그녀는 계산을 하고 있다. 계산한다는 것은 그녀가 종이의 여백에 표기하고 있다는 것이다. 여기서 우리는 이러한 계산을 수행하는 데에 있어서, 그녀가 이전에 썼던 것에서 지금 쓰고 있는 것에 대한 관심의 이동을 관찰할 수 있다. 그녀가 간간이 커피를 마시는 일은 상관은 없을 것이지만, 그녀가 연필로 쓰든 볼펜으로 쓰든 관여치 않는다. 그렇지만 될 수 있으면 작은 사이즈에 그녀가 수행한 계산으로 되돌아갈 수 있게 여백을 갖는 것이다. 예를 들어 그녀는 다음의 곱셈을 한다.

$$
\begin{array}{r}
5711 \\
\times\ 25 \\
\hline
28555 \\
+\ \underline{11422} \\
\hline
142775
\end{array}
$$

이번에는 이 계산과정을 다음의 사각형 칸에도 넣어보자.

| 5 | 7 | 1 | 1 | × | 2 | 5 | = | 2 | 8 | 5 | 5 | 5 | + | 1 | 1 | 4 | 2 | 2 | 0 | = | 1 | 4 | 2 | 7 | 7 | 5 |

이 사각형 테이프 안에 들어간 모든 숫자와 상징은 일련의 순서에 의하여 주어져 있다. 처음에서 끝까지 관찰을 하면 계산은 한 칸과 다른 한 칸은 테이프의 일정한 진행방향에 따라서 이어진다. 여기서 결정문제가 등장한다. 우리는 앞으로 혹은 뒤로 가면서 쓰여진 상징을 관찰할 수 있다.

| | | | | ↓ | | | ↓ | |
| 5 | 7 | 1 | 1 | × | 2 | 5 | = |

먼저 다음의 화살표가 있는 방향으로 그녀가 사각형 테이프를 본다고 하자. 그러면, 이것은 무엇을 의미하는가? 그녀는 다음 단계에 무엇을 사각형 테이프에 써야 하는 것을 결정하게 된다. 다음에 무엇을 써야 하는 결정은 그녀가 관심을 기울이는 상징에만 의존하고 있는 것이 아니다. 오히려, 그녀의 마음의 현재 상태에 의존한다. 이 십진수의 짝을 보면서 그녀의 마음의 상태는 이를 곱해야 할지 더해야 할지를 결정한다.

5	7	1	1	×	2	5	=	5

다음 단계는 그녀의 관심이 5와 1라는 십진수의 짝을 곱하는 것에 관심을 기울인다. 이 과정에 십진수가 동일하였지만 그녀의 관심은 다른 위치로 이동하였다.

5	7	1	1	×	2	5	=	2	8	5	5	5	+	1	1	4	2	2	0	=

이제는 십진수의 모든 짝들을 곱하고 난 다음에는 두 짝의 수를 더하는 것만을 결정하면 된다. 5와 1을 곱하였을 때나, 5와 0을 더하였을 때에도 동일한 5라는 결과가 나오는데, 여기서 그녀의 마음은 달랐으며, 더하여서 동일한 값을 얻었다.

5	7	4	3	×	2	5	=	2	8	5	5	5	+	1	1	4	2	2	0	=	5

여기서는 다시 다음 단계의 십진수의 짝의 1과 6에 관심이 기울여져 있다. 전체적인 계산수행의 과정은 사각형 테이프 안에서 칸에서 칸으로의 이동에 의하여 일어난다. 이러한 분석에 따르면 그녀의 계산 수행은 다음과 같은 특징을 지닌다.

(1) 컴퓨터 계산의 각 단계에는 단지 하나의 작은 상징만이 그녀의 관심을 끈다.
(2) 각 단계에서 그녀가 취한 행동은 그녀의 관심을 끈 특별한 상징에 의존하며, 컴퓨터 계산에 의하여 수행된 그녀의 마음의 유통

상태에 의존한다.

(3) 여러 개의 상징들을 동시에 관심을 집중시킨 결과는 항상 주어진
한 시간에 얻어진다.

(4) 한 테이프에서 다른 테이프에로의 일정한 거리에서 운동의 계기
에 따라, 좌측에서 우측으로, 혹은 좌측에서 우측으로 관심의 이
동은 움직인다.

그녀의 이어지는 관심의 단계는 그녀가 관심을 집중하였던 칸
의 상징을 읽어서 이루어지는데, 이러한 작업은 마그넷 테이프로
코드화된 정보에 의하여 제시된 쓰여진 상징으로 시각화될 수 있
다.

§82 튜링머신의 작동

푼수는 이제 튜링기계가 작동하는 원리를 배워서 응용하려고
한다. 이 응용은 기껏해야 카드 사용법과 다름없어 보이기 때문이
다. 자동기계에 카드를 갖다 대면 원하는 자동문도 열리고, 혹은
원하는 돈도 얻고 또 아울러 필요하면 커피도 뽑아 먹을 수 있다.
그러나 푼수처럼 튜링머신의 작동원리를 배우면 곶감 빼먹듯 남는
것이 없을 것이다. 기계를 직접 만들어서 이익을 남겨야 할 테니
말이다. 하지만 입력과 출력이 정해진 한에서는 어떻게 푼수가 계
산하는 법을 배울 수 있는지는 문제가 많다. 대부분 튜링 원리를
응용한 자동기계는 다음의 특성을 지닌다. 만약 기계가 먼저 S 상
태에서 사각 테이프에 있는 하나의 상징 a를 읽는다면, 그것은 a
를 b로 바꾼다. 그리고 기계는 우측으로 움직이면서 이제 S 상태

에서 R 상태로 옮겨간다. 이때에 기계가 읽고 있는 칸을 가리키는 것을 테이프의 헤드라고 부른다. 이는 아까 여자가 읽고 있는 눈의 위치일 것이다. 따라서 테이프 헤드가 움직이는 곳은 읽고자 하는 테이프의 칸을 가리킨다. 이러한 가리킴의 방향은 유한한 제어를 받고 있다. 이러한 튜링 독법의 과정을 정리하면 다음과 같다.

(1) 기계는 S 상태에서 처음 사각 테이프에 있는 하나의 상징 a를 읽는다.
(2) 기계는 우측으로 움직이면서 a를 b로 바꾼다.
(3) 기계는 이제 S 상태에서 R 상태로 옮겨간다.
(4) 좌측에서 우측으로 작동하는 경우, 이를 S a b → R라고 적자.
(5) 제 자리에서 작동하지 않는 경우, S a b * R로 적는다.
(6) 이번에는 우측에서 좌측에서 이동하는 경우는, S a b ← R

여기서 튜링의 기계 M은 다섯 가지 짝을 이루는 항이다. M = (S, a, b, (→, ←, *), R).

이를 기계언어 이론에서는 유한한 오토마톤(automaton)이라고 부르고, S의 최초 상태에서 R의 마지막 상태로 이행하는 기능은 (→, ←, *)이 수행한다. 만약 이 다섯 짝의 튜링기계만 있으면, 쭉 늘어나서 이어지는 횡단 테이프의 합으로서 '영원히' 우측으로 이동하여 나아갈 수 있다. 예를 들어 기계의 처음 상태의 출발을 Q라고 하자. 영원히 이어지는 테이프는 0과 1에 대하여 Q □ : □ → Q의 구문을 가질 것이다.

Q, 0, 0 → Q
Q, 1, 1 ← Q

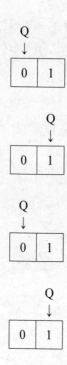

위 경우는 입력을 0과 1로만 하였을 때 생겨나는 컴퓨터 화로
서, 기계의 전후 운동은 입력의 값에 의존하여 나간다.

§83 등록절차와 등록기기에 따른 결정

1) 등록절차

결정문제로서 구체적인 한 명제 Ψ가 증명되는 길이 있는지 혹
은 한 Ψ 명제의 반증이 있는지를 알아보자. 결정이론에 의거하여,
그룹 G가 Ψ를 도출하게 할 수 있다면 $G \vDash \Psi$이고, G에서 명제 Ψ
가 도출될 수 없다면, $G \nvDash \Psi$ 또는 $G \vDash \neg\Psi$ 이다. 곧 하나의 그룹
G에서 하나의 명제 Ψ를 결정할 수 있는지 어떤지를 다루는 이론

352

이 결정이론이다. 결정절차를 원활하게 하기 위해서 일정한 절차를 필요로 한다. 이러한 명제를 취급하는 절차가 존재하는지 아닌지를 아는 과정을 '결정할 수 있는' 절차라 부른다. 이를 위하여서는 가부번 혹은 열거할 수 있음과 그 다음에 결정할 수 있음의 절차가 동시에 둘 다 존립하고 있어야 한다. 셀 수 있음의 가부번 이론을 지배하고 다루는 것은 회귀이론이라고도 부르며, 주로 등록기계이론에 적용되어 왔다. 이를 위한 기본적인 조작은 단계별로 이루어진다. 이 방식은 일정한 기호의 열과 함께 나아가며 그리고 동시에 하나의 적합하게 프로그램이 된 등록기계에서 수행된다.

이러한 절차는 하나의 입력을 준비하여야 한다. 그 다음에 유한한 많은 단계에서 중지할 수 있어야 하고, 뒤이어 출력으로 나온다. 입력과 출력에 적합하게 엮어진 영역은, 자연수에서 소수 성질에 의존한다. 먼저 $n = 0$이나 혹은 $n = 1$이면, n은 소수가 아니다. 그러나 어느 하나의 주어진 자연수 n이 소수인지 아닌지 다음과 같은 일반적 절차를 거친다. 만약 $n = 2$이면, n을 나누는 수가 없으면, n은 소수이고, 그렇지 않으면 아니다. 이러한 방식은 $\{0, \cdots, 9\}$의 십진법의 자연수열에 대하여 알파벳의 기호를 통하여 그러한 결정이론을 다룰 수 있다. 다음과 같은 수열이 있다.

(1) 두 개의 자연수의 곱
(2) 하나의 자연수의 두 곱
(3) 자연적 수열의 순서에 따른 소수의 열거

정의 1 : A는 한 알파벳이고, A의 한 집합이 W이다. 그러면 $W \subset A$ * 이다. 여기에 B는 이 집합에 소수인지를 결정하는 한 절차이다.

① 만약 η∈A＊에서 작동되고 그리고 ζ∈A＊에서 중지되는 W가 있다면, 그러면 W에 대한 하나의 결정절차 B가 있다.
② 만약 W에 대한 하나의 결정방식이 있으면, W는 '결정할 수 있음'이라고 부른다.

요컨대 A에 대한 임의단어 ζ 위에 W에 대한 하나의 유한단계의 결정방식이 있다.

이 결정방식을 위한 'ζ∈W'의 질문에서 발견한다. '예'라는 하나의 답변은 1을, '아니오'라는 다른 하나의 답변은 0을 통하여 재교부되면, 결정절차 B가 있다.

A : = {0, ⋯, 9}
W : = 소수의 집합 (소수인 경우는 1, 아니면 0)

다음의 S의 용어들과 S 표현들의 집합을 다음과 같은 기호의 열로 나타내어보자.

A(S) : = {v0, v1, ⋯, ⌐, ∃, ≡,) , (} ∪ S.

이때 ζ ∈ A(S)가 주어졌다. ζ의 길이 측정을 하기 위하여, ζ의 길이를 1(ζ)로 나타낸다. 만약 1(ζ) = 0 이면, ζ는 용어가 아니고, 만약 1(ζ) = 1 이면, ζ는 한 용어이다.

정의 1에 따라 A는 한 알파벳이고 W는 그의 한 집합이다. 그러면 W⊂A＊이고, B라는 한 절차가 있다.

㉠ 만약 B가 있고, 이것이 과정으로 도입되고 이것에 W 단어들이

354

교부되면, B는 세어봄 절차를 갖는다.

ⓛ 만약 W에 대한 세어봄의 가 부 번 절차가 있으면, W는 세어볼
수 있다.

정리 : A는 하나의 유한한 알파벳이고, A＊는 세어 볼 수 있다.

증명 : A = {a0, …, an}이다. A＊는 a0, …, an의 색인귀결이다. 이
귀결이 ζ와 ζ' 순서를 갖는다면, $1(\zeta) < 1(\zeta')$이거나 $1(\zeta) = 1(\zeta')$이고
그리고 ζ는 ζ' 앞에 색인으로 있거나 이다.

ai, aj ∈ A＊ 이고 i < j이어서, ξ, η, η' ∈ A＊에 대하여, $\zeta = \xi ai$
η 그리고 $\zeta' = \xi aj \eta$이다.

만약 A = {a, b, c, …, x, y, z}이면, papa는 papi 앞에 온다. 증명
끝.

2) 등록기기

엄밀한 결정절차를 수행하기 위해서, 하나의 등록기기에 프로그
램 언어가 명시되어 있어야 한다. 프로그램 언어를 등록기기인 계
산기에 장착하기 위하여, 하나의 알파벳 A = (a0, …, ar)을 갖는
프로그램은 기억장소를 갖는다. 기억장소는 등록기기에 r0, …, rm
열을 갖는 계산기에서 경과된다. A = (a0, …, ar)의 프로그램은 Z
로 시작하는 줄로 이어져 있다. 이 줄의 열의 현안이 되는 줄에서
기계는 하나의 지령을 받는다. 모든 등록기계는 계산이 시작되는
시점에 정확하게 한 A＊의 단어를 포함한다. 그렇다면 계산의 진
행은 다음 (1)에서 (5)까지의 온라인상의 규정들로만 허용된다.

(1) Z 되게 하라 Ri = Ri + aj

이 명령은 좌측에서 우측으로 나가라는 뜻이다. 이 명령의 실질

적 의미는 Ri에서 aj가 더하여진 것이므로, 연장지령이다. 연장지령은 $j \leq r$이고 Z, i, j $\in$ N이다. Ri의 등록단어에 문자 aj를 올리라는 명령을 수행한 것이기 때문이다.

(2) Z 되게 하라 Ri = Ri − aj

Z, i, j $\in$ N에 대하여, $j \leq r$이고, 좌측에서 우측으로 나가는 과정의 Ri 단계에서 aj를 빼라. 여기에서는 aj를 뺀 것이므로 삭제지령 혹은 삭제명령이라고 한다. 이 말은 등록 Ri 단어가 문자 aj로 끝나면, 이 aj는 삭제하고, 그렇지 않으면 그 단어는 내버려두어라.

(3) Ri = 1이면, Z이고, 그러면 Z'이다. 그렇지 않으면 Z0 … 혹은 Zr 이다.

이 경우는 Z에서 Z' 줄로 넘어가라는 명령이다. 이는 Z, i, Z', Z0, …, Zr $\in$ N에 대하여 타당하다. 이 절차는 기억명령 혹은 기억지령이라고 불린다. 곧, '만약 등록 Ri에 더 이상 단어가 서 있지 않으면, Z' 줄의 수로 넘어가라. 만약 등록 Ri의 단어가 a0, 따로는 a1, …, ar로 끝나면, Z0에서 따로는, Z1, …, Zr의 줄의 수로 넘어가라.'

(4) Z 프린트하라.

이 경우는 프린트 명령이다. Z $\in$ N
(출력지령 : '등록 R0에 서 있는 단어를 출력하라.')

356

(5) Z 스톱하라.

여기서는 중지 혹은 스톱명령이 떨어진다.
Z ∈ N (스톱지령 : '스톱하라.')

3) 화엄일승법계도 튜링모델

앞절에서 토론한 등록기기를 엄격하게 정의된 일정한 단어로 이루어진 구문체계에 적용하고자 한다. 튜링머신의 테이프는 사각 모양으로 되어 있고 기계는 이 테이프의 헤드에서 좌우로 움직인다. 튜링머신은 일독하면 유한한 상징의 수를 인쇄한다. 기계는 국지적으로 움직이며 다음 형식의 지령을 기다린다. 예를 들어 만약 S_j를 읽으면 머신은 q_i 상태에 처하면서, 동시에 s_k를 프린트하고, 그 다음 q_l 상태로 옮아간다. 이때 X 값을 어떻게 주느냐에 따라 좌로도 갈 수 있고 혹은 우로도 갈 수 있다. 이를 q_i S_j S_k q_l X로 적는다. 튜링머신은 통용상태, 통용상징, 새로운 상태, 새로운 상징을 거쳐서 대기상태에 있거나 좌로 혹은 우로 움직여나간다. 따라서 이 튜링머신은 어떤 지령을 주느냐에 따라 온라인상의 작동을 계속하거나 혹은 중지하거나 한다.

이제 튜링머신은 하나의 특수한 단어로 이루어진 구문체계의 하나의 처음 집합 S1에서 끝 집합 S2 사이에 일정한 형식의 기술을 갖는다. 무한하게 이어진 테이프에 대하여 유한한 단계의 상태와 작동을 하는 튜링모델은 S1-S2에 대하여 타당하다. S1-S2 사이의 단어의 양은 앞에서 읽어도 같고 뒤에서 읽어도 같은 회문(palindrome)은 아니다. 그러나 출발과 도착의 단어는 동일하다. 튜링머신 M은 S1 왼쪽과 S2 오른쪽에 대하여 빈칸으로 주어진

210여 개의 문자를 테스트한다. 각각 7개의 의미단위가 모두 30개 합하여 총 210여 개의 상징의 끈을 이룬다. 이 상징의 끈은 모두 54마디의 마디를 갖고 있다. 이 상징의 끈을 화엄일승법계도라 부른다. 모두 54마디에서 방향전환하고, 튜링머신은 좌로도 가고 우로도 가고, 또한 밑으로 내려가기도 하고 위로 올라간다. 곧 상하 좌우의 유한한 운동을 수행한다. 그 운동의 결과로서 기계가 지나간 자리는 일종의 기하학적 도형이 생겨나는데, 이 도형은 사각형이다.

일미진중함시방
이체진중역여시
무량원겁즉일념
일념즉시무량겁
구세십세호상즉
내불잡란격별성
초발심시변정각
생사열반상공화
이사명연무분별
십불보현대인경
능입해인삼매중
번출여의불사의
우보익생만허공
중생수기득이익
시고행자환본제
파식망상필부득
무연선교착여의
귀가수분득자량

이타라니무진보
장엄법계보보전
궁좌실제중도상
구래부동명위불
법성원융무이상
제법부동본래적
무명무상절일체
증지소지비여경
진성심심극미묘
불수자성수연성
일중일체다중일
일즉일체다즉일

→ → → → →　　→ → → → → → → →
↑ ← ← ← ↓　↑　← ← ← ← ← ←　↓
↑ ↓ → ↑ ↓　↑ ↓　→ → → →　↑ ↓
↑ ↓ ↑ ↓ ↑ ↓　↑ ↓ ↑ ← ← ←　↓ ↑ ↓
↑ ↓ ↑ ↓ ↑ ↓　↑ ↓ ↑ ↓　　　↑ ↓
↑ ↓ ↑ → 　↓　↑ ↓ ↑ → → → →　↓
↑ ↓ ← ← ←　↑ ↓ ← ← ← ← ←
　→ → → → →　→ → → → → → → →
↑　　　　　　　　　　　↓
↑ ← ← ← ← ← ←　← ← ← ← ← ←
↑ ↓ ↑ → → → ↑　↓ → → → → → →
↑ ↓ ↑ ↓← ←↓ ↑　↓ ↑ ← ← ←　↓
↑ ↓ ↑ → → → ↑ ↓ ↑ ↓　　↑ ↓
↑ ↓ ← ← ← ↓ ↑ ↓ ↑ → →　↑ ↓
↑ ↓ 　↑ ↓ ↑ ↓ ← ← ← ↓ ↑ ↓
↑ → → → → ↓ ↑ 　→ → → → → → ↓
← ← ← ← ← ← ← ← ← ← ← ← ←

제 5 장

에 필 로 그

1.

『청산별곡』에 보면, '믈 아래 가던 새 본다'라고 하였다. 아마도 산골에서 농사짓던 농부가 밭고랑 사이로 가던 새를 보았던 모양이다. 괴델의 불완전성 공리가 등장한 이래로 희한한 광경이 농부와 소와 논리학자 사이에 벌어지고 있다. 사회현상으로서도 잘사는 사람이 있는가 하면 못사는 사람이 있고, 잘사는 국가가 있는가 하면 못사는 국가들이 엄연하고 현존하고 있다. 머리 좋은 사람이 새로운 아이디어로 이끌어 수많은 다른 사람들이 따라갈 수 있는 세상이 되어 가는가 하면, 다른 한편으로는 대다수의 이러한 살아가는 방식에 대한 몰이해로 자연의 일부로 살아가는 세상도 있다. 모두 한 세상을 살아가면서도 존재하는 세상의 층이 다르다. TV 혹은 인터넷으로 연결된 세상도 마찬가지이다. 보고 듣고 살아가는 세상에서 조금이라도 생각하며 살아가는 길은, 자신의 로고스를 찾아가며 음미하는 삶일 것이다. 논리의 세계에서 세상이 돌아가는 소리를 로고스에 담아보면 저마다 나름대로 충족한 이유가 있을 것이다. 그런데 이 세상에 존재하는 인간들만큼이나 많은 논리학이 있을 수 있다. 저마다의 근거를 갖고 살아가니 그에 필요한 논리학이 있을 것이다. 언어를 갖지 못한 낮은 차원의 식물이나 동물에게서는 고급논리는 없다. '안 되면 되게 하라'는 것도 논리다. 논리는 낮은 차원에서 시작하여 높아진다. 이런 논리의 위계질서는 지성과 지각의 구조를 그대로 대변하고 있다. 그래서 이 세상에 있는 사람만큼이나 많은 논리는 어떻게 사용되느냐에 따라서 실제로 알려고 하는 논리 사용자에게 알려진 것 외에는 거의 사라져도 충분할 것이다. 그 점에서 논리는 사용자의 몫이다. 그러므로 현실은 어떤 논리를 갖느냐에 따라서 아주 다르게 보인다.

(1) 농부가 소를 본다.
(2) 논리학자가 괴델의 제2 명제를 본다.

이 문장의 술어구조를 보면 동일한 사실을 두고, 그 대상에 있어서는 확연한 차이를 갖는다. 비록 서로 다른 종류의 사람이 서로 다른 대상을 보지만, 한결같이 동일한 술어를 사용하고 있다. 살아가는 사람들이 동일한 술어를 갖고 있으면서도 존재의 층이 다르듯이, '본다'는 동일한 술어구조에서 주어에게는 이들의 대상의 의미가 아주 다르게 다가온다. 주어가 대상을 하나의 목적으로 받아들이며 생겨나는 이 문법은 인간에게만 특유한 것일 것이다. 이러한 문법구조는 대상의 객관화를 만들 뿐 아니라, 이 문법을 갖는 누구에게도 통용 가능한 인식의 문이 열린다. 사실 가공할 만한 자연과학의 결과로 20세기 중반에 원폭투하가 일어난 적이 있다. 누구나 본 사실이지만, 보여진 사실의 구조는 주어에 대해서는 상이한 의미론적 발전이 있다. 누군가 '큰 굉음' 소리를 들었다고 하여도 그 의미상의 인지구조는 $a = b$ 만큼이나 편차가 크다. 현미경을 들여다보고, 내시경을 통해 들여다보고, 환자와 의사의 협약에 의한 것이든, 청자와 화자의 인지 정도에 의거하든, 베토벤의 음악을 들으면서도 감상의 인지결과는 천양지차이다. 그래서 보고 듣고 알고 가야 하는 길은 멀고도 길다.

현대논리학은 주어 없이도 발전할 수 있다. 그렇다고 세상사람들이 말하는 '주어가 죽었다'는 것은 아니다. 이 주어에 농부와 논리학자는 세계와 의미에 대한 상이한 인식론적 발전에 기여하는 역할을 문법구조에서 보여준다.

요즘은 꺾어진(post) 현대(modern)라는 표현을 자주 사용한다. 꺾어졌다는 것은 한물 간 시대를 뜻하기도 하고, 꺾어진 만큼 다급하고 갈급한 모색이 가까웠다는 것도 의미한다. 그래서 꺾어졌기 때문에 다행이 된다. 꺾어진 현대에 '주어가 죽었다'는 표현은 은유적 의미를 갖는다. 인류는 지금 경험하고 인식하는 유한한 경계에서 부단한 도약과 전진을 거듭하고 있다. 이 표현은 어디로 항해하는지 여전히 알 길이 없는 여행을 빗댄 말이기도 하다. 현대논리학이 도상에 있다는 보헨스키의 지적처럼, 오늘날의 우주관에서 인간의 지적인 상황은 과거 3백 년 이래, 정확히는 칸트의 『순수이성비판』 이래, 새로운 인지의 지각구조로 모색하고 있다. 현대논리학의 타르스키는 일상생활에서 지나치지 아니한 평상 한 사실에 대하여, 이에 대한 형식언어를 발견함으로써 진리관을 새롭게 열어갔다. '비가 온다'는 사실은 눈만 있으면 누구나 보고 말할 수 있는 것이 아닌가. 주어는 죽은 것이 아니라 푼수에게 재생의 기회를 주었다. 푼수 같은 보기를 갖고 타르스키는 푼수 없이 표현이 던지는 의미의 대상과 사태에 주목하였다. 그는 거기서 보고 듣는 것만이 진리가 아니라 사태의 진술과 사태의 독립성 사이에 논리적 이름이 있음을 발견하였다. 소위 그의 유명한 따옴표가 그것이다. 그렇지만 그에 의하여 사실과 언명과 사태에 논리적 이름이 발견되면서, 도리어 진리의 대상은 주어에 대하여 사실의 구조를 깊숙하게 왜곡하기 시작하였다.

(3) 푼수가 $E = mc^2$을 본다.

(4) 아인슈타인이 $E = mc^2$을 본다.

위의 경우에는 역시 동일한 대상을 보고 있다. 그럼에도 의미대상에 있어서는 아주 다른 세계를 그리고 있다. 동일한 술어에 동일한 대상을 서로 다른 주어가 취하고 있다. (1), (2)는 도깨비이론이 해명하여야 할 주제에 해당되고, (3), (4)는 술래이론이 해명하여야 할 것이다. 기이하게도 20세기 초의 유럽철학사는 기이한 주어들을 발견하게 된다. 앞서 든 예시문의 아인슈타인은 수학적으로는 형식주의의 대가 힐베르트와 직관주의의 대변자 부라우어의 중간쯤에서 마음 고생한 인물이다. 물리학에 뛰어난 업적을 쌓은 아인슈타인이지만, 그와 동시대의 『논리철학논고』를 쓴 비트겐슈타인은 제2차 세계대전을 일으킨 히틀러와 같은 초등학교를 다녔다. 비트겐슈타인이 『논리철학논고』를 탈고할 즈음에 시인 릴케는 『두이노의 비가』를 지중해의 한쪽 구석 두이노의 성에서 집필하기 시작한다. 비슷한 상황에서 비트겐슈타인의 동갑내기 철학자 하이데거는 『존재와 시간』을 집필하기 시작한다. 기이하게도 하이데거는 제2차 세계대전이 끝나고 후기로 가면 갈수록 서양철학이 준 사유의 유산을 포기하고, 시인 릴케의 사유에 빠져든다. 아울러 인간의 무의식의 세계를 규명하여 심리분석의 새로운 학문의 장르를 연 프로이드는 니체의 애인이자 릴케의 애인이었던 살로메를 심리분석의 조력자로 받아들였다. 예시문 (3), (4)의 주어는 죽었다. 그러나 개인들이 남긴 역사와 삶의 흔적과 기억들은 그와는 다른 개인들이 살아가면서 자신들의 삶의 궤적에서 기억으로 소생하면서 개념으로 재생되고 있다. 비록 100년 전의 유럽에서 일어난 개인들의 삶의 역사라 할지라도 그들이 보고 듣고 생각해 나간 의미의 세계는 현재의 이 글에서도 생생한 의미로 다시 정식화될 수 있는 것은, 주어와 대상과 진술이라는 언어세계를 우리가 갖기 때문이다.

2.

그룹이론이 보여주듯 산술체계의 무모순성만 있다면 유한한 범위에서 무한하게 개별자의 영역이 확장되어 갈 수 있다. 이런 확장은 도깨비 같은 이론에서나 타당할 수 있다. 우리말의 세계에서 만나고 살아가는 이 땅의 개인들도 이러한 도깨비의 유령에서 벗어나지 못한다. 괴델은 명제논리학과 술어논리학의 연결통로에 도깨비를 불러들였다. 유한한 범위의 양에서 불일이불이의 논리는 곧바로 개별자들 사이의 도깨비이론의 정체를 잘 벗겨줄 것이다. 유한한 영역에서 무한하게 늘어나는 개별자의 확장이 있다면, 적어도 여기에는 술래를 돌아서 그의 존재성을 찍어낼 수 있는 확신이 있어야 한다.

푼수는 여기에 유명이론적 접근과 무명이론적 접근을 한다. 명제논리학의 이론 구상과 타당한 예시문을 만들기 위하여 파리에서 런던으로 가는 열차도 타며, 돌아다녔다. 마음 속에 있는 어떤 'x'를 경우에 따라서 적절하게 양적으로 늘이기도 하고 줄이기도 하는 한량없는 조작에 푼수는 스스로 놀랐다. 푼수는 사실 구구단도 몰랐고, 수학이란 '수' 자도 잘 몰랐던 것이다. 다만 달리기할 때

꾸불꾸불하게 뛰어가면 늦게 간다는 점에서 곧바로 가야 한다는 점에서 직선이 어떤 것인 줄 알았고, 늘 위험할 때 돌을 들던 생각에 무심하게 높이 던지면 포물선을 그리며 떨어진다는 점을 보았지, 사실 직선방정식이니 이차방정식이 무엇인지 몰랐다. 석기시대의 산물인 자신의 정신적 유산에 대하여 의심할 바 없었던 푼수는 여하튼 좀더 도를 닦기 위하여 산행을 떠났다. 목이 마를 때 목을 축일 샘터를 발견하게 되었고, 이 갈증을 만족시키기 위하여 바가지가 비어 있어야 함도 알게 되었다. 만족이 되어야 할 술어의 빈 자리는 불만족한 충족과 만족스러운 충족이 있다. 적어도 이러한 만족의 조건이 주어지는 한에서 술어구조의 건전성과 완전성이 생겨난다.

세계는 보편적 수학의 언어로 기술될 수 있으며, 아울러 통제 가능한 언어를 갖는 한에서 세계를 자기 것으로 할 수 있다. 이러한 언어는 우리가 일정한 문법형식을 거쳐서 우리의 사상이 담긴 것이라야 한다. 그러나 이러한 언어가 문법적 형식에서만 머문다면 엄밀한 과학적 세계를 지적으로 도달할 수 없다. 여기에 언어는 논리적 형식을 필요로 한다. 이점에서 자연언어에 담긴 문법적 형식은 적어도 현대 논리학에서는 일정한 기호언어적 형식으로 변형되어 발전되어 왔다. 이런 변형 형식은 일정한 논리적 형식을 갖춘 논의도식으로 제시되었다. 그런데 현대논리학은 적어도 프레게가 보여준 바대로 추론의 규칙에 따라 가장 완벽한 일반형식으로 기호논리적으로 나타낼 수 있게 되었다. 프레게가 생각한 사고의 보편기호는 궁극적으로 추론을 지배하는 규칙을 용이하게 만들기 위한 것이었다. 추론을 간편하게 할 수 있는 방법이 있다면 오랜 시간을 들여 인간의 사고작용이나 내용을 설명할 필요가 없을 터이니 말이다. 현대 명제논리학의 영역은 거의 이산수학에서 그 명제계산이 전기적 가치에 의하여 자동적으로 실현되어 나가고 있다. 그래서 우리가 일상적인 자연언어에서 이를 토대로 논의도식을 만들고, 이 논의도식에 따라 적절한 구문을 세우고, 그리고 공리이론에 따라 모순에서 자유로운 토톨로지를 만들어 가는 작업은 디지털 논리학의 영역에서 아우토마 언어에서 꾸준한 발전을 해나가고 있다. 완벽하게 인간이 생각하는 마음의 영역에서 생각 가능한 표현에 대한 계산 가능성이 열려 있다면 굳이 끝까지 가볼 필요가 없을 것이 아닌가. 그래서 푼수는 점을 쳐보고 싶어한다. 푼수의 운명이 이 세상에서 정해져 있다면, 점으로 살아볼 세상을 미리 알아볼 수 있지 않을까 하는 것이다. 그런데 성서를 보면, 천지를 창조한 것은 로고스이다. 인간의 지성의 발달로 이 로고스는 바벨탑의 건립의도와 더불어 알아들을 수 없고 이해할 수 없는 언어가 되었다는 것이다. 그러므로, 푼수가 한정하여 알려고 하는 언어는 아마도 그 자신만이 알고 이해하는 극히 부분적인 것임을 알 수 있다. $\forall x\, A[x] \supset A[a]$의 술어논리적 근거에서 a가 양화영역에 나타나지 말아야 하는 규칙에 따라, A[a]로부터 $\forall x\, A[x]$가 도출되기 때문이다. 이 양자 사이에는 건널 수 없는 힐베르트 공간이 놓여 있다.

계산으로서의 언어는 그의 효과적인 작동이 우주론적 기초를 가져야 한다. 그 점에서 이진법의 기초인 0과 1은 푼수의 언어를 만족시킬 산술적 상징이다. 어느 누구라도 0을 남보다 더 많이 혹은 더 잘 알 필요도 없고, 나아가 1에 대하여서도 동일한 원칙으로 가장 이해의 보편 타당한 조건으로 받아들일 수 있다. 하나의 대상 언어적 표현으로 여자와 남자, 어두움과 밝음 등의 대비는 곧장 상징적 의미전이를 가능하게 만들 수 있다. 이러한 의미전이는 0과 1의 가치를 세계의 원리로서 받아들이는 형이상학적 근거에서 가능한 것이다. 이러한 의미전이의 가능성은 열려 있지 아니한 미지의 과학의 분야로서 생명과학에 더욱 구성적으로 확장된다. 소위 나선형 염기배열에서의 의미전이는 순수한 형식적 체계에 대한 올바르고도 적절한 해석만 준다면 생명의 비밀의 코드를 풀어나갈 수 있듯이, 단어의 의미전이에 대한 적절한 해석자와 편집자만 있다면 0과 1의 디지털 종합과학이 탄생할 수 있다.

생각을 하고 있을 때만 다가오는 현실과 생각을 하고 있지 않더라도 우리에게 가까이 독립하여 있는 현실은 전통적 형이상학의 문제이다. 생각할 때 다가온 현실은 도깨비와 같은 것이다. 내가 가을하늘에 빨갛게 열린 감나무 밑에서 홍시를 생각하고 있더라도, 행운으로 먹고 싶은 구체적 식욕 앞에 주어지지 않으면 생각만 하고 있던 것이지 어찌 그것이 나의 현실의 의미로 다가오는가. 마치 로또 당선과 같이 생각이 망상 혹은 공상으로 끝날 수 있지만 현실의 바람직한 나의 현실이 될 수도 있는 것이다. 그리고 내가 생각하고 있지 않더라도 나의 인식과 독립적으로 존재하는 존재성은 언젠가는 나에게 구체적으로 실재적 의미의 세계로 등장할 가능성을 배제할 수 없을 것이다. 비록 나에게는 알려지지 않은 원자의 모형 혹은 빛의 본질에 관한 사실이 있을지라도 그것이 나에게 진리로 다가온다면, 이 역시 새로운 세계의 조명이다. 하지만 이 역시 전혀 나의 인식과는 독립적으로 존재하기 때문에, 뺑뺑사거리를 돌아 제자리로 돌아오더라도 탓할 길 없길 없는 대상이다. 흔히들 달나라 여행이 지난 세기에 처음 시작되었을 때 거기에 내가 생각하고 나의 생각이 미치지 못한 가능한 세계의 현실에 대하여 흥분하여 들뜬 적이 있던 경우와 마찬가지이다. 그렇게 본다면 이래저래 필연적으로 되는 일도 없고, 단지 우연적으로 그저 그렇게 되는 일밖에 없는 듯하다. 생각의 안팎이 이렇게 혹은 저렇게 결정된다 하더라도 나의 생각의 현존에 다가온 세계가 이러저러한 이유에서 이렇게 있다면, 모든 일은 필연적으로 그렇고 그렇게 결정되어 있을 뿐일 것이다. 현재의 내가 다른 방식으로 있을 수 없이 이렇게 있다는 의미에서이다. 그러면 남아 있는 나와 나 이외의 세계에 대하여 나는 앞으로 어떻게 생각해야 하고 또 어떻게 생각될 수 있는가? 나는 이 과제가 곧 사고의 엔지니어링이라고 생각한다. 사고에 엔진을 단다는 표현이 적절할지는 몰라도, 사고는 언표와 기호 그리고 사물의 대상이 함께 어울려 동반하며 진행될 것이다. 덜 생각하고 많이 생각하고의 차이는 이 삼위일체의 작동훈련이 잘 되어 있느냐, 그렇지 않느냐의 차이일 것이다. 그러므로 보고 말하는 영역은 생각에 엔진을 달면서 교육이 되고 지성의 발전이 있다. 생각의 영역은 라이프니츠에 따르면 굳이 말하지 않아도 현실이 되게 계산된다. 반드시 언어가 없어도 사고는 진행된다는 뜻이다. 그럼에도 사고의 엔지니어링을 위하여서는 언어가 필요하다. 이런 생각의 법칙을 순전히 기계적 기호의 조작으로 만들어 간다고 여긴 프레게도 추론을 위해서는 서로 잡아당기듯 펼쳐 늘어가는 판단의 지평에 한 획의 수선을 내릴 것을 주장한 점에서 언어를 필요로 하였다. 그러면 매일 하는 말도 언어다. 간단한 인사말도 언어다. 이 언어는 하나의 프로세스를 동반한다. 왜냐하면 언어와 사고는 이러한 프로세스에서 네트워크를 형성하고 있기 때문이다.

이 책에 자주 등장하는 푼수는 다소 모자란 듯하면서도 기특하게도 할 것은 다하는 그런 이름의 지칭이다. 마치 '사오정'이 세태의 변화를 한꺼번에 담아내는 이름이듯 말이다. 현대논리학은 1930년대에 처음으로 학파의 성격을 띠고 세상에 등장하였다. 이런 현대논리학의 태동을 가능하게 한 직접적인 학자들 가운데 가장 대표적인 인물을 꼽으라면 프레게를 꼽을 것이고 그리고 러셀을 들 것이다. 이 주변으로는 너무나도 무수한 학자들이 꼬리에 꼬리를 물고 현대논리학의 발전에 기여하였다. 이들로부터 한결같이 배울 수 있는 것은 논리학의 기호사용에서 변항과 상항 내지 정항을 제대로 구분하는 것과 더불어 술어에서의 양화사용에 관한 것이다.

이러한 현대논리학의 기초지식은 외우거나 연습함으로써 생겨나는 것이 아니라, 그냥 직관적 이해와 노력으로 따라갈 수 있는 것이다. 그리고 지난 세기 초의 이슈였던 수학의 모든 내용을 논리학의 영역으로 환원하여 보려고 하였던 논쟁도, 그 출발이 인간의 직관적 오성에 호소하고 있었다는 데 약간의 주의를 필요로 한다. 그것은 수학 혹은 논리학이나 그외의 기초 인문과학의 시작은 우리가 외운다고 되는 일은 아니라는 것이다. 영국을 방문하였던 어느 학자는 이렇게 말하였다. "영국대학의 수학과 대학생은 입학했을 때 구구단은 물론 수학의 '수' 자도 잘 모르고 대학에 들어오는데, 그들이 졸업할 때 되니 펄펄 날더라." 이 점에서 최소한 이러한 지적 요건을 충족시킬 수 있고 누구라도 나중에는 펄펄 날 수 있도록 하는 준비작업을 이 푼수와 함께 풀어보기로 하자. 이 기초논리학은 대학과 사회에서 의사소통하고, 말하고, 말의 구문을 만들어 가고, 그리고 말의 사용의 의미를 캐어 가는 사고의 프로세스에 순수하고 형식적인 도구를 손에 쥐어주는 것이라고 본다. 인간에게 세계에 대하여 남는 것은 말 이외에는 아무것도 없다. 그러나 말에 대한 형식적 도구는 천년 전이나 2천 년 전에도 동일한 틀로서 우리에게 전해지고 있다. 남은 것은 우리가 이러한 틀 위에 적절한 추론의 기능을 학습하여 자신이 생각하고 나아가고자 하는 방향에 엔지니어링을 일으키는 것이다.

3.

오늘날 '논리가 무엇이냐' 하는 근본적인 물음은 지금 북아메리카 대륙을 지배하는 사람들이 사용하는 개념이 어떤 것이냐를 정확하게 살피면 잘 이해할 수 있다. 논리학의 역사는 2천 년이 넘지만, 실제로 논리적 추론을 구성하고 사용되는 곳에 논리의 관점이 있고 발전이 있다. 각종 숨어 있는 전제들과 전제로부터 결론을 이끌어 가는 추론의 스토리에 가장 손쉽게 '논리가 무엇이냐' 하는 것은 그 첫걸음을 추론이 열어준다. 논리학은 무엇보다 로고스의 과학이다. 로고스의 과학은 끊임없이 발전된다. 로고스를 지배하고 통제하는 힘은 이성이다. 이성의 기술은 곧 추론이다. 추론을 근본적으로 가능하게 하는 것은 연역적 전제이다.

고대 그리스의 서양논리학은 이런 연역적 전제에 대하여 인간 이성으로서는 더 이상 추구할 수 없는 근본정리가 있다고 믿었다. 삼단논법의 발전은 근본적으로 이러한 연역적 가설에 의하여 생겨난 것이다. 아리스토텔레스가 창시한 서양논리학은 만학의 여왕으로 철학과 더불어 모든 학문의 시작과 출발에 메타 이론적 기초를 제공하였다. 다른 여타의 학문의 지식의 보전과 전승 그리고 확장은 곧 그 출발에 논리가 개제되어 있다. 이때의 논리란 로고스에 가까운 뜻으로 학문의 발전은 곧 로고스의 전재와 밀접한 관련을 갖게 되며 그 로고스에 속한 지식을 의미한다. 학문에는 로고스를 주도하는 이론이 있는가 하면, 이러한 이론이 적용되는 실천적 영역이 있다. '졸졸졸' 하면서 산에서 흘러내린 물이 모여 개울을 이루고 이 개울의 여울목에 물레방아를 설치한다. 바람 부는 언덕에 역시 동일한 원리로서 풍차를 설치함으로써 자연으로부터 힘을 얻는다. 자연 중에 수량이 많은 골짜기나 계곡이 있는 곳이라면 댐을 만들어 수압 차를 이용하여 전기를 만들 수 있고, 이런 전기의 힘은 자연현상 가운데 가장 가까이 보고 경험하는 삶의 현장에서 얻어내고 있는 셈이다.

동양에서 논리학의 발전과 전개는 로고스에서 비롯되지 않는다는 것은, 동양에서의 논리의 가장 근원적인 질문은 '내일 무슨 일이 일어나느냐'에 대한 것이며 인생의 길흉화복에 대한 점복에 대한 답을 자연에서 구하였다는 것이다. '내일 사냥에 나가도 좋은가', '어느 방향으로 나가는 것이 길한가'에 대한 지침은 점을 쳐서 결정하였다. 고대 중국은 이러한 사태를 상형문자로 나타내고 예시하는 문자문명을 가졌다. 그래서 고대 중국에는 논리학이 있지만, 고대 그리스나 고대 인도의 논리학에 상응하는 로고스의 논리학이 아니라는 점에서 세계논리학사에 고대 중국의 논리학의 역사는 발전의 역사가 아니라고 본다. 여기에 부응하여 20세기의 최고의 논리사학가 보헨스키는 자신의『형식논리학의 역사』에서, 논리학은 고대 그리스에서 그의 창시자 아리스토텔레스로부터 끊임없이 발전하였다고 지적하였다. 아울러 그는 고대 인도에서도 그리스의 논리학에 버금가는 논리학의 발전을 주목하고 이 분야의 연구를 제안한 적이 있다. 그리스의 논리학과 고대 인도의 논리학이 모두 로고스를 전제로 추론의 형식에 따라 발전하였다는 것이 보헨스키의 시각이다.

그런데 최근에 인도 논리학의 발전역사로부터 재미있는 사실 하나를 알았다. 그것은 고대 인도 논리학은 기원후 5세기에 집대성되면서 중국과 한국 등의 동아시아 세계로 전파되었는데, 무엇보다 신라의 원효대사가 인도의 진나나 중국의 현장에 버금가는 논리학자였다는 점이다. 로고스의 과학으로서의 원효의 논리학이 고대 한반도의 삼국통일을 가져온 도구로서 그 기반을 제공하였던 것으로 본다면, 우리의 논리학 역시 세계적 시원을 갖는 학문으로 과거에 있었다는 점이 제기될 수 있다. 아시아에서 5~6세기는 불교 논리학이 크게 꽃핀 시기였던 같다. 이에 반해 서양의 논리학은 12세기에서 14세기에 이르기까지 스콜라 논리학이 화려하게 신학과 더불어 꽃피게 된다. 아마도 고려의 불교 논리학은 이때에도 동일한 추론과 사유형태로 이어져 갔던 것으로 생각된다. 조선에 이르러 신유학에 차츰 학문의 최고의 자리를 물려주면서 불교 논리학은 한반도의 주류를 이루던 논리였던 셈이다. 1960년대에 일본의 엿장사에 의하여 발견되었다는 원효의 『판비량론』은 분명히 논리학사적 가치를 지닌 저작임에 틀림이 없다. 과거 고대 신라의 고전적 세계관은 비록 잊혀진 역사이만 언제라도 발굴될 수 있는 것이고, 다만 최근에 조금씩 해석자를 만나고 있을 따름이다.

현대논리학의 본래의 원조는 라이프니츠이다. 그는 대수학에 적용되던 변항과 상항에 대한 차이를 논리학에 도입하였으며 추론의 이론을 위하여 보편기호학이라는 회대의 일반과학 프로그램을 준비하였다. 그렇지만 라이프니츠는 18세기 초 그의 사후에서 19세기 말, 20세기 초에 러셀에 의하여 재발견되기까지 약 2백 여 년을 철학사에서 잊혀져 있었다. 뿐만 아니라 하이데거가 2천 년의 서양철학사가 존재망각의 역사였다고 보고 전회를 선언하는 판에, 우리도 전통의 사유의 논리적 형태를 거슬러 올라가 생각하는 일에 조금도 주저하며 망설일 것은 없다.

그러면 현대논리학의 기초는 무엇을 위한 기초인가를 묻지 않을 수 없다. 그 기초는 세계의 보편적 기반으로서의 존재론이다. 논리학이 참된 존재론에 기초를 두어야 한다는 말은 세계와 단어가 그 사용과 의미에 있어서 보편적 타당성을 주어야 한다는 것이다. 누구라도 '비가 온다'라는 단어표현에 대하여 '해가 난다'로 이해한다면 이것은 의미의 상이를 일으킬 뿐만 아니라, 비가 내리는 마른 땅을 걸어가는 존재론적 의미론의 기반을 갖게 될 것이다. 이 점에서 현대과학의 세계는 최소한 의미의 보편적이고 객관적으로 타당한 존재론의 기반이다. 이전의 논리학은, 비록 논리학의 창시자는 달랐지만 그 대부분의 출발이 신학에 뿌리를 전개되었다. 현대논리학은 분명히 이러한 신학으로부터 빚을 지지 않고 있다는 점에서 자유롭다. 그러나 한번은 그 근거에서 뿌리째 뽑히거나 뒤흔들릴 수 있는 위기를 모두 느끼고 있다. 논리학으로부터 출발하였던 후설의 현상학이 이러한 위기를 체험하였고, 발견의 논리학으로 이름을 떨친 포퍼의 경험론은 오류화의 시행착오의 형이상학에 빠졌다.

논리학은 문법의 언어와는 달리 논리적 언어를 구문으로 성장한다. 이 논리적 언어는 이 세상에 존재하는 모든 문법질서를 갖는 언어가족의 의사소통과 관련을 맺는다. 그러자면 논리학의 언어의 그러한 의사소통은 모든 문법질서를 갖는 일반 언어가족의 구조와 질서 이전에 보편적 구조와 질서를 갖고 있어야 할 것이다.

'아하, 달도 밝다. 내 손가락으로 가리킨 저 달을 보아라.' 강변을 거닐던 연인 사이에 속삭이는 이 대화도, 논리적 언어의 보편적 구조와 질서에 다가갈 수 없다면, 장르에 따른 한갓 허구나 문학적 수사에 불과할 것이라는 말이다. 그런데 한글에는 저력이 있다. 한글이라는 언어적 수단은 보편적 세계언어로 통할 수 있는 음성기호를 갖추고 있다. 하나의 언어에서 다른 하나의 언어에로의 의미전이가 음성을 매개로 전파된다면, 자국 언어의 국지화를 넘어서 보편으로 나갈 수 있는 음성언어의 약속이 있다. 과거 유럽의 중세 논리학이 로셀린에 의하여, 소리는 물리적 실재로서 '하나의 음성은 단지 목에서 나온 기식에 불과하다'고 함으로써 보편논쟁을 불러일으켰고, 급기야는 근대의 자연과학 사상을 배태하는 역사를 회고하면 음성언어의 논리적 중요성은 현대논리학이 나아가고 있는 정신적 지표에 중요한 시사를 던진다.

연습문제 정답

제 1 장 논리학 입문

[문제 1]
(1) 부당(어떤 것과 하나가 반드시 동치가 될 필요가 없기 때문이다.)
(2) 타당(교황 오리게네스가 발견한 논의로서 스토아 논변의 한 타당한 예이다.)
(3) 타당(중세에 널리 인용된 한 형식적으로 타당한 예이다.)

[문제 2]
(1) 그런데 (☎) 이다.   (2) 만일 오늘이 (수) 요일이면
    고로, (♩ ♪ ♬)이다.   그런데 오늘이 (수) 요일이다.
                                      고로, 내일은 (목) 이다.

$$p \supset q$$
$$\underline{p}$$
$$q$$

$$p \supset q$$
$$\underline{p}$$
$$q$$

[문제 3]
(1) O   (2) X   (3) X   (4) O   (5) X
(6) X   (7) O   (8) O   (9) X   (10) O
(11) X   (12) X   (13) O   (14) X   (15) X
(16) O   (17) O

[문제 1]

(1) A   (2) A ⟷ B   (3) ¬A∧¬B   (4) A

(5) A ≡ B   (6) A∧B   (7) A∨B   (8) A⊃B

(9) ¬(A∧¬B)   (10) A∧¬B   (11) ¬(A∨B)   (12) A∧B

(13) A   (14) A∨(B∧C)   (15) A⊃(B∧C)

(16) (A∨B)⊃C   (17) ¬(A∧B)⊃C   (18) (A∧B)⊃C

(19) A ⟷ B   (20) (A⊃¬B)⊃(C⊃¬D)   (21) ¬((A∨B)⊃C)

(22) ¬(A∨B)   (23) A∧¬B   (24) (A∨B) ⟷ C

(25) A ⟷ B 혹은 (A∧¬B)∨(¬A∧B)   (26) A∧B

(27) ¬A   (28) A ≡ B   (29) ¬(A∨B)

(30) ¬A⊃B   (31) A∨B   (32) A ⟷ B   (33) A∨B

[문제 2]

(1)

♩	♪	♩ ⊃ ♪	≡	¬(♩ ∧ ¬ ♪)
t	t	t	t	t	f
t	f	f	t	f	t
f	t	t	t	t	f
f	f	t	t	t	f
		①	④	③ ②

(2)

A	B	A∧B	≡	¬(A ⊃ ¬B)
t	t	t	t	t	f
t	f	f	t	f	t
f	t	f	t	f	t
f	f	f	t	f	t
		①	④	③ ②

(3) <u>£ ♣</u>   (£ ⊃ ♣) ⊃ (¬♣ ⊃ ¬£)

t	t	t	t	t
t	f	f	t	f
f	t	t	t	t
f	f	t	t	t
		①	③	②

(4) <u>○ ● ¬(○∧●)≡¬○∨¬●</u>

t	t	f	t	t	f
t	f	t	f	t	t
f	t	t	f	t	t
f	f	t	f	t	t
	②	①	④		③

(5) <u>☺ ☼ 호 (☺⊃(☼⊃호))⊃(☼⊃(☺⊃호))</u>

t	t	t	t	t	t	t	
t	t	f	f	f	t	f	f
t	f	t	t	t	t	t	
t	f	f	t	t	t	f	
f	t	t	t	t	t	t	
f	f	t	t	t	t	t	
f	t	f	t	f	t	t	
f	f	f	t	t	t	t	
	②	①	⑤	④		③	

(6) <u>p q   r   (p⊃(q⊃r))⊃((p⊃q)⊃(p⊃r))</u>

t	t	t	t	t	t	t	t	t
t	t	f	f	f	t	t	f	f
t	f	t	t	t	t	f	t	t
t	f	f	t	t	t	f	t	f
f	t	t	t	t	t	t	t	t
f	f	t	t	t	t	t	t	t
f	t	f	t	f	t	t	t	t
f	f	f	t	t	t	t	t	t

          ② ① ⑥   ③ ⑤ ④

(7) <u>p r ((p⊃r)∧(¬p⊃r))⊃r</u>

t	t	t	t	t	t
t	f	t	t	t	t
f	t	t	t	t	t
f	f	t	t	f	t

       ① ④ ② ③

(8) <u>p q   ((p⊃q)∧(p⊃¬q))⊃¬p</u>

t	t	t	f	f	t
t	f	f	f	t	t
f	t	t	t	t	t
f	f	t	t	t	t

       ① ③ ② ④

(9) <u>p q p←→q</u>

t	t	f
t	f	t
f	t	t
f	f	f

(10)
p	p≡p
t	t
f	t

(11)
p	q	¬(p∨q)	⊃	(¬q	⟷	¬p)
t	t	f	t	t		t
t	f	f	t	t		f
f	t	f	t	t		f
f	f	t	f	t		t
		②	①	④		③

(12)
A	B	C	(A∧¬B∧¬C)	∨	(¬A∧B∧¬C)	∨	(¬A∧¬B∧C)
t	t	t	f	f		f	f
t	t	f	f	f		f	f
t	f	t	f	f		f	f
t	f	f	t	f		f	t
f	t	t	f	f		f	f
f	f	t	f	f		t	t
f	t	f	f	f		f	f
f	f	f	f	t		f	t
			①		②		③ ④

[문제 3]

① $p \land \neg q \to \neg p$

② $p \to \neg p \lor q$ ∴ $= p \to (p \to q)$ ∷ $= p \to q$

③ 여러분이 커닝하면, 나는 학교에 보고하겠습니다.

[문제 4]

(1)

A	B	(A⊃B)	≡	(¬B⊃¬A)
t	t	t	t	t
t	f	f	t	f
f	t	t	t	t
f	f	t	t	t

평가 V에 따라서, V((A⊃B)) ≡ V((¬B⊃¬A)), 그래서, 진리테이블에 따라 모든 경우에, V((A⊃B) ≡ (¬B⊃¬A))=t인 항진명제이다.

(2)

A	B	(A⊃B)	≡	(B⊃A)
t	t	t	t	t
t	f	f	f	t
f	t	t	f	f
f	f	t	t	t

평가 V에 따라, V(A)=t, V(B)=f, 그리고 V(A)=f, V(B)=t 인 경우, V((A⊃B) ≡ (B⊃A))=f인 거짓명제이다.

(3)

A	B	(A∨B)	≡	(A∧B)
t	t	t	t	t
t	f	t	f	f
f	t	t	f	f
f	f	f	f	t

평가 V에 따르면, V(A)=t, V(B)=f인 경우, 평가 V((A∨B) ≡ (A∧B))=f이다. 고로, 다른 경우는 굳이 평가를 하지 않아도 평가 V((A∨B) ≡ (A∧B))=f인 거짓명제임을 알 수 있다.

384

(4)

A	B	C	A⊃(B⊃C)	≡	(A∧B)⊃C
t	t	t	t t t	t	t t
t	t	f	f f t	t	t f
t	f	t	t t t	t	t t
t	f	f	t t t	f	f t
f	t	t	t t t	f	t
f	t	f	t f t	f	f t
f	f	t	t t t	f	t
f	f	f	t t t	f	t

위의 공식은 모든 경우를 둘러보아도, 그 평가 V에 있어서 항진명제이다. 그럼으로, 평가 V(A⊃(B⊃C) ≡ (A∧B)⊃C) = t인 항진명제이다.

(5)

A	B	(A∧B)	≡	(A⊃B)
t	t	t	t	t
t	f	f	t	f
f	t	f	f	t
f	f	f	f	t

위의 평가는 V(A) = f, V(B) = t인 경우, V((A∧B) ≡ (A⊃B)) = f인 거짓 명제이다.

(6)

A	¬A	A∧¬A
t	f	f
f	t	f

평가 V에 따르면, 상기 공식은 어떤 경우에도 거짓인 항위명제이다. V(A∧¬A) = f인 항위명제이다.

[문제 1]

(1) 정수 = a, 철수 = b, 흥미롭게 하다 : I, 지루하게 하다 : L

　　$\forall x(I(x,\ a) \supset L(x,\ b))$

(2) x는 인간이다 = H(x), y는 한 행위이다 = A(y), 행하다 = D

　　x는 y를 z에서 약속하다 = P(x, y, z),　x는 y를 행하다 = D(x, y)

　　$\forall x \exists y \exists z((H(x) \wedge H(z) \wedge A(y) \wedge P(x,\ y,\ z)) \rightarrow D(x,\ y))$

(3) 도메인 : 사람 = H, 자전거 = J,

　　x는 인간이다 = H(x), y는 자전거이다 = J(y)

　　H, 빌리다 : B, 타다 : R　$\exists x(H(x) \wedge \exists y(J(y) \wedge B(x,y) \wedge R(x,y)))$

(4) 교수 : P, 산책하다 = S　　　　　$\exists x(P(x) \wedge S(x))$

(5) 너 = t, 사랑한다 = L　　　　　$\exists x(L(x,\ t))$

(6) 붉다 = R　　　　　　　　　　$\exists x(R(x))$

(7) 예외 = A, 규칙 = R　　　　　$\forall x \exists y(A(x) \supset R(x,\ y))$

(8) 사랑한다 = L　　　　　　　　$\exists x \forall y(L(x,\ y))$

(9) 사랑한다 = L　　　　　　　　$\forall x \exists y(L(x,\ y))$

(10) 이기다 = S

　　$S((A,\ B) \wedge (B,\ C) \wedge (C,\ D)) \wedge \exists x\ S((x,\ A) \wedge (x,\ B) \wedge (x,\ C) \wedge (x,\ D))$

(11) better = B, sweet = S　　　　$\forall x(B(x) \vee S(x))$

(12) 사금 = N, 금 = G　　　　　　$\exists x(N(x) \wedge G(x))$

(13) 돌 = S, 금 = G

　　$\forall x(S(x) \supset \neg G(x))$ 혹은 $\neg \exists x(S(x) \wedge G(x))$

(14) 사람 = H, 달리다 = R　　　　$\forall x(H(x) \supset R(x))$

(15) 소크라테스 = s, 사람 = H　　$\exists x(H(x) \wedge x = s)$

(16) R(s)

[문제 2]

전칭긍정명제 : 모든 인간은 기쁘다.　　　　　$\forall x(H(x) \supset F(x))$

특칭긍정명제 : 어떤 인간은 기쁘다.　　　　　$\exists x(H(x) \land F(x))$

전칭부정명제 : 어떤 인간도 기쁘지 않다.　　　$\forall x(H(x) \supset \neg F(x))$

특칭부정명제 : 어떤 인간은 기쁘지 않다.　　　$\exists x(H(x) \land \neg F(x))$

[문제 3]

(1) 도메인 : 동물, 개 = D, 짖다 = B, 물다 = E

$\forall x((D(x) \land B(x) \rightarrow \neg E(x))$

(2) 도메인 : 사람과 것들 i, h,　선물하다 = G, x는 한 사물이다 = T(x)

$\exists x(T(x) \land G(i,\ x,\ h))$

(3) $\forall x \exists y(H(x) \land T(y) \land G(x,\ y,\ a)$

(4) 도메인 : 사람(임금님)과 동물(개), 임금님 = i, H(x, y) = x는 y를 가졌
다, x는 개 = D(x),

x는 y를 문다 = B(x, y),

$\exists x(((D(x) \land H(i,\ x) \land \exists y\ B(x,\ y)\ ) \equiv y \neq i$

(5) 도메인 : 사람과 도시

$\forall x(H(x) \land V(x,\ n) \rightarrow L(x,\ n))$

(6) 사람 = C, 앉아 있다 = S, F = 2층,

$\exists x(F(x) \land \exists y1 \exists y2((\forall z(C(z) \land S(z,\ x) \land y1 \neq y2) \equiv (z = y1 \lor z = y2)$

(7) 인물 = P(x), 사물 = T(x), x와 y는 z를 위하여 싸우다 = F(x, y, z), x
는 y를 얻다 = G(x, y)

$\forall x \forall y \forall z(P(x) \land P(y) \land x \neq y \land T(z) \land F(x,\ y,\ z) \equiv \exists w(P(w) \land w \neq x$
$\land w \neq y \land G(w,\ z)))$

[문제 4]

(1) $\forall x F(x) =: F(x1) \land F(x2) \land \cdots \land F(xn)$

(2) $\neg \exists x \neg F(x) =: \neg(\neg F(x1) \lor \neg F(x2) \lor \cdots \lor \neg F(xn))$
　　　　　　　　$=: F(x1) \land F(x2) \land \cdots \land F(xn)$

(3) $\forall x \neg F(x)$ =: $\neg F(x1) \wedge \neg F(x2) \wedge \cdots \wedge \neg F(xn)$

(4) $\exists x \neg F(x)$ =: $\neg F(x1) \vee \neg F(x2) \vee \cdots \vee \neg F(xn)$

(5) $\neg \forall x \neg F(x)$ =: $\neg(\neg F(x1) \wedge \neg F(x2) \wedge \cdots \wedge \neg F(xn))$

=: $F(x1) \vee F(x2) \vee \cdots \vee F(xn)$

(6) $\neg \exists x F(x)$ =: $\neg(F(x1) \vee F(x2) \vee \cdots \vee F(xn))$

=: $\neg F(x1) \wedge \neg F(x2) \wedge \cdots \wedge \neg F(xn)$

(7) $\exists x F(x)$ =: $F(x1) \vee F(x2) \vee \cdots \vee F(xn)$

[문제 5]

(1, 15, 18), (2, 4, 5), (3, 12), (6, 10), (7, 16), (8, 9), (11, 14), (13, 17)

[문제 6]

(1) $\forall x\ B(x)$ 혹은 $B(b) \wedge B(i) \wedge B(j) \wedge B(k)$

(2) $\neg \exists x\ (L(x, i) \wedge x \neq i)$ 혹은

   i) $\neg L(b, i) \wedge \neg L(j, i) \wedge \neg L(k, i) \wedge L(i, i)$

   ii) $\neg L(b, i) \wedge \neg L(j, i) \wedge \neg L(k, i) \wedge \neg L(i, i)$

(3) $\forall x\ L(x, b)$ 혹은 $L(b, i) \wedge L(j, i) \wedge L(k, i) \wedge L(b, b)$

(4) $\forall x\ L(b, x)$ 혹은 $L(b, i) \wedge L(b, j) \wedge L(b, k) \wedge L(b, b)$

(5) $\exists x \neg L(j, x)$ 혹은 $\neg L(j, b) \vee \neg L(j, i) \vee \neg L(j, k)$

(6) $\exists x\ L(x, k)$ 혹은 $L(b, k) \vee L(i, k) \vee L(j, k)$

(7) $\neg \exists x\ T(x, x)$ 혹은 $\neg T(b, b) \wedge \neg T(i, i) \wedge \neg T(j, j) \wedge \neg L(k, k)$

(8) $L(b, k) \wedge L(k, i)$

(9) $L(i, j) \wedge L(j, b)$

[문제 7]

(1) $B(i, s)$ (2) $B(f, o)$ (3) $B(a, r)$ (4) $B(d, p)$ (5) $B(b, q)$

(6) $\neg \exists x\ B(x, t)$ 혹은

   $\neg B(a, t) \wedge \neg B(b, t) \wedge \neg B(c, t) \wedge \neg B(d, t) \wedge \neg B(e, t) \wedge \neg B(f, t) \wedge$

   $\neg B(g, t)$

(7) T(o, q)∧T(q, r)∧T(r, t)

(8) T(p, s)∨T(p, t)

(9) ∀x L(x, o) 혹은

L(a, o)∧ L(b, o)∧L(c, o)∧L(d, o)∧L(e, o)∧L(f, o)∧L(g, o)

[문제 8]

(1) B(i)∧S(i)∧ ¬G(x)

(2) S(k)∧R(k)∧ ¬B(x)

(3) L(j, k)∧L(k, l)

(4) ¬R(l)∧ ¬G(l)∧ ¬S(l)

(5) A(i, l)∧L(i, j)∧L(i, l)

(6) A(i, l) ≡ A(l, I)

(7) K(i, l)∧K(l, j)

(8) L(l, k)∧L(j, m)

(9) ∀x (G(x)∧x = m) 혹은 G(m)∧ ¬G(i)∧ ¬G(j)∧ ¬G(k)∧ ¬G(l)

[문제 9]

(1) P(i)⊃(P(i)∧P(r))

(2) ¬P(i)⊃ ¬(P(i)∧P(r))

(3) (P(i)∨P(r))⊃(P(i)∧P(r))

(4) (P(i)∧P(r))∧ ¬((P(i)∧P(r))

(5) (P(i)∧P(r))⊃((P(i)∧P(r))

(6) (P(i)∧P(r))⊃((P(i)∨P(r))

[문제 10]

(1) L(j, m)∧ ∃x(L(m, x)∧x≠j)

(2) ¬L (j, m)∧ ∃x(L (j, x)∧x≠m)

(3) ∀x(L (j, x) ≡ x=m)

(4) ∀x(L (x, m) ≡ x=j)

(5) ∀x(L (j, x) ≡ x≠m)

(6) ∀x(L (x, m) ≡ x≠j)

[문제 11]

(1) 증명의 전략은 후건이 거짓일 경우, 전건이 참이 아님을 보여주면 된다. 해석 $I(\forall x(A(x) \supset \forall x(B(x)))$가 거짓이라고 가정하자. 그러면, $\forall x$ $A(x) = w$, 그리고 $\forall x\ B(x) = f$.

하나의 해석 I가 있어서 $I = z\ I$와 그리고 $I(B(a)) = f$. $I(\forall x\ A(x)) = w$ 로부터 $I(A(a)) = w$가 귀결된다. 그러므로 $I(A(a) \supset (B(a)) = f$. 모든 해석에 대하여 I가 있어서 $I = z\ I$, $I(A(a) \supset B(a)) = w$ 타당하지 않다. 그러므로 $I(\forall x(A(x) \supset B(x)) = f$. 이 대우위치를 통하여, $\forall x(A(x) \supset B(x))$를 채우는 모든 해석은 $\forall x(A(x) \supset \forall x(B(x)$를 채운다.

(2) $\forall x(A(x) \supset B(x)) \rightarrow \exists x(A(x) \supset \exists x(B(x)$

해석 $I(\exists x\ A(x) \supset \exists x(B(x)) = f$라고 하자.

이것은 $I(\exists x(A(x)) = w$, $I(\exists x(B(x)) = f$일 때, 타당하다.

$I(\exists x\ A(x)) = w$로부터, 하나의 I가 있어서 $I = z\ I$, $I(A(a)) = w$.

$I(\exists x\ B(x)) = f$로부터, $I(B(a)) = f$. 그러므로 $I(A(a) \supset B(a)) = f$. 그러므로 $I(\forall x(A(x) \supset B(x))) = f$.

[문제 12]

(1) 평가 $V(A(a)) = w$라고 가정하자. b는 A(a)에 나타나지 않는 하나의 대상 상항이다. 평가 V는 $V = b\ V$이다. 그리고 $V(b) = V(a)$이다. 이행정리에 따라 $V(A(b)) = w$, 그리고 $V(\exists x\ A(x)) = w$. A(a)를 채우는 모든 평가 V는 $\exists x\ A(x)$를 채운다. 따라서 $A(a) \supset \exists x\ A(x)$은 술어 논리적으로 타당하다.

(2) 평가 $V(\exists x\ A(x) \supset B) = f$라고 하자. 그러면 평가 $V(\exists x\ A(x)) = w$, $V(B) = f$. $V(\exists x\ A(x) = w)$로부터, 하나의 평가 V에 대하여, $V = a\ V$ 이다. 그리고 $V(A(a)) = w$이다. 그러므로 상응정리에 따라 $V(B) = f$, 요컨대 $V(A(a) \supset B) = f$.

390

[문제 13]

(a) 증명

(1) $\forall x \neg A(x) \supset \neg A(a)$ A4

(2) $\neg\neg A(a) \supset \neg \forall x \neg A(x)$ (1)의 명제논리

(3) $A(a) \supset \neg \forall x \neg A(x)$ (2)의 명제논리

(4) $A(a) \supset \exists x\, A(x)$ $\exists x\, A(x)$의 정의

(b) 증명

(1) $\forall x(A \supset B(x))$ AF

(2) $A \supset B(a)$ A4, R1 a는 $\forall x(A \supset B(x))$에 나타나지 않는 하나의 대상 상항

(3) $A \supset \forall x\, B(x)$ R2(2)

(c) 증명

(1) $\forall x(A(x) \supset B(x))$ AF

(2) $A(a) \supset B(a)$ A4, R1

(3) $\forall x\, A(x)$ AF

(4) $A(a)$ A4, R1

(5) $B(a)$ R1(2,4)

(6) $\forall x\, B(x)$

지은이 : 배 선 복

현재 한국정신문화연구원 민족문화연구소 철학윤리연구실 연구교수.
숭실대학교 철학과 문학사, 독일 뮌스터대학 철학과 M.A., 오스나부르크대
학 철학과 Ph.D.
학위논문 : *Der Begriff des Individuums in der Metaphysik und Logik*
　　　　　von G. W. Leibniz(Osnabrueck, 1997)
저서 :『서양근대철학』(창작과 비평사, 2001)
역서 :『철학자의 고백』(G. W. Leibniz, 울산대 출판부, 2002).
논문 :「라이프니츠의 개별자의 존재원칙」(2000),「오캄의 오-명제의 인격
　　　적 서 있음」(2000).

탈현대 기초논리학 입문
·
2004년 5월 15일 1판 1쇄 인쇄
2004년 5월 20일 1판 1쇄 발행

지은이 / 배 선 복
발행인 / 전 춘 호
발행처 / 철학과현실사
서울시 서초구 양재동 338-10
TEL 579-5908 · 5909
등록 / 1987.12.15.제1-583호

ISBN 89-7775-486-0　03170
값 15,000원